2019年北京高等学校优质本科教材

档案工作综合实践教程

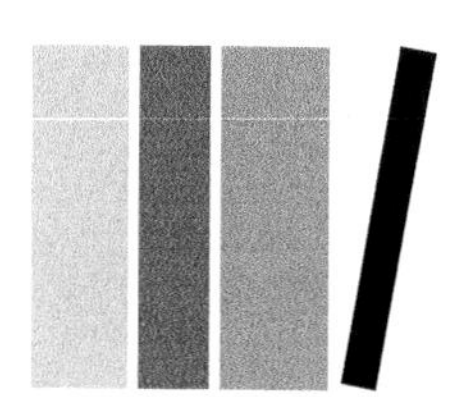

DANGAN GONGZUO ZONGHE SHIJIAN JIAOCHENG

（第二版）

主编 吴晓红

副主编 谢永宪 沈蕾 徐云

首都经济贸易大学出版社

Capital University of Economics and Business Press

·北京·

图书在版编目(CIP)数据

档案工作综合实践教程 / 吴晓红主编. -- 2 版. --北京 : 首都经济贸易大学出版社, 2021.8

ISBN 978-7-5638-3262-0

Ⅰ.①档… Ⅱ.①吴… Ⅲ.①档案工作-教材 Ⅳ.①G27

中国版本图书馆 CIP 数据核字(2021)第 148263 号

档案工作综合实践教程(第二版)
主　编　吴晓红
副主编　谢永宪　沈蕾　徐云

责任编辑　田玉春
封面设计　**风得信·阿东 FondesyDesign**
出版发行　首都经济贸易大学出版社
地　　址　北京市朝阳区红庙(邮编 100026)
电　　话　(010)65976483　65065761　65071505(传真)
网　　址　http://www.sjmcb.com
E-mail　publish@cueb.edu.cn
经　　销　全国新华书店
照　　排　北京砚祥志远激光照排技术有限公司
印　　刷　北京九州迅驰传媒文化有限公司
成品尺寸　170 毫米×240 毫米　1/16
字　　数　327 千字
印　　张　18.25
版　　次　2017 年 6 月第 1 版　**2021 年 8 月第 2 版**
2024 年 1 月总第 3 次印刷
书　　号　ISBN 978-7-5638-3262-0
定　　价　46.00 元

图书印装若有质量问题,本社负责调换

第二版前言

本书是在首都经济贸易大学出版社《档案工作综合实践教程》2017 年 6 月第一版的基础上重新修订出版的。

《档案工作综合实践教程》是北京联合大学档案学专业“档案工作综合实践”课程配套教材，也是国内首部档案工作综合实践教材，2019 年获评“北京高等学校优质本科教材”。

该教材自投入教学使用以来，得到了学生和校外实习单位的普遍认可。从学生的反馈情况来看，学生普遍认为《档案工作综合实践教程》教材对学习掌握“档案工作综合实践”课程知识能力非常有帮助，学习资源丰富多样，应用性强，能有效地帮助学生系统梳理和掌握档案工作核心业务环节知识和技能，使用效果较好。从校外实习单位的评价来看，校外实习单位对近几届学生的综合能力和实际表现都给予了高度的肯定。

同时，《档案工作综合实践》自出版以来，其内容的综合应用性及形式的多元立体性也得到了兄弟院校档案学专业和行业的广泛好评，已被很多单位选做实践和培训教材，反响非常好。

本次修订仍然维持第一版的基本内容，重点结合 2017 年以后国家档案局颁布的档案工作标准规范，对相关内容进行了修改。改动较大的是“第六章　档案数字化实践”，依照《纸质档案数字化规范》（DA/T 31—2017），对其中与该规范不相符合的内容进行了调整。

本书仍由北京联合大学档案系教师吴晓红任主编，谢永宪、沈蕾、徐云任副主编，其他参与编写人员不变。首都经济贸易大学出版社的田玉春编辑为本书的出版付出了辛勤劳动，在此表示衷心感谢。修订本的不当之处，恳请读者批评指正。

编者

2021 年 6 月

前言

档案学是一门应用性很强的学科,档案学专业一直十分重视培养学生的档案工作实践应用能力,但是过往的实践课程设计主要侧重于某项单一的档案工作技能训练,缺乏全面、综合的档案工作职业能力训练。“档案工作综合实践”这门课程的开设,旨在培养学生全面的档案工作视角,使学生建立完整的档案工作职业能力知识体系,具备档案工作职业能力,成为适应行业发展需要的复合应用型档案人才。

“档案工作综合实践”课程根据档案职业能力要求,按照档案馆(室)收集、管理、利用工作流程,从“归档文件整理—档案价值鉴定—档案收集—档案保管—档案数字化—数字档案管理—档案检索—档案编研”的顺序,设计相应的实践项目对学生进行训练,使学生全面掌握档案工作技能,能够完成相应的实际档案工作。

“档案工作综合实践”课程是产学合作课程,应用性和实践性强。本教程为北京联合大学“十二五”规划产学合作教材,由北京联合大学档案系教师与北京市档案局(馆)、北京市城市建设档案馆、北京量子伟业时代信息技术有限公司、北京联合大学应用文理学院党政办公室有关人员合作编写。

本教程由北京联合大学档案系教师吴晓红任主编,谢永宪、沈蕾、徐云任副主编。第一章由北京联合大学档案系教师沈蕾、北京市档案局(馆)陈俐、北京联合大学应用文理学院党政办公室孙琳编写;第二章由北京联合大学档案系教师徐云、北京市城市建设档案馆解晓鲜编写;第三章、第四章由北京联合大学档案系教师谢永宪、吴晓红,北京市档案局(馆)袁领娣,北京联合大学应用文理学院党政办公室孙琳编写;第五章由北京联合大学档案系教师吴晓红,北京市城市建设档案馆解晓鲜编写;第六章由北京联合大学档案系教师王顺、吴晓红,北京市档案局(馆)杨中营编写;第七章由北京联合大学档案系教师徐华、张敏,北京量子伟业时代信息技术有限公司仇卫健编写;第八章由北京联合大学档案系教师潘世萍、北京市城市建设档案馆蒋蓉编写;第九章由北京联合大学档案系教师叶莎莎、北京市档案局(馆)梅佳编写。全体人员参与了教材的策划工作,由吴晓红统稿并审定。

本教材为多元化立体实践教材,除文本形式外,还提供PPT课件、案例库、虚拟实验教学资源等(见北京联合大学档案系网址 http://www.cas.buu.edu.cn/col/

col20723/index. html)，探索线上与线下相结合的实践教学模式。

本教材可作为高等院校档案学专业本科生的实践教材，亦可供档案部门工作者参考。由于学术水平有限，不妥之处请读者批评指正。

为了更好地编写这本教程，我们吸纳了相关领域专家学者的研究成果，我们将所引用和参考的内容，尽可能在书中以参考文献的形式标出，对于一些基础性和公共性的知识，无法一一列出来源，再次对本书的知识贡献者们一并表示感谢！

编者

2017 年 3 月 31 日

目　录

第一章　文书档案整理实践

实践项目一：归档文件的组件及分类

1. 项目任务

按照《归档文件整理规则》（DA/T 22—2015），对给出的需要归档的文件材料进行组件和分类，具体为：

①对给出的“组件素材”进行组件。主要工作包括：确定这些材料可以组成几件、确定件内文件的排列顺序，并逐页编写页码。

②结合给出的“分类实践素材”，讨论和确定该街道办事处文书档案的分类方案。

2. 项目目标

①了解对归档文件进行组件及分类的工作依据。

②熟悉《归档文件整理规则》中对本工作的具体规定。

③掌握文件组件及分类的方法。

3. 项目素材

（1）组件实践素材

①某区政府关于做好第十届社区居民委员会换届选举工作的通知（××发〔2021〕10号），成文日期为2021年3月26日，正文2页，另有附件4个：

某区第十届社区居民委员会换届选举工作日程安排表（1页）

某区第十届社区居民委员会换届选举工作指导小组名单（1页）

某区第十届社区居民委员会换届选举工作联络员名单（2页）

某区第十届社区居民委员会换届选举宣传标语（1页）

②某街道办事处关于印发《某街道2021年社区居委会换届选举工作实施方案和工作制度》的通知（××政〔2021〕6号），成文日期为2021年4月10日，正本全文8页，另有该通知的定稿8页，发文稿纸1页。

③某街道办事处关于某街道某社区居委会延期换届选举的请示（××政

〔2021〕7号)，成文日期为2021年4月16日，正本全文2页，另有该请示的定稿2页，发文稿纸1页。

④某区政府关于同意某街道某社区居委会延期换届选举的批复（××发〔2021〕12号)，成文日期为2021年4月20日，全文共1页。

（2）分类实践素材

某街道办事处成立于2014年，设置了办事处办公室、城市管理科（民防办公室、安全生产办公室、交通安全办公室)、民政科、公共事业管理科、财务科等科室，各科室业务范围见第三章实践项目一。

4. 工作规则

（1）组建实践团队

本实践以小组为单位完成，小组人数以4~6人为宜。每个小组成员必须全程参加实训，并编制小组成员“职责分工及评价表”，作为实训结束后对每位组员实训表现的评价依据。一般来说，每个组员应分别具体承担下列工作：

➢小组长：负责组际和指导教师间的沟通，对小组活动进行统筹安排和管理，负责对小组完成的各项工作进行质量检查。

➢材料员：负责本小组各种实训材料和工具的领用和归还，并在每天实训结束后牵头负责整理台的台面整理。

➢考勤记录员：设计适用表格，记录每天实训时本小组成员的出勤情况，并在实训结束后提交给本组的资料保管员。

➢活动记录员：负责在实训过程中的拍照、录音、录像，以及每次小组讨论的记录，并在实训结束后提交给本组的资料保管员。

➢作业执笔人：负责在组员充分讨论、达成一致的基础上，按要求制作相应工作的流程图，并在实训结束后提交给本组的资料保管员。

➢资料保管员：负责统一收集保管本组在实训过程中完成的各项作业和记录材料，并在实训结束后按要求及时上交。

（2）实践纪律

➢态度端正，虚心学习，积极参与，认真完成各项任务。

➢遵守纪律、服从安排。

➢不迟到早退，不无故缺勤，缺勤三分之一者将不能获得成绩。

➢树立牢固的集体观念，同学之间互相支持、团结合作、密切沟通。

➢爱护档案和其他设备设施，严守档案保密纪律。

➢实习结束后，以小组为单位按要求提交小组成员“职责分工及评价表”、档案整理成品、实践活动影像材料等各项材料。

（3）实践成绩考核及评定标准

从学生的表现、实践文件两个方面综合评定实践成绩：

①实践表现（总计 40 分）。

➢指导教师的印象评价：20 分。

➢小组成员互评（以小组成员“职责分工及评价表”为依据）：20 分。

②实践文件（总计 60 分）。

➢完成质量：40 分。

➢实践过程中形成的各种文字记录：10 分。

➢小组成员“职责分工及评价表”制作：10 分。

5. 参考方案

（1）组件

归档文件一般以每份文件为一件。每份文件中包括同一份文件的不同稿本，如正本和副本、正文和附件、原件和复制件等；如果有文件处理单或发文稿纸的，文件处理单或发文稿纸与相关文件为一件。所以素材中给出的四份文件，可以组为四件。

但是，《归档文件整理规则》中又规定：来文与复文（请示与批复、报告与批示、函与复函等）一般独立成件，也可为一件。所以，素材中给出的四份文件，也可以组为三件，即将素材③④（请示和批复）组为一件，来文和复文各自独立成件，或共为一件。两种方法各有利弊，可以深入讨论后确定。

《归档文件整理规则》中明确规定了每件文件内文件的排列顺序，对照有关规定确定件内文件排列顺序即可。

（2）编页

每一件纸质归档文件应以件为单位逐页编制页码，以固定每页文件的位置，每件文件内所有有文字、图表的页面均应按照排列顺序编制页码，并保证不重号、不跳号。例如，一件文件共有 12 页，则从第 1 页开始从 1 逐页编至 12。

页码应用阿拉伯数字分别标注在文件正面右上角或背面左上角的空白位置，如果文件材料已印制成册并编有页码的，拟编制页码与文件原有页码相同的，可以保持原有页码不变，见图 1 －1。

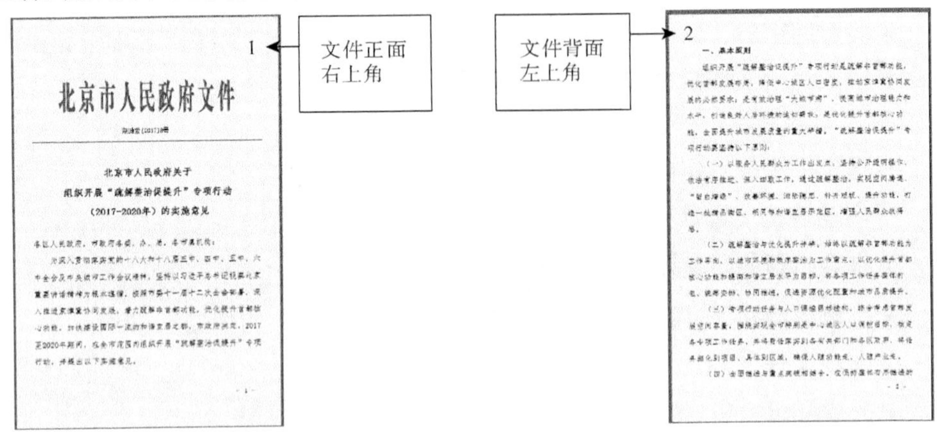

图 1 －1　编页示例

（3）分类

《归档文件整理规则》推荐采用“年度—机构（问题）—保管期限”或“年度—保管期限—机构（问题）”的方法进行三级分类。

“年度—机构（问题）—保管期限”法就是将本档案室的文书档案先按年度分类，分为 2021 年度、2022 年度、2023 年度，然后在每个年度下，再按机构（问题）分类，每个机构（问题）下的档案，再按保管期限分类（见图 1 －2）。

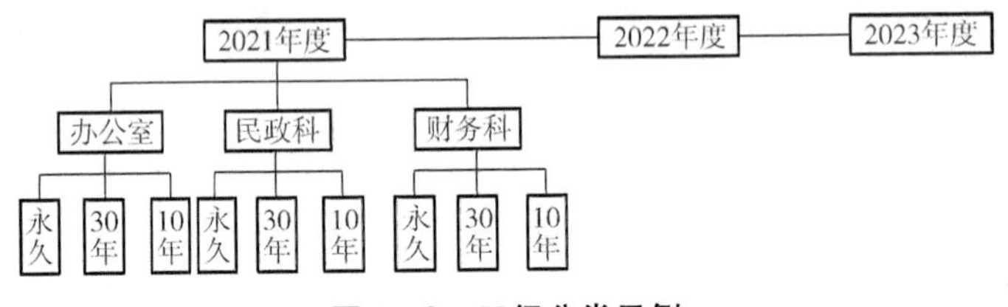

图 1 －2　三级分类示例

各档案室可以根据本单位机构设置、形成档案的数量、业务情况、是否需要向档案馆移交档案等情况具体选择适合本单位的分类方案。

关联知识

1. 相关概念

（1）文书档案

文书档案是机关、团体、企事业单位在行政管理事务活动中产生的各种文书材料（如决定、命令、通知、请示、报告、批复、函、纪要、会议记录、简报、计划和总结等）转化而来的档案的习惯称谓。

（2）文书档案整理

文书档案整理是指将机关单位在公务活动中形成的、已经办理完毕的应当归档的文书材料，按照一定的原则和要求，进行规范化整理以便于向档案部门移交的工作。目前我国档案整理主要有两种方法，一种是传统的以“卷”为保管单位的整理方法，另一种是以“件”为保管单位的整理方法。

（3）以“卷”为保管单位的整理方法

这种方法也称“文书立卷”，也就是将互有联系的文书材料组成一个个“案卷”的档案整理方法，主要包括分类、组卷、卷内文件排列、填写卷内文件目录和备考表、填写案卷封面、装订、案卷排列与编目、装盒等环节。

（4）以“件”为保管单位的整理方法

这是对传统文书立卷方法进行改革后，按照国家档案局发布的《归档文件整理规则》所推荐的方法进行档案整理的方法，主要包括组件、分类、排列、编号、编目、装订、编页、装盒等环节。

（5）归档文件

按照2015年国家档案局发布的《归档文件整理规则》，归档文件是指立档单位在其职能活动中形成的、办理完毕、应作为文书档案保存的文件材料，包括纸质和电子文件材料。

（6）归档文件整理

按照2015年国家档案局发布的《归档文件整理规则》，归档文件整理是指将归档文件以件为单位进行组件、分类、排列、编号、编目等（纸质归档文件还包括修整、装订、编页、装盒、排架；电子文件还包括格式转换、元数据收集、归档数据包组织、存储等），使之有序化的过程。

2. 归档文件整理工作的背景知识

（1）归档文件整理原则

归档文件整理的基本原则包括以下四个方面：

①归档文件整理应遵循文件的形成规律，保持文件之间的有机联系。

②归档文件整理应区分不同价值，便于保管和利用。

③归档文件整理应符合文档一体化管理要求，便于计算机管理或计算机辅助管理。

④归档文件整理应保证纸质文件和电子文件整理协调统一。

其中，“便于保管和利用”是对归档文件材料进行整理的基本出发点和终极目标，遵循文件形成的客观规律、保持文件之间的有机联系、区分文件的不同价值都是为了便于今后档案的保管和利用。

（2）归档文件整理规范

2000 年，国家档案局发布档案行业标准《归档文件整理规则》（DA/T 22—2000），向全国推广以“件”为保管单位的档案整理方法，将档案整理分为装订、分类、排列、编号、编目、装盒等环节，并规定了具体整理方法。《归档文件整理规则》是采取以“件”为保管单位进行整理的基本方法的依据，各地和各单位可以结合本地、本单位具体情况制定细则或整理规范。

经过十几年的实践探索，以及机关、企事业单位文书及档案工作技术的不断变化升级，2015 年，档案行业标准《归档文件整理规则》（DA/T 22—2015）（代替 DA/T 22—2000）经全国档案工作标准化技术委员会审查通过，并经国家档案局批准为推荐性行业标准，自 2016 年 6 月 1 日起实施。

（3）以“件”为保管单位整理方法的出现

我国传统上采用“立卷”作为归档文件的整理方法，以“案卷”作为文书档案的基本保管单位。新中国成立之后，我国档案界在学习苏联经验的基础上，建立了现代档案工作和档案学理论，在归档文件整理方面仍然保持了“立卷”这一传统。当时涉及档案工作的重要文件，如 1951 年《公文处理暂行办法》、1955 年《中国共产党中央和省（市）级机关文书处理工作和档案工作暂行条例》、1956 年《国务院关于加强国家档案工作的决定》等，都以不同方式提出了“立卷”这一概念。1987 年国家档案局颁布《机关档案工作业务建设规范》，正式将“立卷”作为机关归档文件的规范整理方法确定下来。此后又陆续出台了《文书档案案卷格式标准》《档号编制规则》等一系列配套标准，形成了以“案卷”为基础的档案工作法规标准体系，并在全国范围内加以普及和推广。这些法规标准和制度的建立，对于我国档案事业初期的发展起到了重要的规范作用，“立卷”也成了机关档案工作的代名词。

在手工模式下实现档案管理和检索，“立卷”不失为一种很好的整理方式。它按照一定的逻辑关系，将归档文件组合成较大的实体单位——案卷，并通过层层组织目录来提供检索途径，从而限定了检索范围，增强了手工检索的目的性和效率。但立卷本身也有许多不足，并且给档案工作的开展带来了相当大的负面影响。对机关档案工作来说，由于立卷方法烦琐、复杂，随意性较大，案卷质量很难把握，使得每年的立卷归档成为文书和档案人员一项沉重的工作负担，归档文件整理工作的质量却难以得到保证。另一方面，立卷本身耗费了大量财力物力等资源和档案工作人员相当大一部分精力，使得整理的目的——档案利用工作往往难以得到保证，使得机关档案工作本末倒置，影响其应有职能的正常行使。对档案馆来说，案卷这一集约形式，也极大地限制了档案馆对进馆档案进行重新鉴定整理和开放利用等工作。更重要的是，由于立卷方法难以掌握和档案人员专职少、流动性强之间的矛盾，使得档案行政管理部门受制于重复、烦琐的业务指导和培训，不能将本就有限的人力、物力投入到开发利用、执法监督等更深层次的工作中去，客观上成为制约档案事业发展的“瓶颈”。

任何事物的形成和发展都不能脱离所处的时代背景。归档文件整理工作继承和推行立卷的方法，同样是与当时我国社会生产力水平低下、科技手段不发达的状况相适应的。物质和技术条件的限制，使手工检索成为唯一可行的途径，也使得归档文件整理方法必然走上分类组合、逐级检索的立卷道路。再加上社会档案意识的偏颇和淡薄，过多地强调安全、保密，使档案工作的重心偏向整理、保管，案卷这种放大了的实体单位，无疑更能满足这方面的需要，也就自然大行其道。

随着社会各方面的发展，立卷的弊端不可避免地凸显出来，理论界和实际工作者在总结立卷工作经验教训的基础上，逐步开始尝试进行立卷改革，从灵活运用“六个特征”的角度，提出了不少的改革方案。这些方案的思路和做法各不相同，其模式大致可分为：在“六个特征”的基础上，引入其他因素结合组卷，如“四分四注意”“三为主五分开”等；组卷时突出强调文件某一特征，如“一事一卷”“立纯卷”“文件类型立卷法”“文号立卷法”等；分类组合法，如借鉴《中国档案分类法》《主题词表》《保管期限表》等分类组卷。这些方案大都只是在“六个特征”立卷法的基础上各有侧重地进行了完善和简化，由于仍保留了“案卷”，也就不可能使归档文件整理工作真正得到简化。

随着各级党政机关机构改革的全面实施，不可避免地对机关档案工作产生冲击，档案人员紧缺与归档文件整理任务繁重之间的矛盾更为突出，各级机关档案工作人员改革归档文件整理方法的呼声日益高涨。探索新的改革思路，真正简化归档文件整理工作，已成为档案工作者共同面临的紧迫问题。归档文件整理工作处于动态运动之中，任何理论和方法都不是一成不变的，必然随着理论的深化和技术手段的进步而继续发展。文书立卷的盛行有其历史合理性，也的确在实际工作中发挥过重要的作用，但其自身固有的局限性决定了它必将让位于更为先进、合理的整理方法。利弊相权，从理论和实践上突破“案卷”成为一种必然。

在这方面，部分省市档案行政管理部门和部分国家专业主管机关已经开始尝试与计算机技术相结合，推行新的归档文件整理方法。广东、吉林、上海、山东、四川、深圳等省市先后进行了试点，个别省市还在试点经验的基础上开始在部分地区加以推广。由于这项工作尚处在探索阶段，没有成熟的经验，各地做法也不尽相同，因而使归档文件整理工作陷入了某种程度的无序状态，这对将来进行馆际档案信息交流等建立在标准化基础上的工作是很不利的。我国档案工作实行“统一领导、分级管理”的组织和管理体制，这是我国档案工作发展的客观要求和可靠保障，其优越性也为几十年的实践所证实。从全国机关档案工作宏观管理出发，对基础性的归档文件整理工作，有必要由国家档案行政管理部门制定统一的标准和方法，加以引导和规范。

《归档文件整理规则》的出台，是国家档案行政管理部门对此做出的明确回答。它不是全面否定传统的做法，也不是照搬国外的模式，而是在遵循归档文件整理工作基本规律的基础上，对传统做法和其他国家经验进行了综合与扬弃，是在批判基础上的继承。作为档案工作基础性法规标准的一次重大改革，新的整理方法带来的不只是操作方式上的变化，更是一次观念上的突破。由于其内在的科学、合理性，《归档文件整理规则》充分适应了现实工作的需要，体现出了应有的超前性和导向性，为立卷改革提供了一个富有生命力的解决方案。

（4）归档文件整理流程

归档文件整理流程见图 1－3。

3. 组件的方法

（1）“件”的确定

归档文件一般以每份文件为一件。但是，每份文件在形成过程中会有不同稿本，所以在操作时要注意以下要求：

➢正文、附件为一件。

➢文件正本与定稿（包括法律法规等重要文件的历次修改稿）为一件。

➢转发文与被转发文为一件。

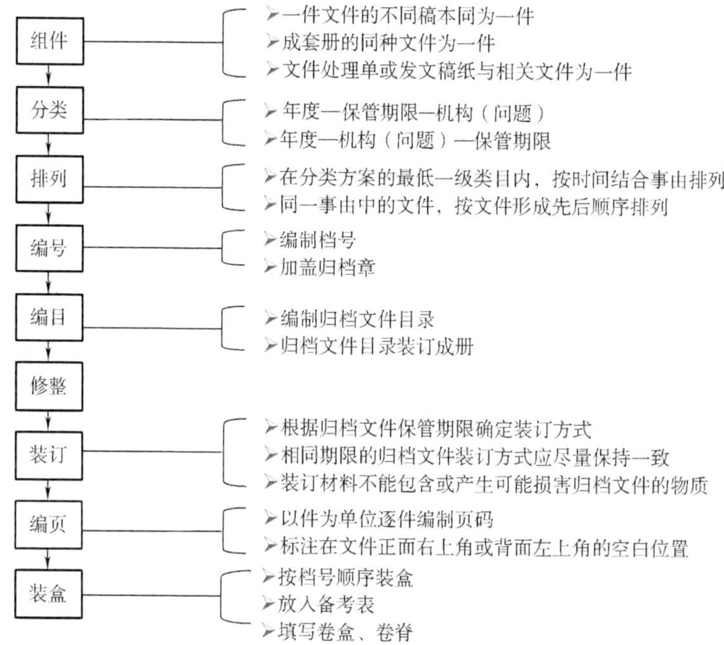

图 1-3 归档文件整理流程

➢原件与复制件为一件。

➢正本与翻译本为一件。

➢中文本与外文本为一件。

➢报表、名册、图册等一册（本）为一件（作为文件附件时除外）。

➢简报、周报等材料一期为一件。

➢会议纪要、会议记录一般一次会议为一件，会议记录一年一本的，一本为一件。

➢来文与复文（请示与批复、报告与批示、函与复函等）一般独立成件，也可为一件。有文件处理单或发文稿纸的，文件处理单或发文稿纸与相关文件为一件。

（2）件内文件的排列顺序规定

每件文件的材料要按照以下要求进行排序：

➢正文在前，附件在后。

➢正本在前，定稿在后。

➢转发文在前，被转发文在后。

➢原件在前，复制件在后。

➢不同文字的文本，无特殊规定的，汉文文本在前，少数民族文字文本在后。

➢中文本在前，外文本在后。

➢来文与复文作为一件时，复文在前，来文在后。

➢有文件处理单或发文稿纸的，文件处理单在前，收文在后。

➢正本在前，发文稿纸和定稿在后。

（3）每件文件的编页

纸质归档文件一般应以件为单位编制页码，每件文件的稿本顺序排列好后，需要逐页编写页码，以固定每一页在文件中的位置。文件中凡是有图文的页面都必须编写页码，页码分别标注在文件正面右上角或背面左上角的空白位置。

当归档文件有连续页码时，无须重编页号；文件材料已印制成册并编有页码的，拟编制页码与文件原有页码相同的，可以保持原有页码不变。当归档文件无页码或无连续页码时，每件需从“1”开始，使用阿拉伯数字编流水页号。空白页不编号。

4. 分类的方法

各立档单位档案部门应对归档文件进行科学分类，而且同一全宗应保持分类方案的一致性和稳定性。分类方法主要有年度分类法、机构（问题）分类法、保管期限分类法。

（1）按年度分类

按年度分类是将文件按其形成年度分类。跨年度一般应以文件签发日期为准。对于计划、总结、预算、统计报表、表彰先进以及法规性文件等内容涉及不同年度的文件，统一按文件签发日期判定所属年度。跨年度形成的会议文件归入闭幕年。跨年度办理的文件归入办结年。当形成年度无法考证时，年度为其归档年度，并在附注项加以说明。

这种分类方法的突出特点是：保持了同一年形成的文件间的联系；与现行机关的文书处理制度相一致，因为文书处理制度要求以年度为单位对文件进行整理和移交，因而使分类工作可以“自然地”完成；分类标准客观明确，便于类目的设置和归档工作的顺利进行，同时还可以同其他分类方法共同使用。这是现行各单位必须采用的一种分类方法。

（2）按机构（问题）分类

按机构（问题）分类是指将文件按其形成或承办机构（问题）分类。机构分类法与问题分类法应选择其一适用，不能同时采用。采用机构分类的，应根据文件形成或承办机构对归档文件进行分类，涉及多部门形成的归档文件，归入文件主办部门。

①机构分类法。机构主要指一个机关单位内设的一级部门，如办公部门、人事部门、财务部门等，每个部门都承担着相应的职责任务，并负责一些文件的承办或主办工作，所以按机构分类即将本机关文书档案按部门分类，有多少部门就设多少类，文件由哪个部门形成、承办或主办，就归入哪个部门的档案中。

这种分类方法的特点是：能够较好地保持文件在产生和形成过程中的来源联系，客观地反映出各个组织机构（部门）历史活动的真实面貌，同时在一定程度上较好地维护了文件之间在内容上的联系；分类标准明确客观，便于类目设置和归档。这种分类方法与文书部门立卷的要求相符，是机关文书分类经常采用的一种方法，也是比较好把握的一种分类方法。

适用于这种分类方法的条件是：第一，立档单位每年设立的内部机构基本稳定；第二，各个内部组织机构能够反映该单位的职能分工情况，每个组织机构都有较稳定的工作任务或职责，其工作内容及过程同该机构承担的职责保持一致。机构变更过于频繁或机构职责分工不清的单位不适合组织机构分类法。另外，一些积累多年未整理的档案或历史档案，由于组织机构变化难于查考，文件材料的主办或承办单位难以判定，也不太适合机构分类法。

按机构分类法，要注意是以立档单位第一层组织机构分类，一般会将领导机构、综合机构、主要的业务部门排在前面，后勤部门排在最后。

如果几个机构联合办理一项工作或制发一份文件，应由主办部门归档，该文件放入主办机构的类别中。

②问题分类法。采用问题分类的，应按照文件内容所反映的问题对归档文件进行分类。

问题分类法就是参照本机关的职权范围和基本工作职能，以档案内容所反映的主要问题（事由）作为分类标准，将全宗内文书档案分为若干类别的方法。如一个全宗内的文书档案可以分为党群、人事、生产、销售、宣传等类别。

这种分类方法的特点是：反映同类问题的文件可以集中在一起，较好地保持了文件之间在内容方面的联系，使性质相同的文件比较集中，避免或减少同类问题文件分散的现象，并能比较突出地反映一个单位主要工作活动的面貌，便于按专题查找和利用档案。

但采用问题分类法时应该持慎重态度，一般是在不可能或不适于按组织机构分类时才采用问题分类法。

在使用问题分类法时应注意：一是在设置类目时要仔细研究立档单位的职权范围和工作任务，并根据档案的具体情况分门设类，保证将单位的职能涵盖，并能囊括单位形成的所有文件材料；二是设大类，不宜过多过碎，以免挂一漏万；三是遵循逻辑规则，每个问题之间应该是并列关系，不能有涵盖或交叉；四是应设立一个综合类以包容一些综合性文件或零散文件；五是若一份文件涉及几个问题，应研究并确认其中的主要问题，将文件归入相应类目。

同前面几种分类方法相比，这种分类方法有一定的难度，它对于类目设置及类目名称的拟制有较高的要求，且主观性较强，对于负责分类设计的档案人员要求较高。

（3）按保管期限分类

按保管期限分类即将文件按划定的保管期限分类。现行机关档案部门制定的本机关《文件材料归档范围和保管期限表》中，将本机关文件材料分为永久、定期两种，其中定期一般分为30年、10年。将本机关形成的文件材料按照永久、30年、10年设类，即为保管期限分类法。

因为文书部门在进行归档文件整理时，必须要以《文件材料归档范围和保管期限表》为依据，对每一件归档文件材料进行价值鉴定，区分保管期限，将同一种保管期限的文件集中在一起。所以这种分类方法也是各机关单位必须采用的一种分类方法。

这种分类方法可以将不同保管期限的文件材料从实体上区分开，便于档案部门有针对性地采取保管措施，同时也为库房排架、到期鉴定和向档案馆移交提供便利。

在实际工作中，单纯采用一种分类方法是不可能的，需要将几种分类方法结合使用。一般推荐采用年度—机构（问题）—保管期限、年度—保管期限—机构（问题）等方法进行三级分类，规模较小或公文办理程序不适于按机构（问题）分类的立档单位，则可以采取年度—保管期限等方法进行两级分类。

“保管期限—年度—机构（问题）分类法”是首先将归档文件按保管期限分类，然后各保管期限下的文件材料再按年度分类，最后同一年度内的文件材料再按机构或问题分类。这种分类方法适于有移交进馆任务的单位，其优点是：同一期限的档案排在一起，便于移交进馆。它的不足是：每个保管期限都要预留一定的空间，以便以后档案的陆续上架，如果保管期限划分不准确的话，查找档案比较费时费力。

“年度—组织机构（问题）—保管期限分类法”是先将归档文件按年度分类，然后在每个年度下再按机构或问题分类，最后由在每个机构内按保管期限分类。使用这种分类方法，在排架时每年形成的档案按机构次序依次上架，不必预留空间，避免了倒架，库房管理比较方便。同时，它将一个年度同一个机构形成的文件排列在一起，便于档案实体的查找，因此比较适合于档案不必移交进馆的基层单位。

实践项目二：归档文件的排列及编号

1. 项目任务

按照《归档文件整理规则》对实践项目二中的文件进行排列和编号。

2. 项目目标

①了解归档文件排列和编号工作的含义及工作内容。

②熟悉《归档文件整理规则》中对文件排列和编号工作的要求。

③掌握归档文件排列和编号的方法。

3. 项目素材

①某区政府关于做好第十届社区居民委员会换届选举工作的通知（××发〔2021〕10 号），成文日期为 2021 年 3 月 26 日，正文 2 页，另有附件 4 个：

某区第十届社区居民委员会换届选举工作日程安排表（1 页）

某区第十届社区居民委员会换届选举工作指导小组名单（1 页）

某区第十届社区居民委员会换届选举工作联络员名单（2 页）

某区第十届社区居民委员会换届选举宣传标语（1 页）

②某街道办事处关于印发《某街道 2021 年社区居委会换届选举工作实施方案和工作制度》的通知（××政〔2021〕6 号），成文日期为 2021 年 4 月 10 日，正本全文 8 页，另有该通知的定稿 8 页，发文稿纸 1 页。

③某街道办事处关于某街道某社区居委会延期换届选举的请示（××政〔2021〕7 号），成文日期为 2021 年 4 月 16 日，正本全文 2 页，另有该请示的定稿 2 页，发文稿纸 1 页。

④某区政府关于同意某街道某社区居委会延期换届选举的批复（××发

〔2021〕12号），成文日期为2021年4月20日，全文共1页。

4. 工作规则

同本章实践项目一“工作规则”。

5. 参考方案

（1）归档文件的排列

归档文件的排列是指将组好的“件”按一定顺序进行排列，通常是按照制定好的分类方案确定排列顺序。如果该街道办事处的档案是采用“年度—机构（问题）—保管期限”分类法，并且素材中给出的四件文件是由社区建设科负责归档，则这四件文件应该在社区建设科归档文件相应的保管期限下进行排列。为了保持文件之间的有机联系，同一事由的文件要集中排放，四件文件应该集中排放在一起，并按成文日期顺序排列，以便利用者了解事情的来龙去脉。

（2）归档文件的编号

编号是指按照档案分类方案和归档文件的排列顺序，给每一件归档文件编写档号。档号编制应遵循唯一性、合理性、稳定性、扩充性、简单性原则，其结构为：全宗号—档案门类代码·年度—保管期限—机构（问题）代码—件号。这种结构的档号一般是填写于归档文件目录，在每件归档文件上，则通过在首页上端的空白位置加盖归档章的方式体现档号中的全宗号、年度、保管期限、件号、机构或问题等相关内容（见图1－4）。

（全宗号）（年度）（件号）

Z109	2022	1
办公室	永久	45

（机构）（保管期限）（页数）

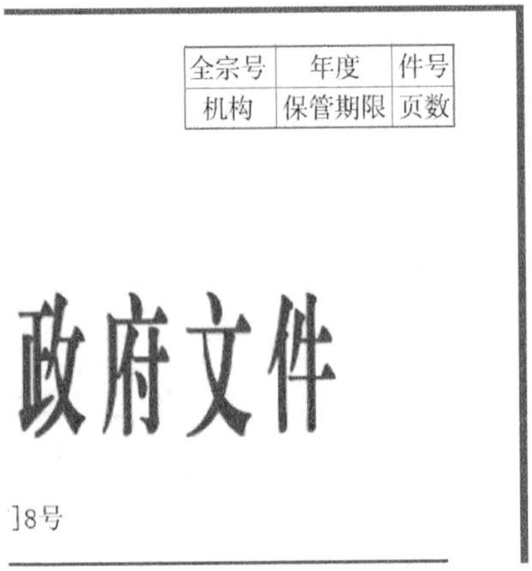

全宗号	年度	件号
机构	保管期限	页数

政府文件

]8号

图1－4　档号

关联知识

1. 归档文件排列

归档文件应在分类方案的最低一级类目内，按时间结合事由排列。同一事由中的文件，按文件形成先后顺序排列，会议文件、统计报表等成套性文件可集中排列。

（1）按保管期限—年度—机构分类

如果是按保管期限—年度—机构分类，文件排列工作的顺序是：

①依据档案部门编制的《归档范围和保管期限表》，将这一年的全部文件按照永久、30 年、10 年分开。

②将属于同一保管期限的文件按年度分开。

③将属于同一年度的文件形成或办理的机构分开。

④在同一机构内，将同一事由的文件组织在一起。

⑤同一事由之间的文件按每份文件的形成时间顺序排列。

⑥不同事由之间按事由办结的时间先后顺序排列。

（2）按年度—组织机构（问题）—保管期限分类

如果是按年度—组织机构（问题）—保管期限分类，文件排列工作的顺序是：

①将当年形成的文件按形成或办理的机构分开。

②同一机构内的文件将同一事由的文件组织在一起。

③依据《归档范围和保管期限表》确定每项事由的保管期限。

④将属于同一期限的不同事由的文件排列在一起，依次排列永久、30 年、10 年。

⑤同一保管期限内的不同事由之间按事由办结的时间先后顺序排列。

⑥同一事由之间的文件按每份文件的形成时间顺序排列。

2. 归档文件编号

归档文件应依分类方案和排列顺序编写档号。档号编制应遵循唯一性、合理性、稳定性、扩充性、简单性原则。

档号的结构为：全宗号—档案门类代码 · 年度—保管期限—机构（问题）代码—件号。

上、下位代码之间用“—”连接，同一级代码之间用“·”隔开。如“Z109—WS·2022—Y—BGS—0001”。

其中，“Z109”是全宗号，即档案馆给立档单位编制的代号，用4位数字或者字母与数字的结合标识，按照DA/T 13—1994编制。

“WS·2022”是档案门类代码·年度，归档文件档案门类代码由“文书”2位汉语拼音首字母“WS”标识。年度为文件形成年度，以4位阿拉伯数字标注公元纪年。

“Y”是保管期限，保管期限分为永久、定期30年、定期10年，分别以代码“Y”“D30”“D10”标识。

“BGS”是机构（问题）代码，机构（问题）代码采用3位汉语拼音字母或阿拉伯数字标识，如办公室代码“BGS”等。归档文件未按照机构（问题）分类的，则应省略机构（问题）代码。

“0001”是件号，它是单件归档文件在分类方案最低一级类目内的排列顺序号，用4位阿拉伯数字标识，不足4位的，前面用“0”补足。

归档文件应在首页上端的空白位置加盖归档章并填写相关内容，归档章应将档号的组成部分，即全宗号、年度、保管期限、件号，以及页数作为必备项，机构（问题）可以作为选择项（见图1－5）。

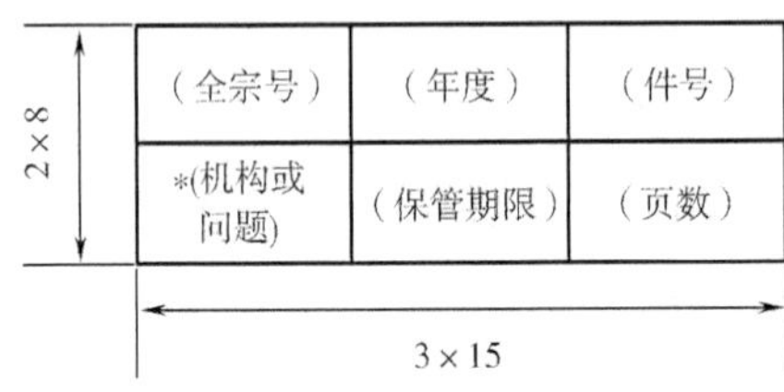

图1－5 归档章示意图

归档章中全宗号、年度、保管期限、件号、机构（问题）按照前述要求编制，页数用阿拉伯数字标识。为便于识记，归档章保管期限也可以使用“永久”“30年”“10年”简称标识，机构（问题）也可以用“办公室”等规范化简称标识（见图1－6）。

件号是在归档文件整理时由文书部门整理人员编制，要以机构（问题）为单位，按文件排列顺序从“1”开始标注。

Z109	2022	1
BGS	Y	45

Z109	2022	1
办公室	永久	45

图 1－6　归档示意图

按保管期限—年度—机构分类时，件号的编制方法是：

永久

2021 年			2022 年	
办公室	业务处	法规处	办公室	业务处
1，2……50	1，2……20	1，2……20	1，2……50	1，2……20

30 年

2021 年			2022 年	
办公室	业务处	法规处	办公室	业务处
1，2……50	1，2……20	1，2……20	1，2……50	1，2……20

10 年

2021 年			2022 年	
办公室	业务处	法规处	办公室	业务处
1，2……50	1，2……20	1，2……20	1，2……50	1，2……20

按年度—机构—保管期限分类时，件号的编制方法是：

2021 年

办公室

永久	30 年	10 年
1，2……50	51，52……120	121，122……150

业务处

永久	30 年	10 年
1，2……20	21，22……60	61，62……90

2022 年

办公室

永久　　　　　30 年　　　　10 年

1，2……50　51，52……120　121，122……150

业务处

永久　　　　　30 年　　　　10 年

1，2……20　21，22……60　61，62……90

实践项目三：归档文件的编目

1. 项目任务

按照《归档文件整理规则》对实践项目二中的文件进行编目，即填写《归档文件目录》。

2. 项目目标

①了解归档文件编目工作的含义及工作内容。

②熟悉《归档文件整理规则》中对文件编目工作的要求。

③掌握归档文件目录填写方法。

3. 项目素材

①某区政府关于做好第十届社区居民委员会换届选举工作的通知（××发〔2021〕10 号），成文日期为 2021 年 3 月 26 日，正文 2 页，另有附件 4 个：

某区第十届社区居民委员会换届选举工作日程安排表（1 页）

某区第十届社区居民委员会换届选举工作指导小组名单（1 页）

某区第十届社区居民委员会换届选举工作联络员名单（2 页）

某区第十届社区居民委员会换届选举宣传标语（1 页）

②某街道办事处关于印发《某街道 2021 年社区居委会换届选举工作实施方案和工作制度》的通知（××政〔2021〕6 号），成文日期为 2021 年 4 月 10 日，正本全文 8 页，另有该通知的定稿 8 页，发文稿纸 1 页。

③某街道办事处关于某街道某社区居委会延期换届选举的请示（××政〔2021〕7 号），成文日期为 2021 年 4 月 16 日，正本全文 2 页，另有该请示的定稿 2 页，发文稿纸 1 页。

④某区政府关于同意某街道某社区居委会延期换届选举的批复（××发

〔2021〕12 号），成文日期为 2021 年 4 月 20 日，全文共 1 页。

4. 工作规则

同本章实践项目一“工作规则”。

5. 参考方案

归档文件编目是指按照档号顺序填写归档文件目录。《归档文件整理规则》中规定了目录的格式、填写项目，以及每个项目的填写要求（见图 1－7，图 1－8，图 1－9）。

归档文件目录

序号	档号	文号	责任者	题名	日期	密级	页数	备注

图 1－7　归档文件目录

（1）序号和档号的填写

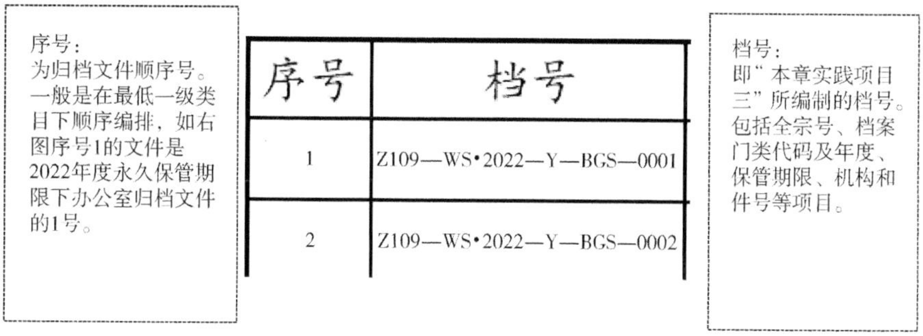

序号：
为归档文件顺序号。一般是在最低一级类目下顺序编排，如右图序号1的文件是2022年度永久保管期限下办公室归档文件的1号。

序号	档号
1	Z109—WS•2022—Y—BGS—0001
2	Z109—WS•2022—Y—BGS—0002

档号：
即“本章实践项目三”所编制的档号。包括全宗号、档案门类代码及年度、保管期限、机构和件号等项目。

图 1－8　序号和档号

（2）文号、责任者、题名、日期和密级的填写

文号、责任者、题名、日期和密级是文件的基本信息，只需按所登记文件上的相应要素如实摘写，如果文件上没有文号或密级，则不填写。但是，需要注意以下情况：

第一，如果整理时将来文和复文作为一件，归档文件目录中的文号、责任

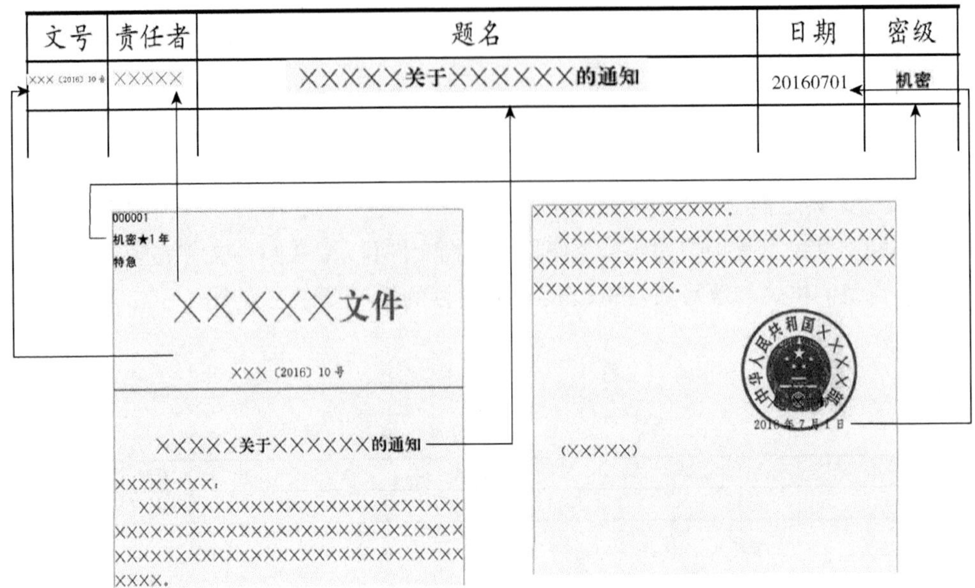

图 1－9 文号、责任者、题名、日期和密级

者、日期等项目应选择复文中的相应信息进行登记，但应在题名项内体现来文内容，如“某某机关关于……的请示及某某机关的批复”，或“某某机关关于……的批复（附请示）”。

第二，没有标题、标题不规范，或者标题不能反映文件主要内容、不方便检索的，应全部或部分自拟标题，自拟内容外加方括号“［ ］”。例如，某件文件的标题为“通知”，则整理人员需要拟出完整标题，并在“题名”项内用“［某某机关关于……的］通知”的方式标注。

（3）页数和备注的填写

页数是指每一件归档文件的页面总数，例如，一件文件包括发文稿纸、正文、附件等共计 12 页，归档文件目录中该文件的页数即登记为 12。

备注是指注释文件需说明的情况。如果没有说明事项，则不填写；如果说明字数较多，可以在“备注”处标注“＊”，然后在备考表上详细说明。

关联知识

①归档文件应依据档号顺序编制归档文件目录。编目应准确、详细，便于检索。

②归档文件应逐件编目。当来文与复文作为一件时，对复文的编目应体现来文内容。归档文件目录设置序号、档号、文号、责任者、题名、日期、密级、页数、备注等项目。

③归档文件目录中各项目的填写方法：

➢序号：填写归档文件顺序号。

➢档号：每件归档文件的档号。

➢文号：文件的发文字号。没有文号的，不用标识。

➢责任者：制发文件的组织或个人，即文件的发文机关或署名者。

➢题名：文件标题。没有标题、标题不规范，或者标题不能反映文件主要内容、不方便检索的，应全部或部分自拟标题，自拟内容外加方括号“［ ］”。

➢日期：为文件的形成时间，以国际标准日期表示法标注年月日，如20220909。当文件中不同稿本上的时间不同时，以装订时排列最前面的文件的日期为准，如请示与批复，以批复日期为准。未标注日期的文件，应通过分析文件内容等方法，考证和推断文件的准确日期或大致日期，并据此按年度合理归档，无法考证具体日期的，可以在填写年份和月份后，将日期标注为00，如：20221100。

➢密级：文件密级按文件实际标注情况填写。没有密级的，不用标识。

➢页数：每一件归档文件的页面总数。文件中有图文的页面为一页。

➢备注：注释文件需说明的情况。

④归档文件目录表格采用A4幅面，页面宜横向设置。

归档文件目录除保存电子版本外，还应打印装订成册。装订成册的归档文件目录，应编制封面。封面设置全宗号、全宗名称、年度、保管期限、机构（问题），其中全宗名称即立档单位名称，填写时应使用全称或规范化简称（见图1－10）。

归档文件目录可以按年装订成册，也可每年区分保管期限装订成册。

归 档 文 件 目 录

全 宗 号________
全宗名称________
年　　度________
保管期限________
*机构（问题）______

图 1－10　归档文件目录

实践项目四：归档文件的装订

1. 项目任务

按照《归档文件整理规则》对实践项目二中的文件进行修整、装订。

2. 项目目标

①了解归档文件修整、装订工作的含义及工作内容。
②熟悉《归档文件整理规则》中对文件修整、装订工作的要求。
③掌握归档文件修整、装订的方法。

3. 项目素材

①某区政府关于做好第十届社区居民委员会换届选举工作的通知（××发〔2021〕10 号），成文日期为 2021 年 3 月 26 日，正文 2 页，另有附件

4 个：

某区第十届社区居民委员会换届选举工作日程安排表（1 页）

某区第十届社区居民委员会换届选举工作指导小组名单（1 页）

某区第十届社区居民委员会换届选举工作联络员名单（2 页）

某区第十届社区居民委员会换届选举宣传标语（1 页）

②某街道办事处关于印发《某街道 2021 年社区居委会换届选举工作实施方案和工作制度》的通知（××政〔2021〕6 号），成文日期为 2021 年 4 月 10 日，正本全文 8 页，另有该通知的定稿 8 页，发文稿纸 1 页。

③某街道办事处关于某街道某社区居委会延期换届选举的请示（××政〔2021〕7 号），成文日期为 2021 年 4 月 16 日，正本全文 2 页，另有该请示的定稿 2 页，发文稿纸 1 页。

④某区政府关于同意某街道某社区居委会延期换届选举的批复（××发〔2021〕12 号），成文日期为 2021 年 4 月 20 日，全文共 1 页。

4. 工作规则

同本章实践项目一“工作规则”。

5. 参考方案

（1）归档文件修整工作

归档文件装订前，应对不符合要求的文件材料进行修整，以保证档案能够长久保存和有效地提供利用。对归档文件的修整工作主要包括以下几个方面：

①对破损的纸张进行修裱，修裱要用糊精或专用胶水，不得使用胶带（塑料材料）。

②对字迹模糊的（颜料笔）、易扩散的（圆珠笔）、易磨损的（铅笔）或易褪色的材料（如热敏件）进行复制，复制件的页数不计入总页数。

③去除纸张上的易锈蚀的金属物（如铁质订书钉、曲别针、大头针、推钉、鱼尾夹等）。

④对过大的纸张进行折叠。

⑤对过小的纸张进行托附。

⑥对装订线内有字迹的纸张贴补纸条，并折叠右侧。

（2）归档文件装订工作

归档文件一般以件为单位装订。装订方式根据归档文件保管期限确定。

永久保管的归档文件，宜采取线装法装订。页数较少的，使用直角装订或缝纫机轧边装订，文件较厚的，使用“三孔一线”装订。也可以使用不锈钢订书钉或糨糊装订，但装订材料必须满足归档文件长期保存的需要。定期保管的、需要向综合档案馆移交的归档文件，装订方式也采用永久保管的归档文件装订方式。

直角装订方式见图1－11，三孔一线装订方式见图1－12。

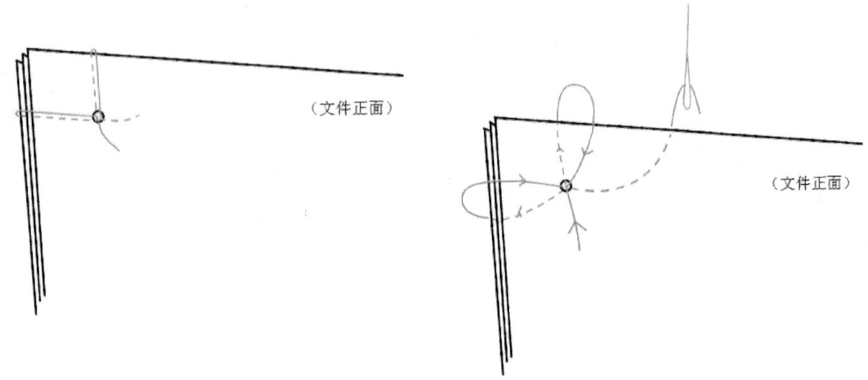

图1－11　直角装订示意图

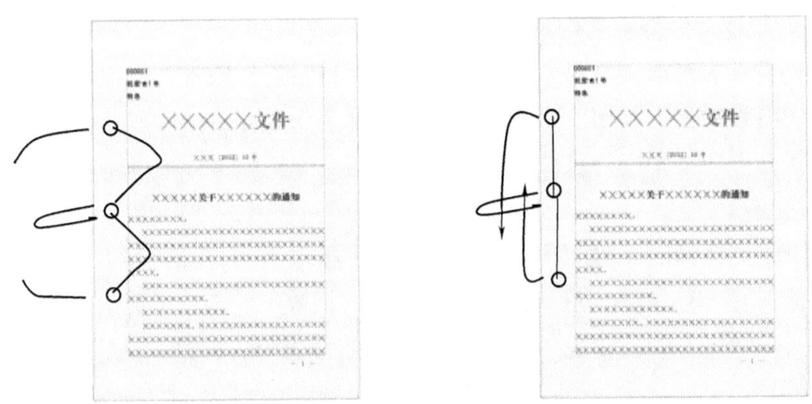

图1－12　三孔一线装订示意图

定期保管的、不需要向综合档案馆移交的归档文件，装订方式可以采用永久保管的归档文件装订方式，也可以使用不锈钢夹或封套装订（见图1－13）。

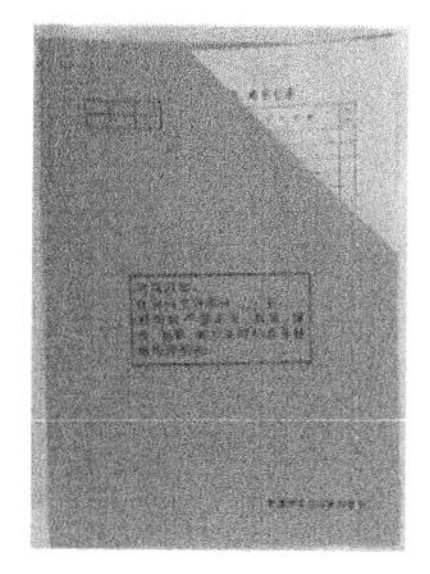

图 1 - 13

关联知识

1. 归档文件的修整

为了档案的长期保存，归档文件在装订前，应对不符合要求的文件材料进行修整。归档文件已破损的，应按照 DA/T 25—2000 予以修复；字迹模糊或易退变的，应予复制。

同时归档文件还应按照保管期限要求去除易锈蚀、易氧化的金属或塑料装订用品，对于幅面过大的文件，应在不影响其日后使用效果的前提下进行折叠。

2. 归档文件的装订

归档文件一般以件为单位装订，装订应牢固、安全、简便，做到文件不损页、不倒页、不压字，装订后文件平整，有利于归档文件的保护和管理。同时，装订应尽量减少对归档文件本身影响，原装订方式符合要求的，应维持不变。

（1）装订材料

用于归档文件装订的材料，不能包含或产生可能损害归档文件的物质。例如，不能使用回形针、大头针、燕尾夹、热熔胶、办公胶水、装订夹条、塑料封等装订材料进行装订。

（2）装订方式

装订方式应根据归档文件保管期限确定，为便于管理，相同期限的归档文件装订方式应尽量保持一致，不同期限的装订方式应相对统一。

①永久保管的归档文件，宜采取线装法装订，不使用不锈钢夹或封套装订。线装法主要有直角装订、缝纫机轧边装订和三孔一线装订等方式。其中，页数较

少的，使用直角装订或缝纫机轧边装订，文件较厚的，使用“三孔一线”装订。永久保管的归档文件，也可以使用不锈钢订书钉或糨糊装订，但装订材料必须能够满足归档文件长期保存的需要。

定期保管的、需要向综合档案馆移交的归档文件，采取与永久保管归档文件相同的装订方法。

②定期保管的、不需要向综合档案馆移交的归档文件，装订方式可以采取与永久保管归档文件相同的装订方法，也可以使用不锈钢夹或封套装订。

实践项目五：归档文件的装盒

1. 项目任务

按照《归档文件整理规则》（DA/T 22—2015），将整理好的归档文件材料装盒，具体包括将归档文件按顺序装入档案盒、填写档案盒盒脊及备考表项目三项工作。

2. 项目目标

①了解归档文件装盒工作的依据。

②熟悉《归档文件整理规则》中对本项工作的具体规定。

③掌握文归档文件装盒、填写档案盒盒脊及备考表的方法。

3. 项目素材

①某区政府关于做好第十届社区居民委员会换届选举工作的通知（××发〔2021〕10号），成文日期为2021年3月26日，正文2页，另有附件4个：

某区第十届社区居民委员会换届选举工作日程安排表（1页）

某区第十届社区居民委员会换届选举工作指导小组名单（1页）

某区第十届社区居民委员会换届选举工作联络员名单（2页）

某区第十届社区居民委员会换届选举宣传标语（1页）

②某街道办事处关于印发《某街道2021年社区居委会换届选举工作实施方案和工作制度》的通知（××政〔2021〕6号），成文日期为2021年4月10日，正本全文8页，另有该通知的定稿8页，发文稿纸1页。

③某街道办事处关于某街道某社区居委会延期换届选举的请示（××政〔2021〕7号），成文日期为2021年4月16日，正本全文2页，另有该请示的定

稿2页，发文稿纸1页。

④某区政府关于同意某街道某社区居委会延期换届选举的批复（××发〔2021〕12号），成文日期为2021年4月20日，全文共1页。

4. 工作规则

同本章实践项目一“工作规则”。

5. 参考方案

（1）装盒

将整理好的归档文件装入档案盒中，可以防止散乱丢失，便于取放，是对档案的一种保护方式。档案盒外形尺寸统一，盒脊分为20 mm、30mm、40mm、50mm四种厚度，可以根据需要灵活选用。如果是需要永久保管的档案，还应尽量采用无酸纸制作的档案盒。

归档文件应按照分类和编排次序顺序放入档案盒，但不同年度、机构（问题）、保管期限的归档文件不能装入同一个档案盒。

（2）填写档案盒封面及盒脊

档案盒封面只需填写全宗名称即可。盒脊上的项目包括全宗号、目录号、年度、保管期限、机构（问题）、起止件号、盒号等。一般全宗号、目录号在档案移交进馆前填写；起止件号、盒号，可以暂用铅笔填写，防止增加归档文件以及调整盒号；其他项目在档案装盒时应当填写完全（见图1－14）。

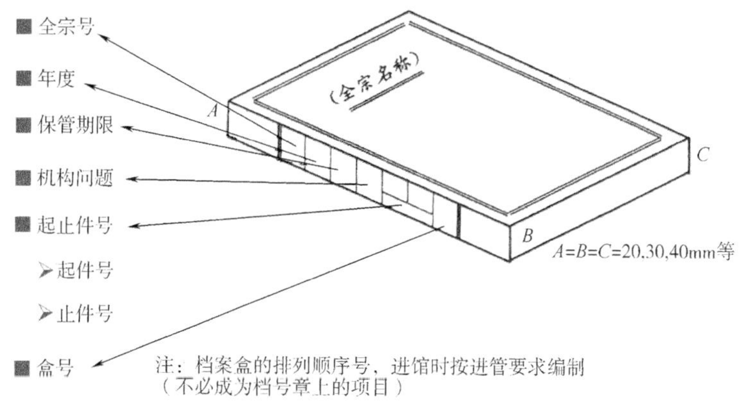

图1－14　档案盒示意图

（3）填写备考表

每个档案盒内应放置一张备考表，置于盒内文件之后，备考表上的项目包括盒内文件情况说明、整理人、整理日期、检查人、检查日期等，《归档文件整理规则》中提供了备考表的样式（见图1－15）。

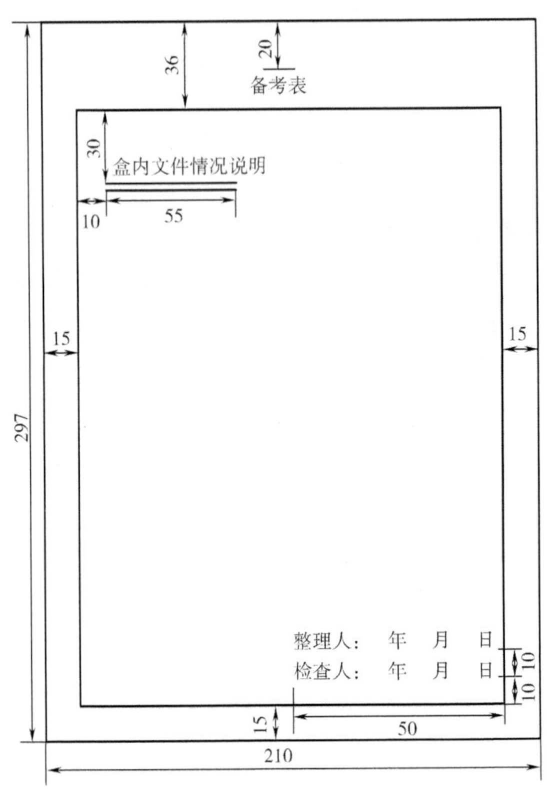

图1－15　备考表示意图（单位：毫米）

盒内文件情况说明：填写盒内文件缺损、修改、补充、移出、销毁等情况。

整理人：由负责整理归档文件的人员签名或签章。

整理日期：归档文件整理完成日期。

检查人：负责检查归档文件整理质量的人员签名或签章。

检查日期：归档文件检查完毕的日期。

关联知识

1. 档案盒

档案盒的外形尺寸为310mm×220mm（长×宽），盒脊厚度根据需要设置了20 mm、30mm、40mm、50mm 四种规格，应采用无酸纸制作。

档案盒封面用于标明全宗名称，同时可以根据摆放方式的不同，在盒脊或底边设置全宗号、年度、保管期限、起止件号、盒号等必备项，并可设置机构（问题）等选择项。其中，起止件号填写盒内第一件文件和最后一件文件的件号，起件号填写在上格，止件号填写在下格；盒号即档案盒的排列顺序号，按进馆要求在档案盒盒脊或底边编制。

2. 备考表

备考表置于盒内文件之后，项目包括盒内文件情况说明、整理人、整理日期、检查人、检查日期。

①盒内文件情况说明：填写盒内文件缺损、修改、补充、移出、销毁等情况。

②整理人：负责整理归档文件的人员签名或签章。

③整理日期：归档文件整理完成日期。

④检查人：负责检查归档文件整理质量的人员签名或签章。

⑤检查日期：归档文件检查完毕的日期。

第二章　科技档案整理实践

实践项目一：科技档案立卷整理——以“卷”为单位

1. 项目任务

认真阅读项目素材，从真实的项目档案中深刻理解课堂讲授的知识。提出项目文件立卷的思路、流程，确定区分卷的依据，并最终形成案卷，进而完成案卷编目。形成符合标准的成套项目档案。

2. 项目目标

通过实践，掌握科技档案以“案卷”为单位的整理流程。尤其是掌握成套科技档案“分卷”的方法、卷内文件排列的方法、案卷编目的主要内容和方法，以后在工作中面对一个科技项目，能够独立完整全部的整理工作。

①了解科技档案整理的整体步骤。

②了解案卷与立卷的概念，立卷与不立卷整理的区别；掌握立卷的要求与工作流程；按照立卷流程组成案卷。

③理解编目的概念与流程，然后按照流程完成编目实践。

3. 项目素材

北京市××区×××住宅区1#、2#、3#商住项目

本实践选择基本建设项目作为实践素材。项目的基本情况如下：

项目名称：北京市××区×××住宅区1#、2#、3#商住项目

项目单位：北京××××置业有限公司

（1）项目概况

①北京××××置业有限公司（以下简称“公司”）是以房地产开发经营为主业的上市公司。成立于2008年×月，注册地址为北京市××区××××××，注册资本1.8亿元人民币。目前公司正在开发北京市××区×××住宅区1#、2#、3#商住项目。

②×××住宅区1-3#地位于北京××区×××住宅区（1#-8#地块）的西北部，×××桥东北角。该项目四至范围如下：东起××路，西至×××路，南起×××街，北接××××街。

③占地面积：25.03万平方米；规划建筑面积：62.64万平方米，其中住宅60.04万平方米，商业2.6万平方米。公司已向政府付清上述地块的土地出让金，并取得《建设用地规划许可证》（1#、2#地块《建设用地规划许可证》编号2020规地字××××号、3#地块《建设用地规划许可证》编号2020规地字××××号）。

根据北京××房地产评估事务所有限公司的评估结果，××区×××住宅区1#、2#、3#地块在估价时点2020年12月31日及价格定义条件下的土地使用权市场价值（熟地总地价）为：300 254万元。

④项目建设进度：项目建设期预计3年，拟定于2022年年底开工建设。

（2）项目场地现状及环境条件

①项目规划区内地势平坦，土地平整。该场地原状房屋密集，包括乡镇企业、居民用房、农贸市场及少量小型工厂等。

2018年×月×日，公司与××集团有限公司签订了《项目工程合同》，合同约定：由××集团有限公司对××区1#、2#、3#地块进行拆迁安置、七通一平基础设施建设、代征地拆迁及绿化工程进行承包，并支付上述工程款项。截至2020年×月×日，××区1#、2#、3#地块拆迁安置工程已完成过半。

②项目南端的×××路直通东四环路，东侧的××路和南侧的×××街已完工，区域内道路纳入整个项目开发一并考虑。

（3）投资项目市场分析

①×××住宅区1#、2#、3#地块项目所在区域属于北京××区中心地带，紧临××商圈和××商圈。随着交通条件、市政环境的不断完善，××环沿线地区房地产业得到了迅速的发展。该地区有几十个正在销售或即将销售的项目。借助区位环境的独特优势，项目普遍具有较高的品质。目前该地区高品质住宅综合均价在15 000元/平方米以上。

该区域拥有众多高档写字楼、宾馆、购物场所，加上拥有亚洲最大的××××，形成以××××为中心的居住生活圈，使得许多成功人士选择在此安家和置业投资。预计未来5年，××环沿线必将成为京城房地产开发的热点地区。

②盈亏平衡分析。本项目住宅销售率总体盈亏平衡点约为72.5%，指在售价与成本不变的情况下，销售率为72.5%可以达到盈亏平衡，根据市场预测，具有一定的抗风险能力。

③敏感性分析。据市场预测，开发成本项目中最有可能发生波动变化的是建安造价和售价水平。因此，将建安造价和销售价格作为不确定因素进行敏感性分析，分别计算上述两个因素各自在其他条件不变的情况下，以5%幅度增加及减少时，对项目毛利率的影响。

分析结果表明开发成本和销售价格都是本项目的敏感因素，相比之下，售价因素更为敏感。在项目运行中，不仅要注意控制成本，还要特别注意营销策划，以便实现销售目标。

（4）风险分析

①政策风险。最近两年，由于住房供应结构的不合理与市场供求关系的影响，商品住宅价格上涨较快，国家已经采取一系列宏观调控政策，但局部地区（包括北京）房地产价格上涨过快的势头并未明显放缓，因此政府有可能采取进一步措施加大调控力度。

②市场风险。从2000年以来，全国房地产市场（包含北京市场）经历了长达数年的景气发展周期。根据市场运行规律，景气周期可能面临结束、导致市场需求发生变化，成交量减少、售价降低。

（5）项目部（项目公司）

北京××××置业有限公司××区××××项目部（项目公司）成立于2020年×月。由公司下属设计部、工程部、预算部、营销部、文控部等部门抽调人员组成。×××任项目经理。

项目公司主要负责公司项目运营管理，对项目整体运营负责，为公司使命和经营目标提供持续有力的项目管理支持。具体职责包括：

①负责工程招投标、材料设备采购管理，包括：

负责制定招标书及合同标准文件。

负责制作施工、监理及材料设备采购的招标文件。

负责组织开标、评标、定标等工作。

根据预算，提供材料设备的规格、型号、数量、参考价格，以编制材料设备采购标底。

负责提出材料设备选型意见。

负责制定材料设备采购计划。

负责所有项目材料、设备的采购实施。

②负责项目运行管理，监督项目部完成项目责任目标，包括：

对项目进行日常管理，向其下达项目的质量、成本、进度等管理目标。

审查项目建设总体规划方案，明确项目建设过程中各项工作的有效组织、计划和控制。

对项目的运行状况和工作成果进行阶段性检查和监督，提供支持与指导。

处理项目出现的重大问题和突发事件。

组织对项目目标完成情况进行考核。

③负责图纸设计和变更管理，包括：

参与图纸会审和技术交底工作。

做好设计变更工作。

④负责工程建设合同管理，包括：

参与工程建设中发生的所有委托调研、建设用地、委托设计、工程承包、监理及材料设备采购等合同或协议的谈判。

负责工程建设合同或协议的审核、签订，确保公司利益。

负责工程建设合同的财务履约工作，并监督合同的执行。

⑤负责市场营销管理，包括：

负责组织项目可行性分析。

负责组织项目的具体定价工作。

负责组织制定项目的销售目标、市场营销计划和预算。

制订、审查具体的项目营销策划方案。

制订、审查具体的销售计划。

负责销售代理公司的选拔和淘汰。

协调和指导代理公司、项目部人员做好市场推广、营销策划和销售工作。

⑥负责售后服务管理，包括：

负责售后服务信息处理。

负责售后服务的跟踪与落实。

负责售后服务工作的总结与分析，定期将分析报告提交给公司有关业务部门。

⑦负责工程遗留问题的处理。

（6）项目文档控制人员的职责

①项目文档控制人员由公司文档控制部派出，在项目经理领导下工作。协调和解决项目文档控制上的相关问题，负责监控项目文档控制程序的实施。

②根据合同要求，在项目经理领导下，负责编制项目文档控制程序。

③负责项目设计、采购、施工、竣工各阶段项目文档控制工作。

④协调处理设计、采购、施工、竣工各阶段项目文档控制工作接口关系，负责项目对外文件接口工作，满足工程建设要求。

⑤检查、了解、分析项目文档管理状态，预测可能影响项目文档质量的因素，提出措施，并向项目经理报告。

⑥在定期召开的项目例会后，按要求向项目经理提出书面报告。其内容包括：项目文档控制执行情况、存在问题、解决办法和措施等。

⑦每月向项目经理提交项目文档控制工作量统计表。

⑧协助项目经理收集设计资料，包括设计过程资料及成果文件。

⑨对设备采购的文档控制执行情况进行监督，并将偏离的情况及时向项目经理报告，负责保存采购过程资料及设备资料。

⑩负责竣工资料的接收归档工作。

⑪协助项目控制经理，协调设计、采购、施工、竣工各过程中项目文档控制和实施中的矛盾，并采取措施，促其顺利地完成工程项目控制工作。

⑫按照变更程序，对项目变更、项目变更文件的有效性进行分析，评估其对项目的影响，供项目经理决策。

⑬配合索赔工程师收集各类索赔依据。

⑭项目结束时，对项目文档进行整理、归档，并负责对项目文档控制管理工作进行总结。

⑮在项目初期，配合系统管理员完成文档管理系统的配置和初始化工作，输入与项目文件相关的信息。

⑯项目结束后，负责全部项目文件的整理，并向公司文档控制部归档。文档控制部负责归档后的项目档案管理。

4. 工作规则

（1）分组

以 3 ~ 5 人为实践小组，共同完成工作任务。组内成员有明确的分工。

（2）工作依据

以《科技档案管理学》理论教学知识和《科学技术档案案卷构成的一般要求》（GB/T 11822—2008）为依据。

（3）提交实践方案和流程

实践开始阶段，在规定时间内提交实践方案和流程，锻炼学生的规划、统筹能力。

（4）实践材料

自行打印卷内目录、备考表、移交清单等必要表格。

（5）提交实践报告

实践结束后应以小组为单位提交综合性实践报告，内容包括：

①实践小组成员及分工情况。

②实践的内容是什么？实践的能力目标是什么？

③实践流程是什么？实践过程的概要描述。

④实践中遇到的难点是什么？解决方法是什么？

⑤实践目标完成情况及自我评价。

⑥其他需要说明的情况。

（6）其他要求

确保实验室设备、实践工具、档案资料的完整与无损。

5. 参考方案

（1）项目文件立卷整理流程（见图2－1，图2－2）

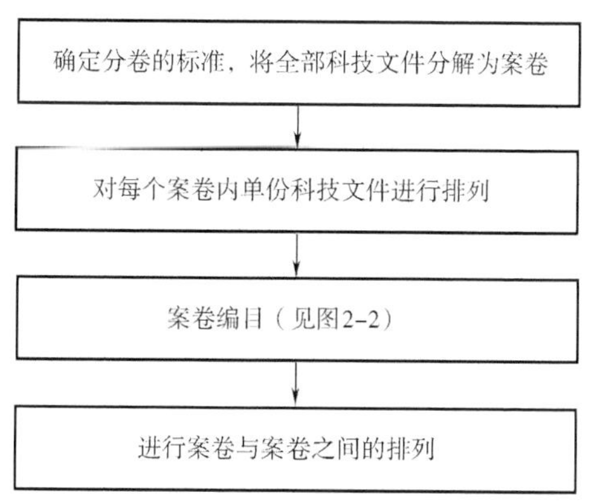

图2－1　项目文件立卷整理流程

（2）确定分卷的标准与方法，将全部科技文件分解为若干案卷

分卷的标准与方法，是指面对一个项目的全部科技文件，如何将其分解为一个个独立的案卷，分卷的依据是什么。

不同的科技项目，分卷的标准和方法不同。就基建项目而言，常见的分卷方法有：

①按基建项目的结构分解，每个结构单元组成一个案卷（见图2－3）。

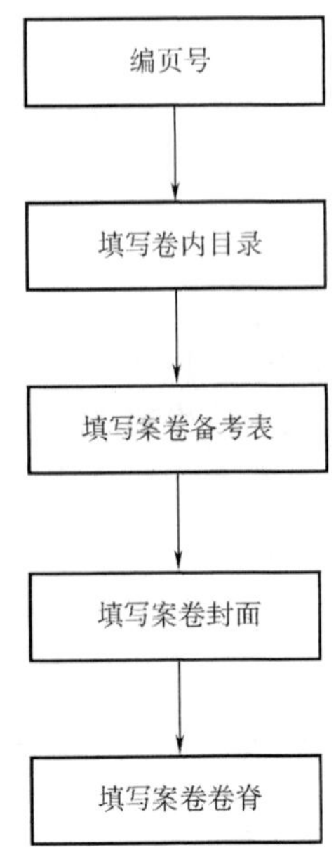

图 2－2　案卷编目步骤

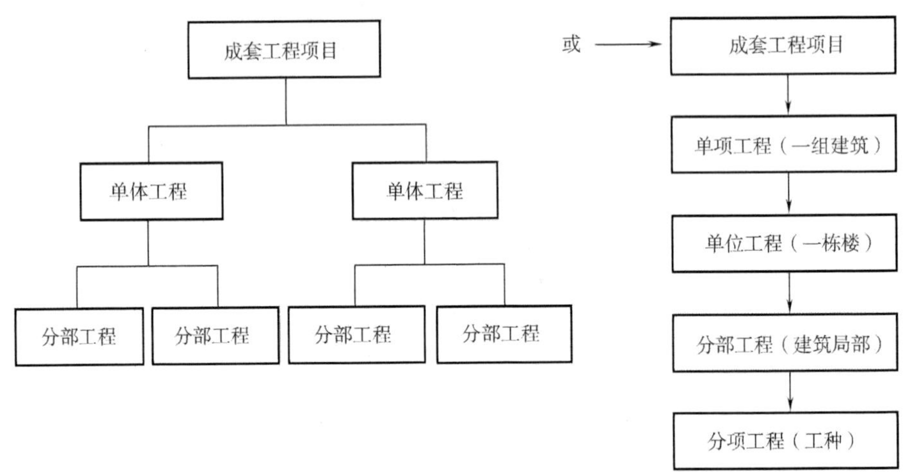

图 2－3　基建工程项目结构分解关系示意图

比如：工程设计可以分为可行性研究阶段、初步设计阶段、技术设计阶段、施工图设计阶段等不同阶段，每个设计阶段的科技文件分别组成案卷。

②按基建项目的专业划分，每个专业的科技文件分别组成案卷。

比如：工程项目文件可分为土建专业文件、水暖专业文件、通风专业文件、强电专业文件、弱电专业文件、装饰装修专业文件等，各专业的科技文件分别组成案卷。

（3）对每个案卷内单份科技文件进行排列

①卷内文件排列的基本依据：

科技文件的自然形成过程（时序）。

科技文件的技术内容在结构上的隶属关系或工作程序上的衔接关系。

科技文件的逻辑关系、重要程度，或主、次之分。比如同一事项的请示与批复、同一文件的印本与定稿、主件与附件，等等。排列时通常是批复在前、请示在后，印本在前、定稿在后，主件在前、附件在后。

②卷内文件的排列方法。

第一，单纯由文字材料组成的案卷，其文件应按照排列基本依据执行。

第二，单纯由图纸组成的案卷，如果是同一个专业，则按原图纸目录或图号排列；如果涉及多专业，则先按专业分别排列，然后同专业再按图号排列。如果出现原图纸目录与图号比较凌乱，不能成为排列依据时，可以按照图纸类型和文件内容的结构隶属关系排列。通常是：总图在前，详图在后；详图再按装配顺序或结构顺序排列。

第三，图文混合构成的案卷，通常文字材料排在前，图纸排在后。但如果这样排列过于违背科技文件之间的逻辑关系，可以有所变通。其关键是分析文字材料的内容，了解这些文字材料的指向性。

③排列后的装订与不装订。案卷内单份文件排列完成后，可以采用装订或不装订两种形式。不管采用哪种形式，其中的“件”是必须要装订的。另外，案卷内不允许有金属物。

（4）案卷与案卷之间的排列

案卷与案卷之间的排列，通常综合考虑下列因素：

①科技项目的工作进程。

②案卷内科技文件的专业性质。

③不同案卷内科技文件的形成时序。

④不同案卷内科技文件内容在技术结构上的隶属关系或程序衔接关系。

（5）案卷编目的步骤

①编页号。

编页号的目的：编页号是为了固定单份科技文件的排列次序，确切统计文件数量，保护文件齐全完整。如果原来有页号的科技文件，只要没有变化，可以不重编页号。比如成套图纸，还有编排有序的文字材料，等等。

编页号的方法：卷内科技文件均按有书写内容的页面编号。每卷单独编号。页号的字体统一用阿拉伯数字，从“1”开始编写。单面书写的文件，页号写在右下角；双面书写的文件，正面写在右下角，反面写在左下角。折叠后的图纸一律写在（右）下角。案卷封面、卷内目录（原有的图纸和文件目录除外）、备考表不编页号。

②填写卷内目录。

填写卷内目录的作用：卷内目录是案卷内所有科技文件的清单和编排次序的记载，也是检索单份文件的依据。卷内目录排列在案卷内全部科技文件最前面。目录的幅面有两种：16 开（260mm×185mm）；A4 纸（197mm×210mm）。

成套的科技文件或图纸原有的目录，在无变化的情况下，可以直接用作卷内目录，但若与卷内文件实际情况不符，应重新填写卷内目录，原有目录应存入案卷，作为卷内文件的第一张。卷内目录的示例参见图 2－4。

卷 内 目 录

序号	文件编号	责任者	文件题名	日期	页号	备注

图 2－4 卷内目录

卷内目录的格式：卷内目录的内容包括序号、文件编号、责任者、文件材料题名、日期、页号、备注。

序号：序号是“件”在案卷内的排列次序。以“一份文件”（可为多页）为单位，用阿拉伯数字填写，从“1”依次标注。文件编号：填写科技文件原有的文号或图号。责任者：填写科技文件的书写、拟制者（单位或个人），是最初（最直接）的成文者。文件题名：填写文件标题的全称。日期：填写文件的编制、形成日期。页号：（也叫“所在页号”），是一份文件（“件”）在案卷内位置的表示。标注方法有两种：一是填写一份文件的起、止（首、尾）页号；二是只写一份文件的起始页号。备注：其他需要说明的事项。

③填写案卷备考表。

备考表的作用：案卷备考表是对案卷基本情况进行介绍和说明的一种记事表格，放在案卷内全部文件的末尾。备考表要表明卷内文件的件数、页数，不同载体文件的数量以及在组卷和案卷使用过程中需要说明的问题。它由立卷人在立卷完成后填写，并且由科技项目负责人、审查人签字。

备考表的格式：案卷备考表包括说明、立卷人、立卷时间、检查人、检查时间、互见号等。其中：“说明”主要标明案卷内科技文件的总页数、各种类型科技文件的页数，案卷内科技文件完整性、缺损情况、变更情况，以及立卷单位对案卷情况的说明，没有需要说明的事项可不必填写说明。“立卷人”由立卷责任人签名。“立卷时间”填写立卷完成的日期。“检查人”由科技项目负责人或案卷质量审核者签名。“检查日期”填写案卷审核日期。“互见号”填写与本案卷内容相同而形式不同，并另行保管的科技档案保管对象号（档号），并注明其载体形式（光盘、磁盘等）。案卷备考表的示例见图 2 – 5。

④填写案卷封面。案卷封面的作用是揭示案卷内科技文件的内容和成分，使管理者和利用者清楚地了解案卷中的科技文件构成，便于案卷的管理和利用。同时，案卷封面的质量高低也直接影响科技档案目录和其他检索工具的质量。

案卷封面有两种形式：一种是插卡式，可以更换；另一种是印制在案卷封面上。案卷封面的内容包括：案卷题名、档（案）号、档案馆号、立卷单位、起止日期、保管期限、密级等。

案卷题名的撰写：案卷题名应简明、准确地提示案卷内全部科技文件的内容。一个完整的案卷题名应包括三个内容：科技项目名称、卷内文件的内容特征、卷内文件的类型名称。其中：“科技项目名称”是本案卷内科技文件记录和反映的产品、工程、科研专题、设备等项目的名称，比如基建工程项目，可以是

案卷备考表

互见号

说明：

整理人：
检查人：
年　月　日

图 2－5　案卷备考表

单独的项目名称，也可以是项目名称和子项工程（分项）的结合。项目名称可以是中文名称，也可以是代号。“卷内文件的内容特征”反映的是该案卷所针对的项目下属技术单元、子项、专业、工序等内容的名称（因为一个案卷内通常是一个项目全部科技文件的一部分）。“卷内文件的类型名称”是案卷内主要的科技文件类型，比如：图纸名称、文字材料名称等。案卷题名示例见图2－6。

图2－6 案卷题名

案卷封面上的管理性内容包括：

立卷单位——填写案卷内科技文件的形成与整理单位或主要责任者。

起止日期——填写卷内全部科技文件的形成起止日期。

保管期限——依据有关规定填写立卷时确定的保管期限。保管期限分为永久、定期（长期、短期）两种。对工程档案来说，“长期”通常是保存期限等于该工程使用寿命，短期是保存期限20年以下。

密级——依据国家或企业的保密规定填写案卷内单份科技文件的最高密级。

档（案）号——档（案）号由档案馆（室）填写。档（案）号应由项目代号、分类号和案卷号组成。

档案馆代号——填写国家、地方、行业给予档案馆的代号（如果有此代号）。

案卷封面的示例见图2－7。

⑤填写案卷卷脊

案卷卷脊的作用是为了在案卷立式排架时，查找、调阅案卷的便利。卷脊的主要内容包括：保管期限、档（案）号、案卷题名（见图2－8）。

档　　号________________

档案馆号________________

（案卷题名）

立卷单位________________________________

起止日期________________________________

保管期限________________________________

密　　级________________________________

图 2－7　案卷封面

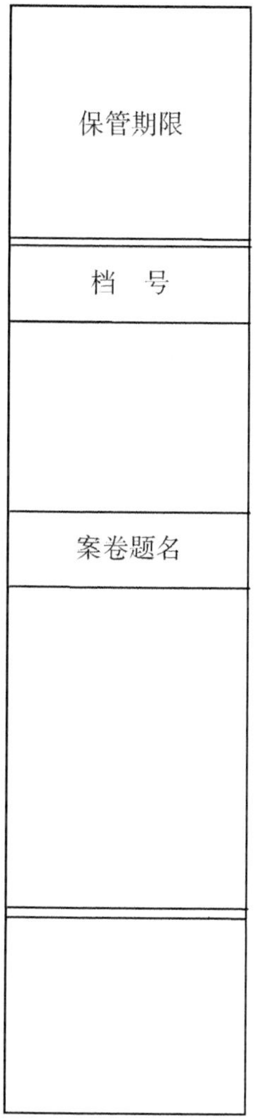

保管期限

档 号

案卷题名

图 2-8 案卷卷脊

关联知识

1. 科技文件整理

科技文件整理就是在一个科技项目完成或告一段落时，以科技文件的形成单位和形成者为主，由科技项目负责人主持，文控人员直接操作，在科技档案部门的协助、指导下，对项目全部科技文件进行鉴别、筛选，确定应归档的科技文件构成，并使之系统化，最终达到归档要求的一项工作。

科技文件整理包括：鉴别、组卷或组件、编目。

2. 科技文件整理的必要性

①检查、核实科技文件的真实性、完整性、准确性、系统性、可用性，对不符合要求的科技文件进行订正、补充，使之达到归档要求。

②保证科技文件内容上的有机联系（在项目过程中，由于频繁的文件流转、使用，科技文件的内在联系易受破坏），有效反映科技项目的知识成果。

③为了满足归档后科技档案管理的需要，按照归档要求对科技文件进行必要的序化、配套、组合、说明。

3. 科技文件整理的专业标准

①《科学技术档案案卷构成的一般要求》（GB/T 11822 —2008）。

②《归档文件整理规则》（DA/T 22—2015）。

4. 科技文件的整理与归档的流程（见图2－9）

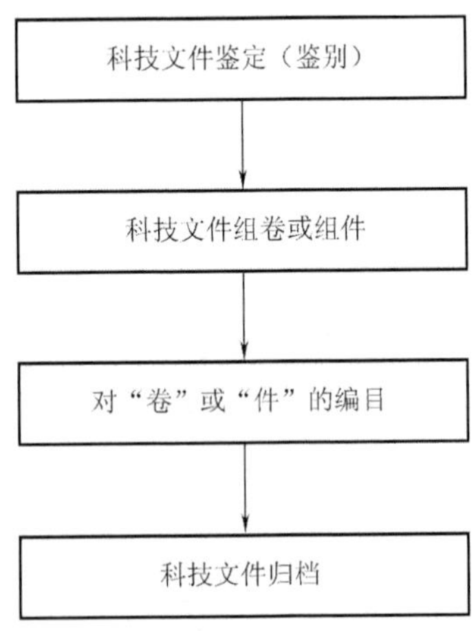

图2－9　科技文件的整理步骤

（1）案卷

案卷是归档后科技档案管理的基础对象之一（另一种基础管理对象是

"件")。案卷的本质是一组内容上具有内在关联的单份科技文件组成的集合体。这些单份文件的关联不是人为的，而是由科技规律、项目规律、文件规律等因素决定的。通俗地说，因为一个科技项目形成的文件数量很大，不能直接归档、保存、利用，必须将全部科技文件分解为以"案卷"为单位的若干管理对象，因此就有了"案卷"。

案卷的外在形式是盒、册、袋、夹。

(2) 立卷

立卷，也称组卷，是科技文件整理的两种主要方法之一，另一种方法是组"件"，也就是不立卷的方式。

立卷就是要按照科技规律、项目规律、文件规律、档案管理规律等特定的规律、原则、标准和方法，将一组内容有机相连的单份科技文件以盒、册、袋、夹等形式组织在一起，并通过"编目"使之固定下来。

科技文件立卷的方法通常有：按科技文件内容反映出的技术结构关系立卷；按科技文件内容反映出来的工序或阶段划分立卷；按科技文件内容反映出来的专业性质立卷；按科技文件内容所反映的问题（事项）立卷；按科技文件的名称立卷（同名文件放在一卷内）；按科技文件内容反映的区域（地域）划分立卷；按科技文件的作者分别立卷；按科技文件内容反映的时间段立卷；等等。案卷样式示例见图2-10。

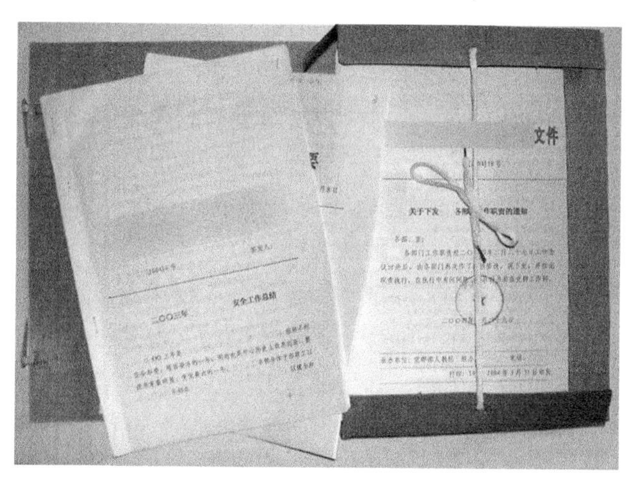

图2-10　案卷样式

需要说明的是：立卷不仅仅针对蓝图和纸质科技文件，底图、电子文件也有案卷，只是表现形式上，三者有所不同。底图和电子文件也可以采用一定的方法，把一组具有内在关联的科技文件组织在一起（见图 2－11）。

图 2－11　底图库存放方式

（3）立卷的要求

①每个案卷内的一组科技文件必须具有内容上的紧密关联，这也是案卷的本质特征。

②每个案卷内的单份科技文件在价值上（保管期限、密级）应尽可能相同。换句话说，在一个案卷内的科技文件，保管期限与密级应大体相同，不同价值的科技文件应适当分别组卷。这对于划分科技档案利用权限有利。但是，如果有些科技文件价值不同却密切关联，生硬地分开立卷将损害单份科技文件之间的有机联系，那就不必分开，仍然放在一个案卷内。在此情况下，划定保管期限和密级时，采取“就高不就低”的原则，统一以其中最高密级、最长保管期限的科技文件作为划定该案卷密级和保管期限的标准。

③在需要归档的全套科技文件中，如果采用了标准图、通用图，一般只需要在案卷目录中注明图纸的名称、编号，不必再晒制一份图纸配套存入案卷。

④一组有机相连的科技文件，如果数量较大，一个案卷盒无法容纳，可以分开组成几个案卷，并将这几个案卷连续排列，并在案卷目录、备考表中加以说明。因为这些案卷之间是连续排列的，所以科技文件之间的有机联系不会受到破坏，因此不必认为这几个案卷是由一个案卷拆分而成的若干“分册”。

⑤一个项目的科技文件在立卷完成（甚至已归档）后，因种种原因，可能会形成补充、后续文件。这些补充文件可以插入原有的案卷，并对已经完成的案

卷目录、备考表等加以修改，也可以将这些补充科技文件单独组成一个案卷，放在原来的案卷后面，而不必拆开原有的案卷。

⑥一个案卷内的科技文件数量应适当，数量过多不便于存取，数量过少造成空间和装具的浪费。

⑦组成的案卷应力求整齐、美观，案卷盒应比较坚固，有利于长期保存。

（4）案卷编目

案卷编目就是通过一系列具体的处置方式来固定组卷的结果，并有效揭示案卷内的科技文件构成。编目也可被视为是组卷的一部分。

编目主要内容包括：编页号、填写卷内目录、填写案卷备考表、填写案卷封面、填写案卷卷脊五个环节。

实践项目二：科技档案非立卷整理——以“件”为单位

1. 项目任务

项目文件可以采用以“案卷”为单位的整理方式，也可以采用不立卷的整理方式，就是以“件”为单位对项目文件进行整理。本项目的任务：认真阅读项目素材，从真实的项目档案中深刻理解课堂讲授的知识；提出项目文件以“件”为单位整理的思路、流程，并最终完成全套项目文件的整理实践，形成符合标准的成套项目档案。

2. 项目目标

要求掌握“组卷”整理之外的另一种科技文件整理方式——组“件”（不立卷）整理方式。

①理解“件”的概念，尤其是“件”与“卷”的区别。

②了解以“件”为单位对项目文件进行整理的规范和流程，掌握这种整理方式。

③按照流程完成实践内容，以后在工作中面对一个科技项目，能够独立完成全部的项目文件整理工作。

3. 项目素材

与“实践项目一：科技档案立卷整理——以‘卷’为单位”中的项目素材相同。即：北京市××区×××住宅区 1#、2#、3#商住项目。

4. 工作规则

（1）分组

以3～5人为实践小组，共同完成工作任务。组内成员有明确的分工。

（2）工作依据

以档案学理论教学知识和《归档文件整理规则》（DA/T 22—2015）为依据。

（3）提交实践方案和流程

实践开始阶段，在规定时间内提交实践方案和流程，锻炼学生的规划、统筹能力。

（4）准备材料

自行打印卷内目录、备考表、移交清单等必要表格。

（5）提交实践报告

实践结束后应以小组为单位提交综合性实践报告，内容包括：

①实践小组成员及分工情况。

②实践的内容是什么？实践的能力目标是什么？

③实践流程是什么？对实践过程进行概要描述。

④实践中遇到的难点？解决方法？

⑤实践目标完成情况及自我评价。

⑥其他需要说明的情况。

（6）其他要求

确保实验室设备、实践工具、档案资料的完整与无损。

5. 参考方案

（1）项目文件以“件”为单位整理流程（见图2－12）

（2）以“件”为单位组织文件并装订

以“件”为单位整理文件时，首先要把围绕同一内容（事件）的不同文件集中起来，按照内容的逻辑关系或重要性进行排列。例如：正文在前，附件在后；复文在前，来文在后；转发文在前，被转发文在后等。然后，再将这些文件装订在一起。装订前，应将易生锈的金属钉拆除，再用不锈钢钉装订，也可用热压、塑封、缝纫机轧角等方式。

（3）以“件”为单位进行文件排序并装入档案盒

将同一类别的若干“件”集中在一起，按照一定规则进行排序。通常的排

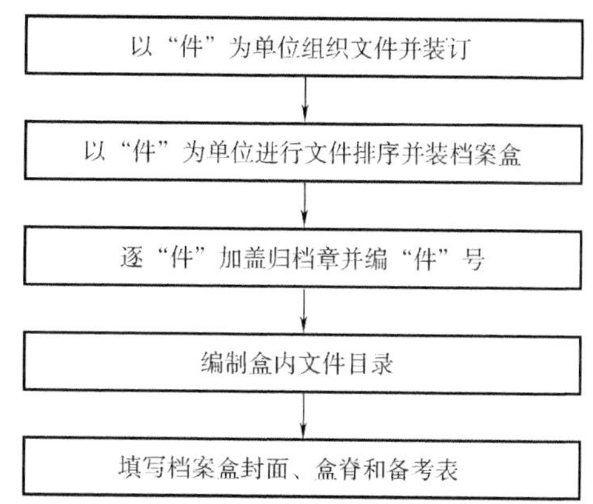

图 2－12　按“件”整理步骤

列方法是：以档案分类方案最低一级类目为依据，分析文件的内容，将同样内容属性的文件集中排列。然后进一步分析这些文件的形成（或生效）时间或者重要程度等特征，酌情确定排放顺序。排列完成后，装入一个档案盒中。如果同一类文件数量较多，则要分别装入若干个“档案盒”。

（4）逐“件”加盖归档章并编“件”号

归档章是档案管理的重要工具，应该加盖在文件首页上端的空白位置。归档章的内容可以根据本单位管理需要进行调整，通常包括：全宗号、年度、保管期限、件号、机构（问题）、盒号等项目（见图 2－13）。

（全宗号）	（年度）	（件号）
（机构/问题）	（保管期限）	（盒号）

图 2－13　归档章

①全宗号：档案行政管理部门或档案馆给立档单位编制的代号。基层单位自行保存档案的情况下，往往没有此号，可不填。

②机构/问题：实际是文件的类别区分名称。填写文件内容的形成机构或者“问题”“事由”等。

③年度：文件形成的年份。

④保管期限：填写划定的文件保管期限。

⑤件号：依次为每“件”编号。件号是单份文件在分类方案的最低一级类目内的排列顺序，按文件排列顺序从“0001”开始标注。

⑥盒号：接收单位档案部门按分类排序或流水排序的档案盒顺序号。

（5）编制盒内文件目录

盒内文件目录是保管文件、检索文件的重要工具，其填写单位是“件”，每“盒”填一份，放在每盒文件的最前面。

文件目录主要包括件号、责任者、文号、文件题名、日期、页数、备注等项目（见图2－14）。

文件目录

件号	责任者	文号	文件题名	日期	页数	备注

图2－14　盒内文件目录

①件号：与归档章上的件号相同。

②责任者：制发文件的组织或个人，即文件的发文机关或署名者。

③文号：文件的原发文字号。

④文件题名：文件标题。没有标题或标题不规范的，可自拟标题。

⑤日期：文件的形成时间，以8位阿拉伯数字标注年月日，如20210909。

⑥页数：每一“件”的页数。

⑦备注：该“件”需要说明的其他情况。

（6）填写档案盒封面、盒脊和备考表

①档案盒封面。档案盒封面应填写单位名称、形成年度、保管期限、机构或问题、起止件号等。其中：起止件号填写盒内第一“件”和最后一“件”的件号，中间用“—”号连接；盒号在归档移交时按档案部门的要求编制（见图2－15）。

××档案

单位名称__________

年　　度__________

保管期限__________

机构/问题__________

盒　　号__________

起止件号__________

图2－15　档案盒封面

②档案盒脊背。档案盒脊背主要填写全宗号、年度、保管期限、起止件号、盒号、机构（问题）等项，可根据实际需要增减（见图2－16）。

图2－16　档案盒脊背

③备考表。备考表的项目主要包括档案盒内文件的基本情况说明（缺损、修改、补充、移出、销毁等）、文件整理人、检查人和日期，置于档案盒最后（见图2－17）。

备考表
盒内文件情况说明   整理人： 检查人： 年　月　日

图2－17　备考表

关联知识

1.“件”的概念

所谓“件”，通常就是一份文件。但在文件处理中，围绕此文件往往形成一些关联文件，于是便将围绕此文件的所有关联文件组合在一起，形成一“件”。比如：正文与附件组合为一“件”；转发文与被转发文组合为一“件”；来文与复文组合为一“件”；等等。换言之，“件”就是围绕同一内容（事由、事项）产生的不同文本、多个单页文件组合在一起形成的一组文件集合。

2. 以“件”为单位的整理方式

以“件”为单位的整理方式与“组卷”整理方式二者最大的区别在于，将整理的关键点从“组卷”变成了组“件”。归档科技文件的基本整理单位是“件”，归档后的科技档案管理单位也是“件”。

所有需要整理的科技文件都以“件”为单位组合完毕后，再将属于同一档案类别的若干“件”放在一个档案盒内。需要特别注意的是：不立卷的情况下，一个档案盒内的科技文件不是一“卷”，而是一类文件的管理、保存形式。一个档案盒内的科技文件因为属于同一类别才放在一起。“件”与“件”相互之间没有内容上的必然联系。

科技文件可以采用不立卷的方式整理，尤其是管理类文件比较适宜采用以“件”为单位的整理方式，依据的标准是《归档文件整理规则》（中华人民共和国行业标准 DA/T 22—2015）。

实践项目三：科技档案分类与档案号的编写

1. 项目任务

分类是一种知识加工方法，是科技档案管理的重要方法之一。本实践项目的任务是通过对项目档案认识，揭示不同类别科技档案的内容特征，实现项目科技档案的体系化，提高科技档案的附加价值。

2. 项目目标

①掌握科技档案分类的概念与作用，掌握科技档案分类的要求与操作流程，能按照流程完成分类实践内容。

②了解科技档案号与科技档案排架的概念，掌握编写科技档案号的方法，能够按照流程完成实践内容。

3. 项目素材

与“实践项目一：科技档案立卷整理——以‘卷’为单位”中的项目素材相同，即北京市××区×××住宅区1#、2#、3#商住项目。

4. 工作规则

（1）分组

以3~5人为实践小组，共同完成工作任务。组内成员有明确的分工。

（2）工作依据

以“科技档案管理学”理论教学知识和《科学技术档案案卷构成的一般要求》（GB/T 11822—2008）为依据。

（3）提交实践方案和流程

实践开始阶段，在规定时间内提交实践方案和流程，锻炼学生的规划、统筹能力。

（4）准备材料

自行打印卷内目录、备考表、移交清单等必要表格。

（5）提交实践报告

实践结束后应以小组为单位提交综合性实践报告，内容包括：

①实践小组成员及分工情况。

②实践的内容是什么？实践的能力目标是什么？

③实践流程是什么？对实践过程进行概要描述。

④实践中遇到的难点？解决方法？

⑤实践目标完成情况及自我评价。

⑥其他需要说明的情况。

（6）其他要求

确保实验室设备、实践工具、档案资料的完整与无损。

5. 参考方案

（1）科技档案分类的实践流程（见表2-1）

表2-1 科技档案分类实践流程

实践步骤	工作内容
第一，确定本单位档案分类方法、层级标准	查找是否有国家、行业分类方案；确定本单位档案分类依据、方法
第二，制订本单位档案分类方案	确定各层级分类标准并形成层级结构；形成完整的类目表
第三，对项目成套科技档案进行归类	分析该项目档案应归属哪个类目，并确定类目编号
第四，制定档案号规则并编写档案号	根据档案分类方案和组件、组卷的整理结果，赋予“卷”或“件”特定编号

（2）明确本单位科技档案分类规则与层级标准（见表2-2）

表2-2 某公司档案分类（摘录）

一级类目	二级类目	三级类目
D 党群工作档案	（略）	（略）
G 股东会、董事会档案	（略）	（略）
X 行政管理档案	（略）	（略）
J 经营管理档案	（略）	（略）
S 生产管理档案	1 生产调度	（略）
	2 质量管理	（略）
	3 劳动管理	（略）
	4 能源管理	（略）
	5 安全管理	（略）
	6 科技管理	（略）
	7 环境保护	（略）
	8 计量工作	（略）
	9 标准化	（略）
K 科技档案	1 产品档案	按产品型号划分
	2 科研档案	按科研项目名称划分
	3 基建档案	按基建项目名称代号划分
	4 设备档案	按设备型号划分

续表

一级类目	二级类目	三级类目
C 财务档案	（略）	（略）
R 人事档案	（略）	（略）

一个单位的全部档案，有时被划分为文书（行政）档案和科技档案两大类。也有些情况下，将单位全部档案按照部门职能、工作性质、档案内容等标准划分为若干个特征显著的大类。比如表 2－2 中，将该公司全部档案分为 8 个一级类目。科技档案是其中的一级类目。在上述两种情况下，科技档案分类要完成的任务，就是如何将科技档案这个大类做进一步划分，以及要分为几个类别层次。

科技档案分类规则与层级标准，应当遵循本单位档案分类统一规则，在此基础上确定下属层级的分类标准。

科技档案大类下的类别分解方法主要包括：

➢工程项目分类法；

➢型号分类法；

➢课题分类法；

➢专业分类法；

➢地域分类法；

➢时间分类法。

表 2－2 中的“科技档案”下属的四个二级类目，都是采用前三种分类方法而得出的。接下来的三级类目划分也是按照项目、型号、课题的结构分解关系，以及科技文档的内容特征进行区分。比如“基建档案”三级类目，见表 2－3。

表 2－3　某公司档案分类表中“科技档案”二级类目

<table>
<tr><th>一级类目</th><th>二级类目</th><th colspan="2">三级类目</th></tr>
<tr><td rowspan="6">K 科技档案</td><td>1 产品档案</td><td colspan="2">（略）</td></tr>
<tr><td>2 科研档案</td><td colspan="2">（略）</td></tr>
<tr><td rowspan="3">3 基建档案</td><td>×××车间项目名称或代号（202101）</td><td rowspan="3">每个项目下的文档按内容分解，见表 2－4</td></tr>
<tr><td>××热力站项目名称或代号（202102）</td></tr>
<tr><td>×××管线工程名称或代号（202103）</td></tr>
<tr><td>4 设备档案</td><td colspan="2">（略）</td></tr>
</table>

表 2－4 某公司分类表中“单一工程项目文档分解”

ZB 工程准备阶段文件	
01	立项文件
02	建设用地、征地、拆迁文件
03	勘察、测绘、设计文件
04	招投标文件
05	开工审批文件
06	财务文件
07	建设、施工、监理机构及负责人
JL 监理文件	
01	监理规划
02	监理月报中的有关质量问题
03	监理会议纪要中的有关质量问题
04	进度控制
05	质量控制
06	造价控制
07	分包资质
08	监理通知
09	合同与其他事项管理
10	监理工作总结
SG 施工文件	
01	建筑安装工程
02	市政基础设施工程
JG 竣工图	
01	建筑安装工程竣工图
02	市政基础设施工程竣工图
YS 竣工验收文件	
01	工程竣工总结
02	竣工验收记录
03	财务文件
04	声像、缩微、电子档案

（3）制定本单位档案分类方案与类目

编制一个科学、合理、可行的科技档案分类方案，是分类实践的核心。分类方案中的类目体系应具包容性，能容纳本单位全部科技档案。分类体系应科学、严谨，遵守分类规则。下位类目之和应该等于上位类目的外延，同层级类目的外延不能交叉，同一层次的分类标准必须相同。另外，分类方案应相对稳定，类目设置具有远见。

具体到单一工程项目下的文档内容分解如表 2－4 所示。

①分类方案的编制步骤如下：

➢根据科技档案的基本特征设置大类（一级类目）。

➢在每个科技档案大类中，根据档案内容构成和形成特点，按照已确定的分类标准和分类方法，进行类系展开，设置相应的下位类，形成不同的类别层次，构成一个完整的类系。

➢给每一个类目以固定的代字或代号。

➢将形成的类目体系用文字叙述或图表的形式表达出来。

➢撰写说明，指出分类方案的编制依据、分类标准、类目代字和代号的使用方法等。

②分类方案的结构。档案分类方案应该由三部分构成：

➢说明或前言。说明部分要明确编制分类方案的指导思想，界定该分类方案的适用范围、分类标准、各部分的含义与关系、类目排列以及其他使用时应注意的问题等。

➢类目表。类目表是由若干类目按照一定的结构形式组成平行与从属关系的类目体系，是分类方案的主体，有图示法和表格法等具体表现形式。

➢类目代号。类目代号是表示各类目及其类目关系的标识符号，是按照既定的编码制度逐级展开的代码系统。

（4）对特定科技项目的成套档案进行归类

对特定科技项目的成套档案进行归类是指按照预先制定的档案分类方案，对收集进馆的特定项目的档案进行分析与识别，确定其内容特征，然后比照类目表进行归类，最后赋予类目编号。这个过程中的关键是对该项目的内容特征进行分析，找到项目档案与类目体系的对应类别。

（5）编写科技档案号

①科技档案号的结构。在组卷整理的情况下，科技档案号就是案卷的编号。

档案号通常由两部分组成:

第一，科技档案类目代号：用以显示档案的内容类别，以及项目号、年度、阶段、保管期限和载体类型等管理特征。在实际应用中，常常是两种或两种以上要素的结合，比如“年度—类别”“保管期限—年度—类别”。

第二，案卷顺序号：案卷顺序号是用来反映案卷的具体排列顺序或位置。

②科技档案号的形式。常用的科技档案号有“分类式档案号”和“累积式档案号”两种。

第一，分类式档案号：分类式档案号由“科技档案类目代号”和“案卷顺序号”组合而成。

以“表—2－2”“表—2－3”“表—2－4”中的分类方案为例（见图2－18)。分类式档案号反映了项目科技档案所属的类别，便于识别科技档案的内容特征。如果与案卷“分类排架方式”结合，能直观地显示出案卷的存放位置，便于调卷。

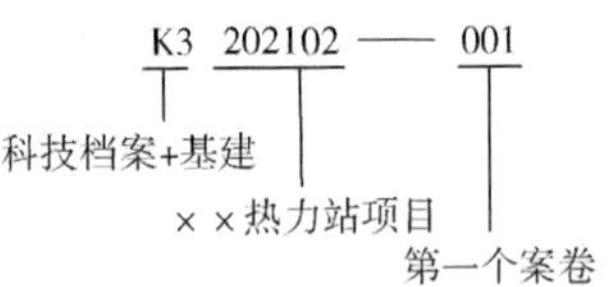

图2－18　分类式档案号示意图

第二，累积式档案号：累积式档案号亦称年度流水档案号，是反映同一年度科技档案移交顺序及数量的档案号。由科技档案接收（或立项）的年份号、项目代号与案卷顺序号等元素组合而成。

例如，某科技项目是2021年立项并完成的，项目代号RQ317。其档案号编写规则如图2－19所示。

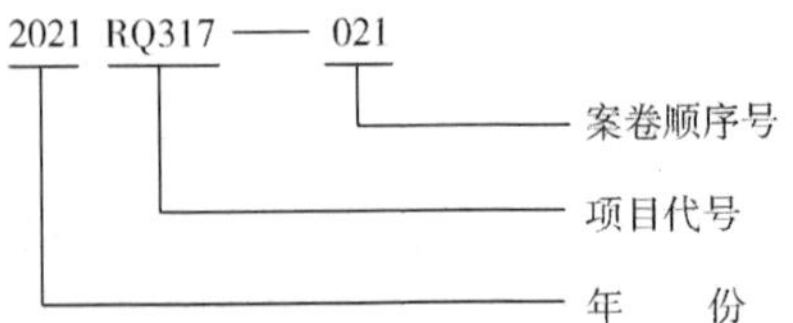

图2－19　累积式档案号示意图

累积式档案号是在科技档案数量相对比较少的情况下使用。它能反映科技档案的形成（或立项）的时间，也能显示同一年度移交科技档案的数量，通常与案卷“流水排架”方式结合使用。

关联知识

1. 科技档案整编

科技档案整编就是由档案部门对收集来的科技档案，按照其形成规律和特点，进行科学分类、编码、排架，使之成为科学的科技信息资源体系的过程。它是由档案部门完成的，主要内容包括：科技档案分类、科技档案编号、排架等环节。

2. 科技档案整编的作用

①科技档案整编的核心作用是维护科技档案的内容有机联系。

②科技档案整编是为了建立科学、有序的库藏秩序。

③科技档案整编是科技档案科学管理的前提，也是后续科技档案业务环节的基础条件。

④科技档案整编之后有利于对档案信息的开发利用。

3. 科技档案分类

科技档案分类是科技档案整编的核心内容，就是根据科技档案的内容性质、特点和相互联系，把一个单位的科技档案划分为逻辑严密的、具有一定从属关系和平行关系的分类系统，为科技档案的管理、利用、知识开发创造有利的条件。

4. 科技档案分类的作用

①有效地认识科技档案库藏内容，揭示不同类别科技档案的内容特征。

②分类是一种知识加工方法，通过分类可以建构科技档案知识体系，提高科技档案的附加价值。

③经过分类的科技档案库藏，更便于科学管理、日常利用和信息开发。

5. 科技档案分类的要求

科技档案的分类与其他事物分类一样，首先应遵循逻辑分解的一般规则，其次应从科技档案的自身特点出发，以档案内容属性、显著的内容特征，以及平行关系、从属种关系来进行分类。其中着重要考虑以下几点：

①科技档案的分类应符合科技工作、科技活动的技术类别归属。

②科技档案的分类应符合本单位科技活动特点、业务部门的职能划分、技术专业性区分等特征。

③同一类别层次应采用相同的分类标准。

④分类应按逻辑规则从总体到局部、从高层到低层逐级进行。

⑤如果特定行业（系统）有权威的分类方案，本单位应当执行，在此基础上可制定向下层次的详细分类表。

⑥科技档案分类层级应适当，以2~3层为宜。

6. 科技档案号（立卷方式）

立卷整理方式中，科技档案号是指赋予每一个案卷的管理代号。它是科技档案部门用来反映科技档案分类层次和案卷排列顺序、位置的一组符号。它是科技档案管理部门在对特定项目的科技档案进行归类的基础上，遵循一定的编号规则，以案卷为单位编制的永久性管理标识。

科技档案号不仅是案卷排列顺序标志，还具有揭示科技档案内容或特征、固定案卷库藏位置、提供调卷依据的作用，是科技档案管理的重要工具。

7. 科技档案号的编制要求

①科技档案号应以科技档案分类方案中的类目代号为依据，要与类目表的结构层次一致。

②科技档案号要反映科技文件归档前后的整理成果，反映科技档案内容的科学规律、内容关联。

③科技档案号由代字和代号组成。代字、代号的寓意要明确，并且具有唯一性。代字通常用汉语拼音，代号用阿拉伯数字。档案部门需预先编制代字代号表。

④科技档案号应尽量简洁，不宜复杂烦琐，2~3个编号段为宜。

⑤电子科技档案的档案号应注意反映其管理特征。在科技档案号基本结构的基础上，增加光盘号、载体代字、电子文件格式等元素。

8. 科技档案排架

科技档案排架（归类上架）是针对案卷进行的一个处置环节，是按照科技档案分类和科技档案号，将科技档案有序上架，为案卷确定保管空间和位置，实现科技档案定位管理，建立与保持良好的库藏秩序。至此，科技档案成为有机的库藏，便于科技档案管理与调卷。

第三章　档案价值鉴定实践

实践项目一：编制文件材料归档范围和档案保管期限表

1. 项目任务

掌握如何根据某一单位的职能、业务范围编制基本的文件材料归档范围和档案保管期限表。

2. 项目目标

①了解文件材料归档范围和档案保管期限表的编制原则。

②熟悉《机关文件材料归档范围和文书档案保管期限规定》等文件。

③掌握根据各科室业务编制文件材料归档范围和档案保管期限表的方法。

3. 项目素材

以××街道办事处为对象进行实践，请根据各科室的业务范围选择其中一个科室，编制其文件材料归档范围和档案保管期限表。××街道办事处下设办事处办公室等科室，部分科室业务范围如下所列：

办事处办公室

负责街道主任办公会的组织及决定的督办工作；负责办事处的文秘、印章管理等工作；负责办事处对外协调、接待、联络等工作；负责统筹管理机关行政后勤事务；负责街道办事处档案、信访、信息公开工作；负责地区管理委员会工作；负责机关资产管理、安全保卫工作；负责电子政务工作；负责办理区人大常委会交办的事项，做好地区人大代表的有关工作；负责辖区税源建设工作；负责组织、协调便民服务大厅的工作。

城市管理科（民防办公室、安全生产办公室、交通安全办公室）

负责宣传城市管理有关法规条例；负责辖区及居民院内的古树名木的保护和管理；负责辖区内绿化、保洁管理；负责防震减灾协调管理；协助规划分局等有关部门查处违法占地、违建和居民区道路整治，遏制新生违法建设；协助区环保局做好环境保护、设备改造和建设工程对环境影响的审核工作，以及排污登记；协助区水务局检查节水，改造节水器具，分配用水指标和对加价水费进行管理；协助区有关部门做好防汛、防灾及救灾工作的组织协调和指挥；协助做好对辖区地名的命名和更名；协助区住房城乡建设委、规划分局对测量标志点进行定期检查维护；协助区民防局对辖区人防工事进行维护、改造、防汛、开发索赔及平战结合的管理工作；协助区有关部门做好辖区内交通安全的宣传教育和管理工作；协助区有关部门做好地区爱卫会工作；配合区有关部门检查指导建筑施工安全生产工作；在区安全监管局等的指导下负责协调配合辖区的安全生产监督管理工作。

社区建设科

负责辖区社区建设、管理和服务工作；指导社区居委会开展各项活动，负责社区居委会、社区服务站的组建、撤销和规模调整并上报区政府审批；负责指导社区居委会做好组织建设，依法进行换届选举，实行民主自治；负责辖区社区工作者队伍的管理、教育和培训工作；负责指导业主委员会的组建工作；协调有关部门开展社区活动；协助有关部门抓好文明社区创建活动；负责辖区社会组织的培育、扶持、建设、发展工作。

民政科

负责民族宗教和侨务工作；负责部队转入地方的离退休干部、地方退休人员、超转人员及无军籍退休人员的服务和管理工作；组织协调辖区双拥工作；组织地区社会公共服务，协调地区单位开展共建，实现资源共享；在区有关部门的指导下开展拥军优属、社会福利、老龄工作；协助区残联做好残疾人的安排、就业、服务管理工作及残保金的收缴工作；负责组织实施本地区居家养老服务工作；负责辖区社会组织的基本信息管理工作。

公共事业管理科

负责组织协调辖区单位开展群众性文化体育活动，促进辖区内文化市场的繁荣与发展；协助区有关部门做好辖区内的社区教育、校外教育、校外活动站及文化活动站的管理工作；协助区有关部门做好辖区内社会用字规范化的监督管理工作；协助区教委做好辖区内中小学生退学手续的审批工作；协助区红十字会抓好献血工作和红十字卫生站管理工作；协助区卫生局做好辖区内公共卫生的协调与管理工作；负责本区域的科技和科普工作。

财务科

负责街道财政计划、预算、决算的编审工作；负责街道财务管理及各种财务资料凭证、账簿报表的审核工作；负责办理医疗保险和医疗费报销工作；负责辖区内各种经费的定期发放；负责对街道事业单位财务进行指导、监督、检查和审计；协助有关部门抓好税收征管、检查工作。

4. 工作规则

（1）组建实践小组并选定具体实践内容

以小组为单位进行，小组人数以 3 ~ 5 人为宜，确定组长 1 名。实践内容选定后，由组长负责组织实践项目的任务分解及实施，组员分别承担某项具体工作。

（2）提交项目成果及评价

实践项目完成后，以小组为单位提交某科室的文件材料归档范围和档案保管期限表方案汇报文案。文案包括项目内容、分工列表、项目成果、项目完成过程中的困难或疑惑等。组长根据分工、完成情况等检查组员的实践工作质量并按百分制给出分数。考核时按本项实践总分数的 30% 折算，教师评定折算为 60%，组间评定折算为 10%。

5. 参考方案

（1）××街道办事处各科室文件材料归档范围和档案保管期限表（见表 3 – 1）

表 3 – 1　××街道办事处各科室文件材料归档范围和档案保管期限表

（本范围只对主营业务做出指导性规定，细节需参照《机关文件材料归档范围和文书档案保管期限规定》《会计档案管理办法》）

办事处办公室

序号	归档范围	保管期限
1	街道党组会、主任办公会形成的记录、纪要	永久
2	街道党组会、主任办公会决定事项的督办材料	永久/30 年/10 年
3	对外协调、接待、联络的方案、纪要等	30 年/10 年
4	区人大交办事项、本地区人大代表的选举等相关工作材料	30 年/10 年
5	电子政务工作中形成的各项材料	30 年/10 年
6	信息公开工作材料	30 年/10 年
7	处理本单位内部及辖区相关单位、个人的纪检、信访材料	30 年/10 年

续表

序号	归档范围	保管期限
8	地区管理委员会工作材料	30 年/10 年
9	辖区税源建设工作材料	30 年/10 年
10	便民服务大厅的设置、管理等工作材料	30 年/10 年
11	本单位档案管理工作形成的各项材料	永久/30 年/10 年
12	本单位行政后勤事务材料	30 年/10 年
13	本单位资产管理材料	30 年/10 年
14	本单位安全保卫工作材料	30 年/10 年
15	本单位工作计划、工作总结、大事记、组织沿革、职工名册	永久
16	本单位简报、信息等	30 年/10 年
17	安全生产监督管理工作、检查指导建筑施工安全生产工作形成的材料	30 年/10 年

财务科

序号	归档范围	保管期限
1	街道财政计划、预算、决算的编审	30 年
2	街道财务管理及各种财务资料凭证、账簿报表的审核	30 年
3	医疗保险和医疗费报销	30 年
4	定期发放各种经费中形成的材料	30 年/10 年
5	指导、监督、检查和审计街道事业单位财务中形成的材料	30 年/10 年
6	税收征管、检查工作中形成的材料	30 年/10 年

（2）机关文件材料归档范围和档案保管期限表的编制方法

机关文件材料归档范围和档案保管期限表的编制步骤是：

① 准备工作。机关要成立编制小组，安排主要领导负责组织、计划、推进、监督工作，配备专门的编制人员，同时要做好各部门的动员工作，以积极配合。

② 起草工作。由编制人员根据机关的职能、各部门的业务范围，以及国家、地区相关规定，起草本机关的文件材料归档范围和档案保管期限表。

③ 征求意见。文件材料归档范围和档案保管期限表草稿要向机关主要领导及各业务部门征求修改意见。

④ 修改、报批或报送备案。编制人员根据本机关的意见修改文件材料归档范围和档案保管期限表后，向本地区同级档案局报批，根据档案局对本机关文件

材料归档范围和档案保管期限表的指导意见修正后，报送档案局备案。

关联知识

1. 文件材料归档范围

文件材料归档范围指机关处理完毕的文件中应该归档和不必归档的范围。由于各机关形成的文件不尽相同，国家除了制定具有指导意义的归档范围外，特别提出了确定归档范围的原则，即凡是机关工作活动中形成的、具有保存价值的文件材料均应归档。

在这里特别需要注意的是两点：机关工作活动中形成和具有保存价值。一个机关作为社会上的一个依法成立的办事部门，它在开展活动中不可能是孤立的，它与其上级、下级和其他的机关密切联系，独立完成或与其他机关共同完成某些职责，因此在一个机关的工作活动中形成的档案就不可能只有本机关一个作者，一个机关既是文件的作者，也是文件的收受者，无论是作为作者制成的文件，还是作为文件收受者收到的文件，这些文件都是在本机关工作活动中形成的，因此都在归档范围之内。

具有保存价值特别要注意的是“保存”价值，而不是其他价值，即要归档的文件值不值得保存，值得保存就是具有保存价值，不值得保存就是不具有保存价值，有保存价值的文件才应归档保存，否则不必归档。文件的保存价值是一个笼统的概念，保存价值有大有小，在确定归档范围时，不去具体考虑保存价值的大小，只需分析某一份文件有还是没有保存价值即可。

在我国各类机关中，文件材料归档范围和保管期限规定的主要表现形式是本机关的《文件材料归档范围和档案保管期限表》，它以表、册的形式列举各类档案的来源、内容及形式，并标明指导性存留年限，需要以国家档案局发布的《机关文件材料归档范围和文书档案保管期限规定》（国家档案局令 第 8 号）为基本依据，并根据本地区档案行政管理部门和上级单位颁布的各门类档案归档范围规定，结合各自的具体情况制定出能反映本单位职能特点的详细归档范围。

按照规定，凡属机关归档范围的文件材料，各部门和人员必须按规定及时向本机关档案室移交，实行集中统一管理，任何个人不得据为己有或拒绝归档。

2. 档案保管期限表

①档案保管期限表是用表册的形式列举档案的来源、内容和形式，并指明其

保管期限的一种指导性文件。它是档案价值鉴定中确定档案保管期限的依据和标准。

②档案保管期限表共有五种类型，即通用档案保管期限表、专门档案保管期限表、同系统机关档案保管期限表、同类型机关档案保管期限表、机关档案保管期限表。这五种保管期限表可以分为三级：通用档案保管期限表为第一级；专门档案保管期限表、同系统机关档案保管期限表、同类型机关档案保管期限表为第二级；机关档案保管期限表为第三级。

③档案保管期限表的结构。一份档案保管期限表一般由顺序号、条款、保管期限、附注、说明五部分组成，其中最基本的部分是顺序号、条款、保管期限三部分。

④在编制档案保管期限表时应注意这样几个问题：

第一，顺序号虽然排列在第一位，但却是最后完成的，顺序号的结构应根据条款的复杂程度来确定，如果条款较多，可以设计复合式的顺序号结构，反之，可以采用单一式结构。

第二，条款较多时可以分类编制，如按机构分类、按档案类型分类。在按机构分类时，同一类型的机构可编制一套条款，而不必重复设计。级别越低的档案保管期限表，条款的编制应越细致、越具体化，级别越高的档案保管期限表，条款的概括性应越强，以便于利用。

第三，保管期限是对档案价值所做的一种估计，一般说不应过于精细，按国家规定分为永久、定期（30 年、10 年）即可。在对档案保管期限进行划定时，下级档案保管期限表对档案保管期限的规定，不应低于上级档案保管期限表的规定。

第四，对档案保管期限的计算是从文件处理完毕后的第二年开始。

实践项目二：确定档案保管期限

1. 项目任务

掌握如何根据某一单位的职能与《机关文件材料归档范围和文书档案保管期限规定》（国家档案局令 第 8 号）初步鉴定档案价值，确定档案的保管期限表。

2. 项目目标

①了解档案价值鉴定的制度。

②熟悉《机关文件材料归档范围和文书档案保管期限规定》（国家档案局令第 8 号）等文件。

③掌握确定档案保管期限的方法。

3. 项目素材

立档单位为北京联合大学。北京联合大学是 1985 年经教育部批准成立的北京市属综合性大学，其前身是 1978 年北京市依靠清华大学、北京大学等创办的 36 所大学分校。经过 30 多年的建设与发展，学校的综合实力显著增强，形成了经、法、教、文、史、理、工、医、管、艺等 10 个学科相互支撑、协调发展，以本科教育为主，研究生教育、高职教育、继续教育和留学生教育协调发展的完备人才培养体系，是北京市重点建设的应用型人才培养基地，也是北京市规模最大的高校之一。

北京联合大学档案馆现有如下档案需要确定它们的保管期限，并指出所依据的《机关文件材料归档范围和文书档案保管期限规定》（国家档案局令 第 8 号）中的条款。

①中共北京市委教育工作委员会关于印发《北京市属高等学校学风建设实施细则》的通知

②北京联合大学校长办公会会议文件

③本校机构人员编制方案

④本校 2021 年度工作总结

⑤本校关于行文关系、报告制度、保密等问题的通知

⑥北京市教委关于各高校及时清理“小金库”的通知

⑦北京联合大学“十三五”发展规划

⑧本校关于撤销王××、马××行政处分问题向中共北京市委组织部的报告

⑨北京联合大学 2021 年上半年工作总结

⑩本校财务处 2022 年工作总结

⑪本校团组织介绍信存根

⑫本校第二届职工代表大会简报

⑬本校出版的《北京联合大学改革之路——1978—2022 年》

⑭本校离退休人员名单

⑮本校历年来有关活动的照片

题目序号	①	②	③	④	⑤
条款及保管期限					
题目序号	⑥	⑦	⑧	⑨	⑩
条款及保管期限					
题目序号	⑪	⑫	⑬	⑭	⑮
条款及保管期限					

4. 工作规则

（1）组建实践小组

以小组为单位进行，小组人数以 3～5 人为宜，确定组长 1 名。由组长负责组织实践项目的任务分解及实施，组员分别承担某项具体工作。

（2）提交项目成果及评价

实践项目完成后，以小组为单位提交文案、汇报方案。文案包括项目内容及分工列表、项目成果、项目完成过程中的困难或疑惑等。组长根据分工、完成情况等检查组员的实践工作质量并按百分制给出分数。考核时按本项实践总分数的 30% 折算，教师评定折算为 60%，组间评定折算为 10%。

5. 参考方案

题目序号	①	②	③	④	⑤
保管期限及条款	永久 11.1.1	永久 3	永久 9.1	永久 8.8.1	永久 8.1
题目序号	⑥	⑦	⑧	⑨	⑩
保管期限及条款	10 年 11.2	永久 8.1	永久 9.5.1	10 年 8.8.2	10 年 8.8.2
题目序号	⑪	⑫	⑬	⑭	⑮
保管期限及条款	永久 9.8	永久 1.2	永久 8.6.1	永久 9.9	永久

关联知识

1. 档案鉴定制度

档案价值鉴定工作关系到档案的生死存亡，因此必须要准确地判定档案的价值。但由于档案价值的潜在性、偶然性等特点，使这种判定工作非常困难，准确度很难把握。同时档案价值的判定实际上就是对档案的价值进行比较，通过比较分析判定档案的价值。在进行价值比较时，往往会因操作者不同，操作者所处的时间、空间环境不同而得出不同的结论，这样就会使同一类档案具有了不同的价值。因此，为了提高档案价值鉴定工作的质量，保证同类档案价值的一致性，国家专门制定了档案价值鉴定工作制度，从组织领导上、原则标准上为档案价值的鉴定工作保驾护航，以减少鉴定工作中的个人行为。档案价值鉴定工作制度包括以下内容。

（1）依据统一的鉴定原则分析判定档案的价值

档案价值的鉴定原则包括两个方面的内容：

①分析档案价值的原则观点——全面、历史、发展的观点。全面的观点，即从档案之间的联系、档案作用的范围、档案进入档案馆的必要性等方面对档案的价值进行分析。档案在形成过程中使其彼此之间具有一定的联系，它们共同来说明历史活动，提供更全面、更具体的数据。一份档案也许说明不了什么问题，但当它处在一个信息范围中其价值就不同一般了。因此，档案之间的关系十分重要，对档案的价值进行分析时需要从档案之间的关系上入手，分析被鉴定档案的价值。档案的价值是动态的，在保管的过程中其价值会发生变化，有些档案只对形成者有用，而不具有社会性。档案在发挥作用的过程中具有扩展的规律，即档案由为形成者服务到为全社会服务，由遵从档案形成的原始目的到为多方面的活动服务，因此，在档案价值鉴定中不能只考虑档案原始作用的范围，还应从更宽泛的角度来分析档案的价值。作为档案的保管部门，档案室只是过渡性的，但它保管档案的范围较宽，档案馆作为终极性的保管单位，其保管的范围较窄，选择标准更严格，不具有社会性价值的档案不具有进入档案馆的资格。因此在判定档案价值时既要考虑形成者利用的需要，在档案室保管时范围要宽一些；又要考虑档案进馆的要求，划定档案价值要严格一些。

历史的观点，即从档案的记录形式、记述内容等方面进行分析，看其在形成的当时有什么样的价值。即放到档案形成的背景下分析其价值，而不是采取实用主义态度来分析档案的价值。

发展的观点，即从档案价值的动态性、社会科技水平的影响等方面分析档案的价值。

②判定档案价值的原则标准。在具体分析档案价值时，国家档案局 8 号令提出了可参考的判定标准，即：内容标准——是否反映机关的基本职能活动、机关

的基本情况；利用范围标准——是否对机关、国家、社会有用；时间标准——是长期利用，还是短时间内有用。

（2）档案价值鉴定的组织领导制度

为了保证档案价值鉴定工作的顺利和质量，档案价值鉴定工作要在一定的组织形式内按部就班地进行。这个组织包括机关的鉴定小组和档案馆的鉴定委员会。

机关档案的鉴定工作大体经历这样几个阶段：

①机关档案室会同文书部门和业务部门，根据文件材料归档范围和档案保管期限表对应归档文件进行价值的划分。

②档案室对接收来的档案的价值判定进行检查，将不符合要求的改正过来。

③档案室对超过保管期限的档案进行价值的再鉴定，将需要继续保管的和不需要继续保管的档案分开，对不需保管的档案（即无价值的档案）进行销毁。

机关的鉴定委员会或叫鉴定小组，是在档案价值鉴定的第三个阶段成立的，它由办公厅（室）领导、档案室人员、文书部门或业务部门的有关人员组成，负责对档案进行价值的再鉴定。机关档案鉴定小组由机关办公厅（室）主任负责领导。

档案馆的档案一般说是已经过价值鉴定的，档案馆的鉴定工作并不十分繁重，主要是对超过保管期限的档案、未经鉴定的撤销机关和历史档案进行鉴定，这两种鉴定都包括对档案价值的判定和无价值档案的处理，因此都需要建立档案价值鉴定委员会。档案馆的鉴定委员会由档案馆馆长、档案馆有关人员、同级档案局人员组成，根据鉴定工作的需要还可以邀请立档单位人员或有关的专家参加。档案馆鉴定工作由馆长负责领导。

（3）依据统一的鉴定标准鉴定档案的价值

依据统一的鉴定标准就是依据本机关《文件材料归档范围和档案保管期限表》进行鉴定。

2. 档案价值鉴定的方法

（1）直接鉴定法

档案价值鉴定的基本方法是直接鉴定法，即要直接、具体地审查档案。这一方法要求鉴定人员要根据鉴定原则和标准，按照被鉴定档案的实际情况直接判定其价值。因为档案的鉴定原则是很抽象的，只能起指导作用，不能据此具体确定档案的保管期限。档案保管期限表虽然是鉴定的依据，但它也不可能将所有的档案全部包括进去，在鉴定中不能将被鉴定档案简单地对号入座。因此必须要根据档案鉴定的原则和标准，直接地分析判定档案的价值。

档案价值鉴定方法，实际上就是对档案的价值进行比较：一是将被鉴定档案与其他档案进行比较，二是将被鉴定档案与其产生的历史环境进行比较，三是将被鉴定档案与未来需要进行比较。通过比较来进行鉴别，通过鉴别得到结果。其结果通过两种形式表现出来：理论上说明其价值的大小，形式上确定其保存时间的长短。

（2）影响档案价值的因素

在对档案进行鉴定时，主要是分析和审查档案的各个构成因素，这些因素主要包括以下八个方面。

①档案的内容。分析档案的内容是档案价值鉴定中最主要的着眼点。分析档案内容主要分析两个方面：一是看档案记述了什么事情，二是看档案记述该问题的详简程度。档案的价值往往取决于档案所记述问题的价值：事情重要的，档案价值就可能高；事情次要的，档案价值就可能低；事情一般的，档案就可能无价值。因此在分析档案价值时首先是分析档案的内容。一般说档案内容属于以下范围的，都较为重要，价值都比较高：反映立档单位基本职能和基本情况的，或一个地区基本情况的；反映方针政策的；反映社会历史发展或历史转折关头的；反映人民劳动条件和生活状况的；反映理论、科技、历史、文学艺术重大成果的；反映国际关系或涉外活动的；涉及人员本身的。如果反映的是一般业务活动、局部情况、行政事务工作等内容，其档案的价值比较低，一般不需要永久保存，甚至有些也不需要长期保存。

在记述内容相同时，记述详细的档案价值高于记述简略的档案价值，如果一份档案的内容被另一份档案所包容，这一档案可以不再保留。

②档案的来源。档案的来源在这里就是指档案的作者，主要从三个方面进行分析：一是看作者是谁，二是看作者与立档单位是什么关系，三是看作者的社会地位。在一个全宗中档案保存的重点是立档单位自己形成的档案，如果作者就是立档单位自己，其档案的价值相对高一些，如果作者与立档单位有隶属关系，是立档单位的直属上下级，其档案价值也应高些；如果作者与立档单位没有隶属关系，是平行机关，其档案价值相对低一些。作者的社会地位对于档案价值的高低也有较大的影响，如果作者是一个机关，或是立档单位内部的机构，该机关在社会上的地位、该机构在机关中的地位，都会影响到它们所形成的档案的价值定位，地位高的机关或机构，其高价值档案占全部档案的比例将大一些，反之将小

一些。如果作者是一个人，这个人在社会中的地位也会影响到他所形成的档案具有的价值定位，重要人物的档案价值要比一般人的档案价值高一些。

③档案的被保存程度，即分析全宗中的档案是否保存完整。如果全宗中的档案保存较完整，档案的价值应按正常标准值进行确定；如果全宗中的档案保存不完整，档案的价值则应按实际情况进行判定。在保存完整的情况下，反映局部情况的档案价值较低，但在保存不完整的情况下，反映局部情况的档案，甚至反映点滴情况的档案应适当提高其价值。

④档案的形成时间。档案的形成时间主要分析两个方面的情况：一是看档案形成的时间距离档案被鉴定的时间的长短；二是看档案形成时间的特点。一般来说，档案形成时间越早越珍贵，我国规定历史档案一般不能销毁，只有当历史档案重份很多时，在保存 5 ~ 6 个重份的情况下，其他的重复件才可以销毁。现行档案在鉴定中应严格掌握标准，在较特殊的时间背景下形成的档案比一般时间背景中形成的档案价值要高，在鉴定中要特别给以重视。

⑤档案的名称。档案的名称也是文件的种类，即文种。不同的文种表示了文件的不同性质，作者的不同权威，其价值也不同。一般说决定、命令、指示、批复、条例、计划、总结、决议等文种较重要，价值较高；函件、合同、协议等价值较小。通知这一文种要具体分析，起命令、指示作用的通知价值较大，一般性通知价值较小。

⑥档案的可靠程度。档案的可靠程度是依文件形成中的稿本而定的，不同的文件稿本具有不同的价值。文件在形成过程中主要有以下稿本：草稿、修改稿、定稿、正本、复本、存本等，其中最重要的是正本，价值最高，定稿次之，其他稿本更次之。

⑦档案的有效性。文件是否能转化为档案，与其是否还在有效期内无关。因此对那些仍在有效期内的档案，在进行档案价值鉴定时都应保存，价值高一些。

⑧档案的外形特点。外形特点主要指档案的制成材料、制作方式、制作过程、笔迹字体、书写材料、装潢等，这些特点往往会成为历史研究、文学艺术研究、创作或其他研究的素材，因此这些因素也会影响档案价值。

以上八个方面反映了档案的不同的特点，在鉴定中要分别进行考察，同时又要将这些方面进行综合分析，要准确地判定档案价值，不能孤立地去分析一个方面。

3. 规范性文件

机关文件材料归档范围和文书档案保管期限规定

（2006 年 12 月 18 日 国家档案局令第 8 号发布）

第一条 为便于各级党政机关和人民团体（以下统称机关）正确界定文件材料归档范围，准确划分档案保管期限，使所保存的档案既能反映机关主要职能活动情况，维护其历史面貌，又便于保管和利用，根据《中华人民共和国档案法》《中华人民共和国档案法实施办法》，制定本规定。

第二条 本规定中的机关文件材料是指机关在其工作活动过程中形成的各种门类和载体的历史记录。

第三条 机关文件材料归档范围是：

（一）反映本机关主要职能活动和基本历史面貌的，对本机关工作、国家建设和历史研究具有利用价值的文件材料；

（二）机关工作活动中形成的在维护国家、集体和公民权益等方面具有凭证价值的文件材料；

（三）本机关需要贯彻执行的上级机关、同级机关的文件材料，下级机关报送的重要文件材料；

（四）其他对本机关工作具有查考价值的文件材料。

第四条 机关文件材料不归档范围是：

（一）上级机关的文件材料中，普发性不需本机关办理的文件材料，任免、奖惩非本机关工作人员的文件材料，供工作参考的抄件等；

（二）本机关文件材料中的重份文件，无查考利用价值的事务性、临时性文件，一般性文件的历次修改稿、各次校对稿，无特殊保存价值的信封，不需办理的一般性人民来信、电话记录，机关内部互相抄送的文件材料，本机关负责人兼任外单位职务形成的与本机关无关的文件材料，有关工作参考的文件材料；

（三）同级机关的文件材料中，不需贯彻执行的文件材料，不需办理的抄送文件材料；

（四）下级机关的文件材料中，供参阅的简报、情况反映，抄报或越级抄报的文件材料。

第五条 凡属机关归档范围的文件材料，必须按有关规定向本机关负责档案工作的部门移交，实行集中统一管理，任何个人不得据为己有或拒绝归档。

第六条 机关文书档案的保管期限定为永久、定期两种。定期一般分为 30 年、10 年。

第七条　永久保管的文书档案主要包括：

（一）本机关制定的法规政策性文件材料；

（二）本机关召开重要会议、举办重大活动等形成的主要文件材料；

（三）本机关职能活动中形成的重要业务文件材料；

（四）本机关关于重要问题的请示与上级机关的批复、批示，重要的报告、总结、综合统计报表等；

（五）本机关机构演变、人事任免等文件材料；

（六）本机关房屋买卖、土地征用，重要的合同协议、资产登记等凭证性文件材料；

（七）上级机关制发的属于本机关主管业务的重要文件材料；

（八）同级机关、下级机关关于重要业务问题的来函、请示与本机关的复函、批复等文件材料。

第八条　定期保管的文书档案主要包括：

（一）本机关职能活动中形成的一般性业务文件材料；

（二）本机关召开会议、举办活动等形成的一般性文件材料；

（三）本机关人事管理工作形成的一般性文件材料；

（四）本机关一般性事务管理文件材料；

（五）本机关关于一般性问题的请示与上级机关的批复、批示，一般性工作报告、总结、统计报表等；

（六）上级机关制发的属于本机关主管业务的一般性文件材料；

（七）上级机关和同级机关制发的非本机关主管业务但要贯彻执行的文件材料；

（八）同级机关、下级机关关于一般性业务问题的来函、请示与本机关的复函、批复等文件材料；

（九）下级机关报送的年度或年度以上计划、总结、统计、重要专题报告等文件材料。

第九条　机关形成的人事、基建、会计及其他专门文件材料的归档范围和档案保管期限，按国家有关规定执行。

第十条　机关对应归档电子文件的元数据、背景信息等要进行相应归档。

机关应归档纸质文件材料中，有文件发文稿纸、文件处理单的，应与文件正本、定稿一并归档。

第十一条　机关联合召开会议、联合行文所形成的文件材料原件由主办机关归档，其他机关将相应的复制件或其他形式的副本归档。

第十二条 各机关应根据本规定，结合本机关职能和各部门工作实际，编制本机关的文件材料归档范围和文书档案保管期限表，经同级档案行政管理部门审查同意后执行。

有垂直领导关系的中央、国家机关应依据本规定，结合本系统工作实际，编制本系统的文件材料归档范围和文书档案保管期限表，并经国家档案局审查同意后执行。

第十三条 在编制本机关或本系统文件材料归档范围和文书档案保管期限表时，应全面分析和鉴别本机关或本系统文件材料的现实作用和历史作用，准确界定文件材料的归档范围和划分档案保管期限。

第十四条 本规定适用于各级党政机关和人民团体。军队系统、民主党派、企业事业单位可参照执行。

第十五条 本规定自颁布之日起施行，1987 年颁发的《国家档案局关于机关档案保管期限的规定》和《机关文件材料归档和不归档的范围》同时废止。

附件：《文书档案保管期限表》

文书档案保管期限表

1 本级党的代表大会、人民代表大会、政治协商会议，工会、共青团、妇联代表大会的文件材料

1.1 请示、批复、通知、名单、议程、报告、领导人讲话、选举结果、讨论通过的文件、决议、纪要、公报、主席团会议记录等文件材料 永久

1.2 大会发言，人大代表建议和意见、人大议案及答复，政协委员提案及办理结果，简报，快报 永久

1.3 重要的贺信、贺电，筹备工作、选举过程中形成的文件，小组会议记录、会议服务机构的计划、总结等文件材料 30 年

1.4 讨论未通过的文件 10 年

2 本级党委、人民代表大会、政治协商会议、纪律检查委员会、共青团、工会、妇联的常委会、执委会、主席团、全体委员会会议，政府常务会、办公会议的文件材料

2.1 公报、决议、决定、记录、纪要、议程、领导人讲话、讨论通过的文件、参加人员名册 永久

2.2 讨论未通过的文件 10 年

3　本机关党组（或实行党委制的党委）会议和行政办公会的纪要、会议记录　永久

4　本机关召开工作会议、专题会议的文件材料

4.1　请示、批复、通知、名单、日程、报告、讲话、总结、决议、决定、纪要　永久

4.2　典型材料、代表发言材料、交流材料、简报　30 年

5　机关联合召开会议的文件材料

5.1　本机关为主办的

5.1.1　请示、批复、通知、名单、日程、报告、讲话、总结、决议、决定、纪要　永久

5.1.2　典型材料、代表发言材料、交流材料、简报　30 年

5.2　本机关为协办的

5.2.1　请示、批复、通知、名单、日程、报告、讲话、总结、决议、决定、纪要的复制件或副本　30 年

5.2.2　典型材料、代表发言材料、交流材料、简报的复制件或副本　10 年

6　本机关承办国际性会议、大型展览会、博览会的文件材料

6.1　请示、批复、申办和筹办组委会主要活动安排、议程、名单、主报告（原文及译文）、辅助报告（原文及译文），上级领导人贺词、题词、讲话，会徽设计　永久

6.2　代表发言材料、交流材料、简报、新闻报道　30 年

6.3　委员会、分会会议和学术会的讨论记录，会议代表登记表、接待安排　10 年

7　上级机关、上级领导检查、视察本地区、本机关工作时形成的文件材料

7.1　重要的　永久

7.2　一般的　30 年

7.3　本地区、本机关工作汇报材料　30 年

8　本机关业务文件材料

8.1　本机关制定的方针政策性、法规性、普发性业务文件，中长期规划、纲要等文件材料　永久

8.2　本机关的请示与上级机关的批复、批示

8.2.1　重要业务问题的　永久

8.2.2　一般业务问题的　30 年

8.3　同级机关、下级机关的来函、请示与本机关的复函、批复等文件材料

8.3.1　重要业务问题的　永久

8.3.2　一般业务问题的　30 年

8.4　本机关代上级机关起草并被采用的重要法规性文件、专项业务文件的最后草稿　30 年

8.5　机关联合行文的文件材料

8.5.1　本机关为主办的

8.5.1.1　重要业务问题的　永久

8.5.1.2　一般业务问题的　30 年

8.5.2　本机关为协办的

8.5.2.1　重要业务问题的　30 年

8.5.2.2　一般业务问题的　10 年

8.6　本机关编辑、编写的文件材料

8.6.1　大事记、组织沿革等　永久

8.6.2　简报、情况反映、工作信息等　10 年

8.7　行政管理、执法活动中形成的文件材料

8.7.1　行政管理工作制度、程序、规定等文件材料　永久

8.7.2　执法检查情况汇总、通报，整改通知等　永久

8.7.3　行政管理工作中形成的审批、审查、核准等文件材料

8.7.3.1　固定资产投资、科技计划等项目的审批（核准）、管理、验收（评估）等文件材料　永久

8.7.3.2　不动产、自然资源的所有权、使用权确认的文件材料　永久

8.7.3.3　20 年（含）以上有效或未注明有效期的许可证、执照、资质证、资格证等的审批、管理文件材料　永久

8.7.3.4　20 年以下有效的许可证、执照、资质证、资格证等的审批、管理文件材料　30 年

8.7.4　行政管理工作中形成的备案文件材料　10 年

8.7.5　行政处罚、处分、复议、国家赔偿等工作中形成的文件材料

8.7.5.1　重要的　永久

8.7.5.2　一般的　30 年

8.8　计划、总结、统计、调研等方面的文件材料

8.8.1　年度和年度以上的计划、总结、统计材料　永久

8.8.2　年度以下的计划、总结、统计材料　10年

8.8.3　重要职能活动的总结、重要专题的调研材料　永久

8.8.4　一般活动的总结、一般问题的调研材料　10年

8.9　出国或出境访问考察、参加国际会议，接待来访等外事活动形成的文件材料

8.9.1　发表的公报，签订的协议、协定、备忘录，重要的会谈记录、纪要等　永久

8.9.2　出国审批手续、执行日程、考察报告、一般性会谈记录　30年

9　本机关机构编制、干部人事、党、团、纪检、工会、保卫、信访工作文件材料

9.1　机构设置、机构撤并、名称更改、组织简则、人员编制、印信启用和作废等文件材料　永久

9.2　人事工作制度、规定、办法等文件　30年

9.3　人事任免文件　永久

9.4　先进单位、劳动模范、先进工作者的文件材料

9.4.1　受县级（含）以上表彰、奖励的　永久

9.4.2　受县级以下表彰、奖励的　30年

9.5　对本机关有关人员的处分材料

9.5.1　受到警告（不含）以上处分的　永久

9.5.2　受到警告处分的　30年

9.6　职工录用、转正、聘任、调资、定级、停薪留职、辞职、离退休、死亡、抚恤等文件材料　永久

9.7　人事考核、职称评审工作文件材料　永久

9.8　职工调动工作的行政、工资、党团组织关系的介绍信及存根　永久

9.9　职工名册　永久

9.10　党、团、工会工作活动中形成的文件材料

9.10.1　工作报告、总结，换届选举结果　永久

9.10.2　重要专项活动的报告、总结等　永久

9.10.3　党团员、工会会员名册，批准加入党团、工会组织的文件材料　永久

9.10.4　情况反映、工作简报　10年

9.11　纪检、监察工作中形成的综合性报告、调查材料

9.11.1　重要的　永久

9.11.2　一般的　30 年

9.12　保卫部门的安全检查、调查记录　10 年

9.13　本机关处理人民来信来访的文件材料

9.13.1　有领导重要批示和处理结果的　永久

9.13.2　其他有处理结果的　30 年

10　本机关事务管理文件材料

10.1　房产、土地所有权和使用权的文件材料　永久

10.2　与有关单位签订的合同、协定、协议、议定书等文件材料

10.2.1　重要的 永久

10.2.2　一般的　10 年

10.3　接待工作的计划、方案

10.3.1　重要的　30 年

10.3.2　一般的　10 年

10.4　机关财务预算　30 年

10.5　机关物资（办公设备及用品、机动车等）采购计划、审批手续、招标投标、购置等文件材料，机动车调拨、保险、事故、转让等文件材料　30 年

10.6　国有资产管理（登记、统计、核查清算、交接等）文件材料

10.6.1　重要的　永久

10.6.2　一般的　10 年

10.7　职工承租、购置本单位住房的合同、协议和有关手续　永久

10.8　职工住房分配、出售的规定、方案、细则，职工住房情况统计、调查表、职工住房申请　30 年

11　上级机关制发的文件材料

11.1　上级机关制发的属于本机关主管业务的文件材料

11.1.1　重要的　永久

11.1.2　一般的　10 年

11.2　上级机关制发的非本机关主管业务但要贯彻执行的文件材料　10 年

11.3　上级机关制发的关于本机关机构设置、领导人任免、人员编制等文件材料　永久

12　同级机关制发的非本机关主管业务但要贯彻执行的文件材料　10 年

13　下级机关报送的文件材料

13.1　重大问题的专题报告　30 年

13.2　年度和年度以上的计划、总结、统计材料　10 年

会计档案管理办法

（中华人民共和国财政部 国家档案局令第 79 号，自 2016 年 1 月 1 日起施行）

第一条　为了加强会计档案管理，有效保护和利用会计档案，根据《中华人民共和国会计法》《中华人民共和国档案法》等有关法律和行政法规，制定本办法。

第二条　国家机关、社会团体、企业、事业单位和其他组织（以下统称单位）管理会计档案适用本办法。

第三条　本办法所称会计档案是指单位在进行会计核算等过程中接收或形成的，记录和反映单位经济业务事项的，具有保存价值的文字、图表等各种形式的会计资料，包括通过计算机等电子设备形成、传输和存储的电子会计档案。

第四条　财政部和国家档案局主管全国会计档案工作，共同制定全国统一的会计档案工作制度，对全国会计档案工作实行监督和指导。

县级以上地方人民政府财政部门和档案行政管理部门管理本行政区域内的会计档案工作，并对本行政区域内会计档案工作实行监督和指导。

第五条　单位应当加强会计档案管理工作，建立和完善会计档案的收集、整理、保管、利用和鉴定销毁等管理制度，采取可靠的安全防护技术和措施，保证会计档案的真实、完整、可用、安全。

单位的档案机构或者档案工作人员所属机构（以下统称单位档案管理机构）负责管理本单位的会计档案。单位也可以委托具备档案管理条件的机构代为管理会计档案。

第六条　下列会计资料应当进行归档：

（一）会计凭证，包括原始凭证、记账凭证；

（二）会计账簿，包括总账、明细账、日记账、固定资产卡片及其他辅助性账簿；

（三）财务会计报告，包括月度、季度、半年度、年度财务会计报告；

（四）其他会计资料，包括银行存款余额调节表、银行对账单、纳税申报表、会计档案移交清册、会计档案保管清册、会计档案销毁清册、会计档案鉴定意见书及其他具有保存价值的会计资料。

第七条　单位可以利用计算机、网络通信等信息技术手段管理会计档案。

第八条 同时满足下列条件的，单位内部形成的属于归档范围的电子会计资料可仅以电子形式保存，形成电子会计档案：

（一）形成的电子会计资料来源真实有效，由计算机等电子设备形成和传输；

（二）使用的会计核算系统能够准确、完整、有效接收和读取电子会计资料，能够输出符合国家标准归档格式的会计凭证、会计账簿、财务会计报表等会计资料，设定了经办、审核、审批等必要的审签程序；

（三）使用的电子档案管理系统能够有效接收、管理、利用电子会计档案，符合电子档案的长期保管要求，并建立了电子会计档案与相关联的其他纸质会计档案的检索关系；

（四）采取有效措施，防止电子会计档案被篡改；

（五）建立电子会计档案备份制度，能够有效防范自然灾害、意外事故和人为破坏的影响；

（六）形成的电子会计资料不属于具有永久保存价值或者其他重要保存价值的会计档案。

第九条 满足本办法第八条规定条件，单位从外部接收的电子会计资料附有符合《中华人民共和国电子签名法》规定的电子签名的，可仅以电子形式归档保存，形成电子会计档案。

第十条 单位的会计机构或会计人员所属机构（以下统称单位会计管理机构）按照归档范围和归档要求，负责定期将应当归档的会计资料整理立卷，编制会计档案保管清册。

第十一条 当年形成的会计档案，在会计年度终了后，可由单位会计管理机构临时保管一年，再移交单位档案管理机构保管。因工作需要确需推迟移交的，应当经单位档案管理机构同意。

单位会计管理机构临时保管会计档案最长不超过三年。临时保管期间，会计档案的保管应当符合国家档案管理的有关规定，且出纳人员不得兼管会计档案。

第十二条 单位会计管理机构在办理会计档案移交时，应当编制会计档案移交清册，并按照国家档案管理的有关规定办理移交手续。

纸质会计档案移交时应当保持原卷的封装。电子会计档案移交时应当将电子会计档案及其元数据一并移交，且文件格式应当符合国家档案管理的有关规定。特殊格式的电子会计档案应当与其读取平台一并移交。

单位档案管理机构接收电子会计档案时，应当对电子会计档案的准确性、完整性、可用性、安全性进行检测，符合要求的才能接收。

第十三条　单位应当严格按照相关制度利用会计档案，在进行会计档案查阅、复制、借出时履行登记手续，严禁篡改和损坏。

单位保存的会计档案一般不得对外借出。确因工作需要且根据国家有关规定必须借出的，应当严格按照规定办理相关手续。

会计档案借用单位应当妥善保管和利用借入的会计档案，确保借入会计档案的安全完整，并在规定时间内归还。

第十四条　会计档案的保管期限分为永久、定期两类。定期保管期限一般分为10年和30年。

会计档案的保管期限，从会计年度终了后的第一天算起。

第十五条　各类会计档案的保管期限原则上应当按照本办法附表执行，本办法规定的会计档案保管期限为最低保管期限。

单位会计档案的具体名称如有同本办法附表所列档案名称不相符的，应当比照类似档案的保管期限办理。

第十六条　单位应当定期对已到保管期限的会计档案进行鉴定，并形成会计档案鉴定意见书。经鉴定，仍需继续保存的会计档案，应当重新划定保管期限；对保管期满，确无保存价值的会计档案，可以销毁。

第十七条　会计档案鉴定工作应当由单位档案管理机构牵头，组织单位会计、审计、纪检监察等机构或人员共同进行。

第十八条　经鉴定可以销毁的会计档案，应当按照以下程序销毁：

（一）单位档案管理机构编制会计档案销毁清册，列明拟销毁会计档案的名称、卷号、册数、起止年度、档案编号、应保管期限、已保管期限和销毁时间等内容。

（二）单位负责人、档案管理机构负责人、会计管理机构负责人、档案管理机构经办人、会计管理机构经办人在会计档案销毁清册上签署意见。

（三）单位档案管理机构负责组织会计档案销毁工作，并与会计管理机构共同派员监销。监销人在会计档案销毁前，应当按照会计档案销毁清册所列内容进行清点核对；在会计档案销毁后，应当在会计档案销毁清册上签名或盖章。

电子会计档案的销毁还应当符合国家有关电子档案的规定，并由单位档案管理机构、会计管理机构和信息系统管理机构共同派员监销。

第十九条　保管期满但未结清的债权债务会计凭证和涉及其他未了事项的会计凭证不得销毁，纸质会计档案应当单独抽出立卷，电子会计档案单独转存，保管到未了事项完结时为止。

单独抽出立卷或转存的会计档案，应当在会计档案鉴定意见书、会计档案销毁清册和会计档案保管清册中列明。

第二十条 单位因撤销、解散、破产或其他原因而终止的，在终止或办理注销登记手续之前形成的会计档案，按照国家档案管理的有关规定处置。

第二十一条 单位分立后原单位存续的，其会计档案应当由分立后的存续方统一保管，其他方可以查阅、复制与其业务相关的会计档案。

单位分立后原单位解散的，其会计档案应当经各方协商后由其中一方代管或按照国家档案管理的有关规定处置，各方可以查阅、复制与其业务相关的会计档案。

单位分立中未结清的会计事项所涉及的会计凭证，应当单独抽出由业务相关方保存，并按照规定办理交接手续。

单位因业务移交其他单位办理所涉及的会计档案，应当由原单位保管，承接业务单位可以查阅、复制与其业务相关的会计档案。对其中未结清的会计事项所涉及的会计凭证，应当单独抽出由承接业务单位保存，并按照规定办理交接手续。

第二十二条 单位合并后原各单位解散或者一方存续其他方解散的，原各单位的会计档案应当由合并后的单位统一保管。单位合并后原各单位仍存续的，其会计档案仍应当由原各单位保管。

第二十三条 建设单位在项目建设期间形成的会计档案，需要移交给建设项目接受单位的，应当在办理竣工财务决算后及时移交，并按照规定办理交接手续。

第二十四条 单位之间交接会计档案时，交接双方应当办理会计档案交接手续。

移交会计档案的单位，应当编制会计档案移交清册，列明应当移交的会计档案名称、卷号、册数、起止年度、档案编号、应保管期限和已保管期限等内容。

交接会计档案时，交接双方应当按照会计档案移交清册所列内容逐项交接，并由交接双方的单位有关负责人负责监督。交接完毕后，交接双方经办人和监督人应当在会计档案移交清册上签名或盖章。

电子会计档案应当与其元数据一并移交，特殊格式的电子会计档案应当与其读取平台一并移交。档案接受单位应当对保存电子会计档案的载体及其技术环境进行检验，确保所接收电子会计档案的准确、完整、可用和安全。

第二十五条 单位的会计档案及其复制件需要携带、寄运或者传输至境外的，应当按照国家有关规定执行。

第二十六条 单位委托中介机构代理记账的，应当在签订的书面委托合同中，明确会计档案的管理要求及相应责任。

第二十七条 违反本办法规定的单位和个人，由县级以上人民政府财政部门、档案行政管理部门依据《中华人民共和国会计法》《中华人民共和国档案法》等法律法规处理处罚。

第二十八条 预算、计划、制度等文件材料，应当执行文书档案管理规定，不适用本办法。

第二十九条 不具备设立档案机构或配备档案工作人员条件的单位和依法建账的个体工商户，其会计档案的收集、整理、保管、利用和鉴定销毁等参照本办法执行。

第三十条 各省、自治区、直辖市、计划单列市人民政府财政部门、档案行政管理部门，新疆生产建设兵团财务局、档案局，国务院各业务主管部门，中国人民解放军总后勤部，可以根据本办法制定具体实施办法。

第三十一条 本办法由财政部、国家档案局负责解释，自 2016 年 1 月 1 日起施行。1998 年 8 月 21 日财政部、国家档案局发布的《会计档案管理办法》（财会字〔1998〕32 号）同时废止。

附表：1. 企业和其他组织会计档案保管期限表

2. 财政总预算、行政单位、事业单位和税收会计档案保管期限表

附表 1

企业和其他组织会计档案保管期限表

序号	档案名称	保管期限	备注
一、会计凭证			
1	原始凭证	30 年	
2	记账凭证	30 年	
二、会计账簿			
3	总账	30 年	
4	明细账	30 年	
5	日记账	30 年	
6	固定资产卡片		固定资产报废清理后保管 5 年
7	其他辅助性账簿	30 年	
三、财务会计报告			

续表

序号	档案名称	保管期限	备注
8	月度、季度、半年度财务会计报告	10年	
9	年度财务会计报告	永久	
四、其他会计资料			
10	银行存款余额调节表	10年	
11	银行对账单	10年	
12	纳税申报表	10年	
13	会计档案移交清册	30年	
14	会计档案保管清册	永久	
15	会计档案销毁清册	永久	
16	会计档案鉴定意见书	永久	

附表2

财政总预算、行政单位、事业单位和税收会计档案保管期限表

序号	档案名称	保管期限			备注
		财政总预算	行政单位事业单位	税收会计	
一、会计凭证					
1	国家金库编送的各种报表及缴库退库凭证	10年		10年	
2	各收入机关编送的报表	10年			
3	行政单位和事业单位的各种会计凭证		30年		包括：原始凭证、记账凭证和传票汇总表
4	财政总预算拨款凭证和其他会计凭证	30年			包括：拨款凭证和其他会计凭证
二、会计账簿					
5	日记账		30年	30年	
6	总账	30年	30年	30年	
7	税收日记账（总账）			30年	
8	明细分类、分户账或登记簿	30年	30年	30年	

续表

序号	档案名称	保管期限			备注
		财政总预算	行政单位事业单位	税收会计	
9	行政单位和事业单位固定资产卡片				固定资产报废清理后保管5年
三、财务会计报告					
10	政府综合财务报告	永久			下级财政、本级部门和单位报送的保管2年
11	部门财务报告		永久		所属单位报送的保管2年
12	财政总决算	永久			下级财政、本级部门和单位报送的保管2年
13	部门决算		永久		所属单位报送的保管2年
14	税收年报（决算）			永久	
15	国家金库年报（决算）	10年			
16	基本建设拨款、贷款年报（决算）	10年			
17	行政单位和事业单位会计月度、季度报表		10年		所属单位报送的保管2年
18	税收会计报表			10年	所属税务机关报送的保管2年
四、其他会计资料					
19	银行存款余额调节表	10年	10年		
20	银行对账单	10年	10年	10年	
21	会计档案移交清册	30年	30年	30年	
22	会计档案保管清册	永久	永久	永久	
23	会计档案销毁清册	永久	永久	永久	
24	会计档案鉴定意见书	永久	永久	永久	

注：税务机关的税务经费会计档案保管期限，按行政单位会计档案保管期限规定办理。

第四章　档案收集实践

实践项目一：机关档案室归档工作组织

1. 项目任务

开展某单位归档组织工作，做好归档组织准备。

2. 项目目标

①了解如何在某一单位组织归档工作，了解归档工作的组织所包含的内容。

②系统思考、设计开展归档工作所涉及的工作环节，列出单位归档工作所需的文件体系。

③预估实现归档工作所需要的组织资源，绘制虚拟归档队伍。

④拟写归档工作通知。

3. 项目素材

以××街道办事处为对象进行实践，该街道办事处下设办事处办公室、城市管理科（民防办公室、安全生产办公室、交通安全办公室）、劳动保障科、社区建设科、民政科、公共事业管理科、人口与计划生育办公室、财务科、住房保障科、城管监督分中心，为其建立虚拟归档队伍，设定相关归档组织文件。

4. 工作规则

（1）组建实践小组

以小组为单位进行，小组人数以3～5人为宜，确定组长1名。由组长负责组织实践项目的任务分解及实施，组员分别承担某项具体工作。

（2）提交项目成果及评价

实践项目完成后，以小组为单位提交文案汇报方案。文案包括项目内容及分工列表、项目成果、项目完成过程中的困难或疑惑等。组长根据分工、完成情况等检查组员的实践工作质量并按百分制给出分数。考核时按本项实践总分数的30%折算，教师评定折算为60%，组间评定折算为10%。

5. 参考方案

（1）归档工作文件体系参考（见表4－1）

表4－1　××街道办事处归档工作文件体系表

序号	文件名称
1	××街道档案管理办法（管理的原则、大的要求、管理体系、奖惩措施）
2	××街道档案归档细则（归档时间、归档要求、归档办法）
3	××街道归档范围及档案保管期限表
4	××街道实体分类大纲
5	××街道档案接收、统计制度
6	《北京市实施〈中华人民共和国档案法〉办法》（2001年修订）
7	《机关文件材料归档范围和文书档案保管期限规定》（国家档案局令 第8号）
8	《归档文件整理规则》（DA/T 22—2015）

（2）虚拟归档队伍参考（见图4－1）

（3）归档工作通知参考

××街道办事处做好2021年度档案归档移交工作的通知

各业务科室：

按照《北京市实施〈中华人民共和国档案法〉办法》（2001年修订）、《机关文件材料归档范围和文书档案保管期限规定》（国家档案局令 第8号）要求，应当在每年的6月30日前将上一年度所形成的档案按照《归档文件整理规则》（DA/T 22—2015）整理好，按时交到办公室，实行集中统一管理。为确保各项工作形成的各类档案及时、完整归档，现结合我处实际情况，对2021年归档工作安排如下：

一、归档要求

本处各科室均为归档单位，各单位要高度重视归档工作，明确专门领导分管档案工作，并指派档案管理人员，负责日常工作中各类文件材料的收集、整理和

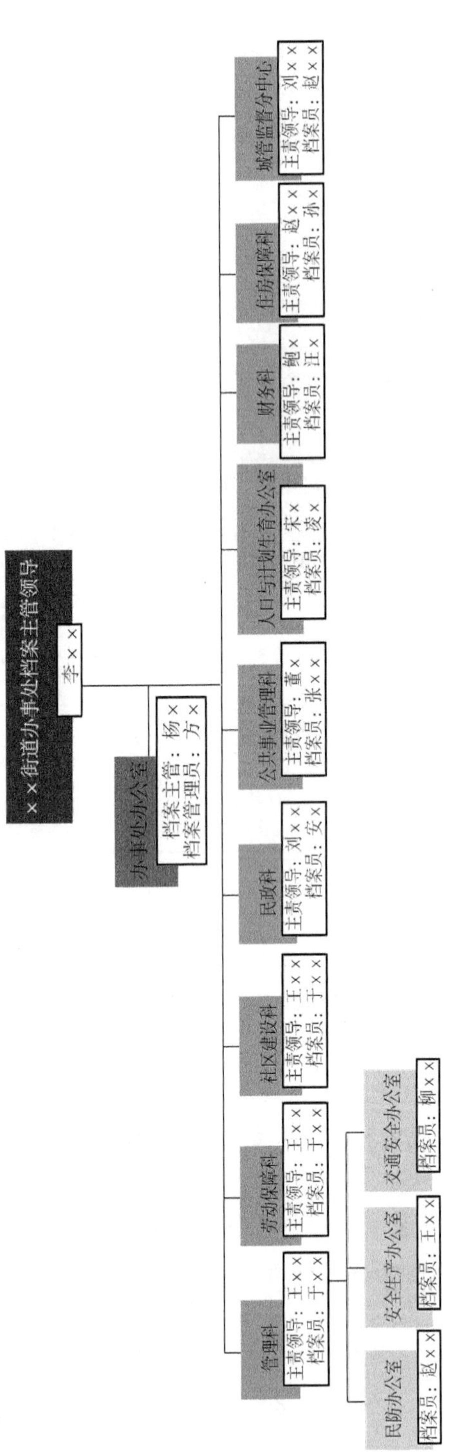

图 4－1　××街道办事处虚拟归档队伍

移交工作。应将本单位2021年度在各项工作活动中形成的有保存价值的各种材料收集齐全、完整，整理后及时移交至办公室。归档材料要齐全完整、整理规范，文件目录及移交清单（均含电子版、打印版）移交到办公室。现将有关事项通知如下。

二、归档时间

1. 文书档案：5月底前由各部门整理完毕后，向办公室移交。

2. 科技档案：凡基本建设、工程项目、设备设施等档案材料由主管科室在项目、工程完成经验收审定后3个月内归档；设备安装调试后，将整理的档案、文件材料向办公室移交。

3. 专门档案：会计档案由财务科负责整理装订，编制会计档案保管清册，保存一年后在第二年4月底前向办公室移交；特殊载体档案中声像档案在各项活动结束后归档；实物档案随办随归；电子文件档案在第二年3月份归档。

4. 因特殊原因不能按时归档的，应及时与办公室沟通并书面说明情况。

三、归档范围

请参照《××街道办事处归档范围和档案保管期限表》的相关要求。凡按规定须在2021年度归档的文件材料都应及时归档，严禁将公务活动中形成的应当归档的文件材料、资料据为己有，对拒绝按期归档的责任人，将按照××街道办事处考核办法予以相应问责。

四、归档类型

1. 各科室形成的具有保存价值的纸质文件材料。

2. 各科室形成的声像档案（如照片、录像、光盘、磁带等）。

3. 各种实物档案（如获奖证书、奖牌、奖杯、奖状、证书、锦旗、光荣册、题词等及获赠的具有保存价值的实物档案）。

联系人：方方　联系电话：××××××××

××街道办事处办公室
2022年2月1日

关联知识

归档工作是指将办理完毕的、具有查考利用价值的文件材料规范整理后，移交给档案部门保存的过程。每年文书部门（各业务部门）都要根据组织的规章制度和档案部门的要求对本部门所产生、办理完毕的相关材料进行整理，定期向档案管理部门进行移交。

1. 归档工作的组织

归档是公文处理工作的最后一个环节，同时也是档案工作的开始环节，换言之，归档是文书工作和档案工作的中间环节，是联系公文工作和档案工作的一个重要纽带，同时它还是一个组织内档案部门和文书部门的相关人员共同完成的一项工作。在这一环节，档案部门和文书部门各自承担相应的职责，并密切配合共同完成任务。

（1）归档工作与档案工作的关系

从狭义上讲，档案工作是指档案馆和档案室的各种业务工作，其中档案室的业务工作主要包括档案的收集、整理、鉴定、编目、保管、利用、编研、统计及信息化等工作。归档工作是档案收集工作的一个重要组成部分。

档案室的档案收集工作是按照国家的有关规定，通过归档、接收等办法，把分散在本单位内各部门和个人手中的文书档案集中在档案室，实行集中统一管理的工作。主要包括对归档文件的系统接收和对零散文件的收集等工作。

通常，公文在办理完毕后，经过初步整理，履行了必要的手续移交到档案室后，就成为档案。对于一个机关而言，机关内各部门办理完毕的归档文件是档案室保管档案最主要的来源，档案室接收归档文件是文书材料转化为档案的重要环节。从这个意义上说，公文工作中的归档工作，也就是档案室的收集工作，对于档案工作具有重要意义。

首先，归档工作（档案收集工作）是档案管理工作的前提和基础。档案室管理的档案并不是档案室自己产生的，而是通过收集工作将各个部门形成的具有保存价值的文件接收过来，并经过长期积累形成的。因此，从全部档案室业务工作程序来看，收集工作是第一个环节，它为档案工作提供了实际管理对象，并为开展其他档案管理工作奠定了基础。对于档案部门来说，档案收集工作是诸多档案工作的起点，档案的整理、鉴定、保管、统计、编研和提供利用等其他工作都是建立在档案实体之上，是存储档案，进行档案资源建设的主要途径，是实现档案集中统一管理、维护档案的完整与安全、便于个方面利用的基本手段。

其次，归档文件的质量决定了档案的质量，并对整个档案工作的质量产生重要影响。档案室所保存的档案的质量是衡量一个机关档案管理水平的重要指标，而且档案室所保存的档案材料如果收集齐全完整、整理规范系统、价值鉴定得当，就能为后续其他档案工作奠定良好基础，有利于各项工作的展开。

（2）归档工作的组织分工

我国党政机关的归档工作多年来一直实行的是文书部门在档案部门的指导下，对办理完毕的文书材料进行整理后向档案部门移交的组织方式。

中共中央办公厅、国务院办公厅1983年4月28日发布的《机关档案工作条例》明确提出："机关档案部门的基本任务是：（一）对本机关文书部门或业务部门文件材料的归档工作，进行指导和监督 ……""凡相关工作活动中形成的具有保存价值的文件材料（包括党、政、工、团以及人事、保卫、财会等工作中形成的文件材料），均由文书部门或业务部门进行整理、立卷，并定期向档案部门归档。"

按照上述规定，归档工作由档案室和文书部门共同完成，二者的工作职责各有不同，互相衔接。

档案室是归档工作的主持部门，主要负责的工作有：制定归档制度、建立本机关档案工作网络、对文书部门提供归档工作知识和归档文件整理方法培训、对各部门归档工作进行监督检查并提供指导和帮助、履行手续接收移交来的档案，等等。

文书部门（各职能部门）则是归档文件材料的整理和移交部门，主要承担的工作包括：正确界定办理完毕的文件、筛选具有查考价值的文件按档案部门的要求进行规范化整理、接受档案部门的监督和指导，保质按期向档案部门移交档案，等等。

（3）归档工作网络

按照归档工作分工，档案业务部门要发挥行政职能对相关部门进行业务督导而不是自己去完成全单位的档案收集、整理工作，因此需要在所在机关或组织内建立健全归档工作网络体系、针对网络体系中的各个部分组织培训、落实责任制并进行相应的考核。

归档工作网络实际上是一个单位档案管理架构的缩影，体现了一个单位档案管理的体制和约束机制，包括档案工作的最高领导者、档案部门在本单位档案工作体系中的位置、其他各业务部门哪些领导分管本部门的档案工作、部门里哪些人具体从事档案的收集、整理等方面的安排。

2. 归档制度

归档制度是指机关中形成的文件处理完毕后，由文书部门或文书人员整理立卷，定期向档案室移交，由档案室集中保存的工作制度。档案工作是一项日积月累的工作，要使各部门都能按照一定之规完成档案的移交归档工作，就需要有一整套完善的制度来进行指导和约束。归档制度是档案部门组织归档工作的基础，也是文书部门开展归档文件整理和移交档案的依据和指南。

归档制度由机关档案室根据国家、地方有关法律法规文件的规定和本单位工作的实际情况制定的。归档制度必须充分考虑文件形成的规律及特点，并同本单位的其他相关制度保持相关内容的统一。归档制度主要包括归档范围、归档时间、归档质量和归档手续等。

（1）归档范围和档案保管期限（参见第三章档案价值鉴定实践项目一）

（2）归档时间

归档时间即每年本机关开展归档工作的时间规定。根据中共中央办公厅、国务院办公厅 1983 年 4 月 28 日发布的《机关档案工作条例》，一般应在第二年上半年向档案部门进行移交。

（3）归档文件整理质量要求

①齐全完整。2000 年国务院发布的《国家行政机关公文处理办法》第三十九条规定：归档范围内的公文，应当根据其相互联系、特征和保存价值等整理（立卷），要保证归档公文的齐全、完整，能正确反映本机关的主要工作情况，便于保管和利用。2012 年中共中央办公厅和国务院办公厅发布的《党政机关公文处理工作条例》第二十七条规定：需要归档的公文及有关材料，应当根据有关档案法律法规以及机关档案管理规定，及时收集齐全、整理归档。

所谓齐全，是指要将属于归档范围的全部文件材料全部收集整理移交，否则不利于反映机关行使职能的全貌，看不出事情的来龙去脉，也不能满足今后工作的查找利用需要。

所谓完整，是指需要归档的每一件文件都是完整的，不能有头无尾、缺页少件，而且每一件文件的不同稿本都不能缺失，归档整理人员不能任意取舍。

②规范加工整理。归档文件必须经过规范的分类、整理，并正确划分保管期限，才能达到系统有序，满足今后的保管和利用需要。

具体来说，归档文件材料应按照有关规定进行必要的技术加工，已破损的文件应予修整，字迹模糊或易褪变的文件应予复制，整理归档文件所使用的书写材料、纸张、装订材料等应符合档案保护要求。

为了保证归档文件的整理质量，档案室还应该统一规定本机关归档文件整理方法，并对每个整理环节的工作内容和完成质量做出规定。目前我国党政机关和其他各类组织对归档文件材料的整理主要采取以卷为单位整理或以件为单位整理两种方式，其中，以卷为单位整理是传统的整理方式，以件为单位整理则是2000年以后出现的方式，是对以卷为单位整理方法的改革。各单位档案部门大多是根据本单位的实际情况，采取相应的整理方式，要求各部门按要求统一进行整理。

我国对上述两种整理方式都出台了整理标准，其中，以件为单位整理需要以国家档案局2016年实施的《归档文件整理规则》（DA/T 22—2015）为依据，以卷为单位整理则以国家行业标准《文书档案案卷格式》（GB/T 9705—2008）和有关文件为依据。上述标准是档案室制定整理要求的主要依据。

（4）归档手续

文书部门向档案室移交归档文件材料时，档案室要检查归档文件是否属于归档范围的公文，然后对照归档案卷的移交目录或者案卷目录进行质量、数量的全面检查。对检查无误的案卷可办理移交手续，交接双方必须在移交凭据上签注姓名、时间。

履行交接手续后，双方可以各执一份移交目录，文书部门的一份可留存备查，档案室的一份则归入全宗卷。如果档案部门是按组织机构编制目录的，还可直接将第三份移交目录装订成册，作为平时查找档案的检索工具。

3. 归档工作的实施

归档工作的组织实施分为平时工作和集中工作两部分。

（1）平时工作

为了保证集中归档时期工作的质量，档案部门和文书部门应该做好平时的各项工作。

①档案部门的工作。

第一，编制本机关的《文件材料归档范围和档案保管期限表》。

第二，编制本机关的《档案分类方案》，并协助文书部门预先设计好本部门的归卷类目（归卷类目是根据本单位档案分类大纲制定的一种预设类目，由文书部门主持，会同机关档案室共同研究编制）。

第三，建立和维护档案管理网络，并在开展归档工作前对档案管理网络图进行时效性检查，保证每个部门配备了较为得力的专职或兼职档案工作人员，并能在归档工作中发挥作用。

第四，对各部门归档工作进行监督检查，发现问题及时纠正，保证归档工作顺利完成。检查的内容主要包括：是否认真贯彻执行国家、地方政府、行业、本单位档案工作的相关法律法规、管理规定、工作标准、规范；贯彻执行党和国家的保密、保卫制度，确保档案和档案机密安全方面的情况；归档文件是否齐全完整、整理是否规范、是否按期完成移交；各业务部门文件材料的形成、积累、预立卷工作的开展情况；各业务部门档案工作人员、工作设备配备等部门支持力度情况；其他档案工作相关内容。

②文书部门的工作。

第一，制订符合本部门文件产生情况的归卷类目，并为每一个类目准备好存放文件材料的文件夹、文件盒或其他装具。

第二，做好平时归卷工作。在平时工作中，文书人员应该随时收集各种办毕并需要归档的文件材料归入相应类目下的文件夹（盒），这样可以有效避免公文散放造成的丢失、散失等问题，有利于公文的安全，同时还方便日常工作的查找和利用，对于归档工作来说，它可以最大限度地保持公文间的内在联系，有利于提高归档文件的质量，并减轻集中归档的负担。

（2）集中工作

集中工作是指每年由档案部门主持的集中归档工作，一般是在每年的上半年启动，具体工作流程如下。

①档案部门发布归档工作启动通知。档案部门将本年度归档工作计划报本机关领导批准后，在机关范围内以文件或会议形式发布归档工作启动通知，并视实际需要决定是否安排培训以及培训的内容和类型。

由于机关内各文书部门（业务部门）的文书人员大多是兼职，对归档工作知识和归档文件整理方法的掌握程度有限，往往需要由档案部门在开始归档工作之前进行培训，培训的主要内容除了相关法规、规章制度以外，还要有操作规则培训，如整理方法、整理步骤、各整理环节的任务和完成要求，各种目录、封面、备考表的填写要求等。

②文书部门按照档案部门的要求对本部门上一年形成的各种文件材料进行整理。其主要工作包括：正确界定办理完毕的文件。按照有关规定，只有全部完成了收文或发文办理环节的文件材料才是办毕文件，才有条件进入归档文件整理环节。筛选具有查考价值的文件。在办毕文件中，只有对今后工作有查考利用价值的文件材料才需要归档，文书部门要以《文件材料归档范围和档案保管期限表》为依据，准确判断文件的价值，并确定其保管期限。按档案部门的要求进行规范化整理。

③文书部门将整理完毕的全部归档文件材料送档案部门审查，如果存在质量

问题，需要按档案部门的要求重新加工整理。

④档案室按照接收标准验收各部门移交来的归档文件材料，交接双方根据移交目录清点核对，并履行签字手续。

实践项目二：档案馆收集工作组织

1. 项目任务

开展北京市××区档案馆收集组织工作，做好收集组织准备。

2. 项目目标

了解如何在某一档案馆组织收集工作，系统思考、设计开展收集工作所涉及的工作环节，拟写向北京市××区档案馆移交档案的通知，列出××区档案馆验收及交接档案的程序。

3. 项目素材

以北京市××区档案馆为对象进行实践，2022 年该区档案馆计划收集区政府办公室、区人民检察院、区教育委员会、区科学技术委员会、区园林绿化局、区水务局、区统计局、区总工会、区妇女联合会、××企业 10 家单位的档案。

4. 工作规则

（1）组建实践小组

以小组为单位进行，小组人数以 3 ~ 5 人为宜，确定组长 1 名。由组长负责组织实践项目的任务分解及实施，组员分别承担某项具体工作。

（2）提交项目成果及评价

实践项目完成后，以小组为单位提交文案汇报方案。文案包括项目内容及分工列表、项目成果、项目完成过程中的困难或疑惑等。组长根据分工、完成情况等检查组员的实践工作质量并按百分制给出分数。考核时按本项实践总分数的 30% 折算，教师评定折算为 60%，组间评定折算为 10%。

5. 参考方案

（1）向北京市××区档案馆移交档案的通知参考

关于2022年向北京市××区档案馆移交档案的通知

各有关单位：

依据《中华人民共和国档案法》第十一条："机关、团体、企业事业单位和其他组织必须按照国家规定，定期向档案馆移交档案"以及《北京市实施〈中华人民共和国档案法〉办法》第十七条："列入区、县综合档案馆收集范围的档案，自形成之日起满10年，向区、县综合档案馆移交"的规定，结合××区档案馆收集工作计划，区政府办公室、区人民检察院、区教育委员会、区科学技术委员会、区园林绿化局、区水务局、区统计局、区总工会、区妇女联合会、××企业10家单位应于2022年向××区档案馆移交档案。

请以上单位摸清应移交档案的类别、数量、年代、载体形式，填写移交档案基本情况表，于1月30日前报送××科，并适时开展档案移交前的鉴定、整理等相关准备工作，保质保量完成档案移交任务。区档案馆将于2月召开移交工作会，开展业务培训（具体时间另行通知），统筹安排2022年档案移交工作。

联系人：××× 联系电话：××××××××× 邮箱：××××

附件：移交档案基本情况表

北京市××区档案馆

2022年1月4日

附件：

（单位盖章）移交档案基本情况表

类别	数量	年代	载体形式
文书档案			
照片档案			
音像档案			
专门档案			
科技档案			
资料			
备注			
联系人		联系电话	

（2）北京市××区档案馆验收及交接档案的程序参考

北京市××区档案馆验收及交接档案的程序

（一）在移交档案前，区档案馆业务人员按照进馆档案的标准，实地检查待移交档案的具体内容、案卷质量、目录编制及全宗指南编写情况。对档案验收不合格的单位，提出整改意见，待单位整改后再次验收。

（二）档案馆要掌握好对档案的接收时限。对档案室档案的接收不能太早，也不能太迟，要考虑到档案发挥作用的规律和特点，既要保证机关对档案的利用，又要保证社会对档案的利用，按要求接收进馆。

（三）档案馆、室要经过协商确定交接时间。

（四）做好接收前的人员、库房、装具等方面的准备。

（五）交接双方依据移交目录，对纸质档案逐卷/件清点、核对，对音像档案逐一检查无误后，交接双方负责人和经手人在档案资料交接文据上签字并加盖公章。双方各存一份，以备查考。

关联知识

根据《各级各类档案馆收集档案范围的规定》（国家档案局令 第9号），各级各类档案馆获得档案的途径主要有三个：第一，接收现行机关的档案；第二，接收撤销机关的档案；第三，征集历史档案。其中，“接收现行机关的档案”是各级各类档案馆获得档案的最主要途径。

1. 接收范围

由于档案馆的级别和类型不同，因此在档案的接收对象、接收范围、接收档案的保存价值上也有所不同。

①接收对象，依照档案馆的级别和所辖的地区而定。档案馆只接收在本地区与档案馆属同一个级别的机关的档案材料。国家级档案馆，如中央档案馆，只接收中央国家机关——中共中央、人大常委会、国务院、全国政协等的档案材料。省级档案馆，如辽宁省（北京市）档案馆，只接收本省（市）委、省（市）政府、省（市）人大、省（市）政协，以及省（市）府所属各局、公司的档案。县级档案馆也如此。

②接收档案的类型，依档案馆的类型而定。不同类型的档案馆所接收的档案的类型范围不同。综合性档案馆接收的档案类型较为广泛，如北京市档案馆既接收文书档案、科技档案，也接收专门档案、人物档案，等等。专业档案馆所接收的档案类型较窄，它只接收本专业或本部门的档案，如中国照片档案馆，只接收新华社产生的有关新闻采访和报道中形成的照片和底片。从档案的形式上说，综

合档案馆所接收的档案形式是多样的，如纸张文字型、图纸、声像型、缩微型、机读型档案等，专业档案馆则根据自己专业或部门的工作特点和需要来收集有关的档案资料。

③接收档案的价值范围，依据档案馆的级别而定。省级及其以上级别的档案馆，只接收永久保存价值的档案，县级档案馆接收永久和长期保存价值的档案。同时，也可以根据本地区的实际情况，对接收档案的保管期限做出特殊规定，比如，北京市现在要求各档案馆只接收永久保管价值的档案。

2. 接收期限和方法

①接收期限。省级及其以上级别档案馆接收立档单位保存了20年左右的档案，县级档案馆接收立档单位保存了10年左右的档案。

②接收方法包括逐年接收和定期接收。逐年接收是指档案在立档单位保管期满后，档案馆每年接收一次。定期接收是指，档案馆间隔一段时间接收一次档案进馆。具体采用哪一种方法，应根据具体情况而定，主要考虑以下几个因素：地域因素、环境因素、(档案馆）管理因素。例如，机关所处的环境，机关的性质和档案的特点，机关档案的保管条件，机关与档案馆的距离和交通条件，机关对档案的利用情况，等等。将这些问题认真研究之后，才能确定档案的接收时间和方法。

3. 接收要求

①移交进馆的档案必须按相关标准进行科学的整理。例如，进馆档案要齐全完整、规范分类、对破损的档案进行修复，等等。

②档案经过认真的价值鉴定，准确划分了保管期限。

③按规定进行节编目。例如，卷内（文件）目录、备考表、页（件）号、案卷（归档文件）目录等填写完整。

④编写有立档单位和全宗历史考证、全宗指南。

4. 规范性文件

各级各类档案馆收集档案范围的规定

(2011年11月21日国家档案局令 第9号公布)

为了建设覆盖人民群众的、内容丰富、结构合理的国家档案资源体系，划定各级各类档案馆收集档案的范围，根据《中华人民共和国档案法》、《中华人民共和国档案法实施办法》、《全国档案馆设置原则和布局方案》，制定本规定。

第一条　各级各类档案馆要贯彻科学发展、以人为本的理念，在档案行政管理部门的监督指导下，按照统一规划、分级管理的原则，依法开展档案收集工作，将属于本馆收集范围的具有长久保存价值的档案收集进馆。

第二条　各级综合档案馆依法接收本级下列组织机构的档案：

1. 中国共产党委员会及所属各部门；
2. 人民代表大会及其常设机构；
3. 人民政府及其所属各部门和单位；
4. 人民政协及其常设机构；
5. 人民法院、人民检察院；
6. 各民主党派机关；
7. 工会、共青团、妇联等人民团体；
8. 国有企业、事业单位。

各级综合档案馆可全部或部分接收以上机构的下属单位和临时机构的档案。

乡镇机构形成的档案列入县级综合档案馆接收范围。

第三条　新中国成立前本行政区内各个历史时期政权机构、社会组织、著名人物的档案列入综合档案馆收集范围。

本行政区内重大活动、重要事件形成的档案、涉及民生的专业档案列入综合档案馆收集范围。

经协商同意，综合档案馆可以收集或代存本行政区内社会组织、集体和民营企事业单位、基层群众自治组织、家庭和个人形成的对国家和社会有利用价值的档案，也可以通过接受捐赠、购买等形式获取。

第四条　各级部门档案馆，收集本部门及其直属单位形成的档案，但其中履行行政管理职能的档案，要按有关规定定期向综合档案馆移交。

第五条　各级专门档案馆，收集本行政区内某一专门领域或特定载体形态的专门档案或档案副本。

第六条　国有企业、事业单位设立的档案馆，收集本单位及其所属机构形成的档案。国有企业发生破产转制，事业单位发生撤销等情况，其档案可按照有关规定由本级综合档案馆接收。

第七条　省级以上（含省级）档案馆接收保管期限为永久的档案，省级以下（不含省级）档案馆接收保管期限为永久和30年以上（含30年）的档案。

第八条　档案馆要适应信息化建设的需要，收集电子档案和纸质档案的数字化副本。有条件的档案馆应根据国家灾害备份的要求，建立电子文件备份中心，开展电子文件备份工作。

第九条 档案馆在收集档案时，应同时收集有助于了解档案内容、立档单位历史的资料，收集有助于管理和利用档案所必需的专用设备。

第十条 各级各类档案馆要根据本规定制定本馆的收集档案范围细则和工作方案，经上级档案行政管理部门同意后施行。

第十一条 本规定由国家档案局负责解释。

第十二条 本规定自发布之日起实施。《各级国家档案馆收集档案范围的规定》（1986 年 2 月 7 日国家档案局发布）同时废止。

第五章　档案保管实践

实践项目一：档案库房的规划布局

1. 项目任务

合理规划布置档案库房空间，配备符合档案保护要求的库房装具和设备。

2. 项目目标

①了解档案库房保管设备的种类和功能。

②熟悉档案库房装具排放方式和容量需求。

③掌握档案库房空间布局的原则和要求。

3. 项目素材

模拟库房、计算机、互联网。

模拟库房为1号库房、2号库房、3号库房三个房间（见图5－1），具体情况如下：

①1号库房主要存放文书档案，该房间楼面均布活荷为12kN/m^2。

②2号库房主要存放科技档案，该房间楼面均布活荷为12kN/m^2。

③3号库房主要存放缩微品母片，同时还存放少量数字档案（现有200盘数字磁带档案）和照片档案（现有200本底片册和300本照片册），该房间楼面均布活荷为12kN/m^2。

请选择其中一个房间，提供该房间的档案库房规划布局方案。

4. 工作规则

（1）分组和选项目

每组3～4人，按组开展项目活动。每个项目组确定1名组长，由组长负责统筹安排和项目实施。每组在1号库房、2号库房、3号库房中任选一个库房，提供该库房的档案库房规划布局方案。由组长带领组员进行项目的任务分解、具体实施。

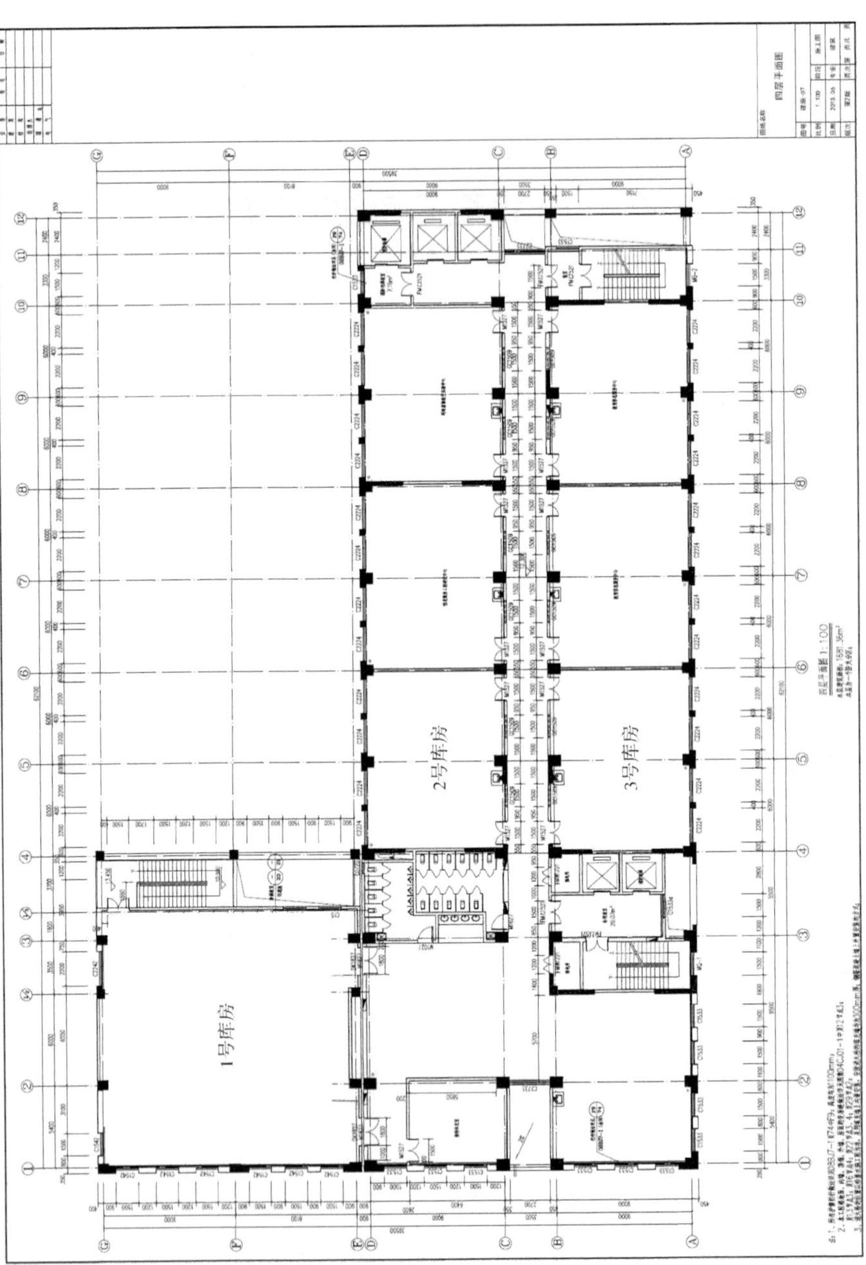

图5-1 库房平面图

（2）汇报和评价项目成果

每组需用5分钟PPT展示项目成果（包含项目任务分配、档案库房规划布局方案、项目收获与不足等）；然后对每个库房评选出最佳的库房规划布局方案；最后是对整个实践项目活动进行评价，学生自我评价按10%折算、同项目组互相评价按30%折算、教师评价按60%折算。

（3）提交项目成果

实践项目完成后，以小组为单位提交档案库房规划布局方案汇报PPT。

5. 参考方案

档案库房规划布局方案没有标准答案。下面以2号库房为例提出一种规划布局方案。

2号库房规划布局平面图如图5－2所示，具体设计思路如下：

装具类型：因2号库房主要存放科技档案，该房间楼面均布活荷为12kN/m^2，可选择科技档案密集架。

装具排列：因2号库房为12m×9m，故设置2列密集架，密集架通道方向与有窗的墙壁垂直。

门：2号库房原有2扇门，从保护档案安全出发，封住一扇门，只保留一扇门作为进出通道，该门应为金属防盗门。

窗：2号库房窗户较多，应采取遮阳措施，可挂遮光窗帘，窗户玻璃为遮光玻璃。

另外，在2号库房里还应放置除湿机、加湿器、灭火器、自动灭火装置、空调系统、温湿度监控设备等。

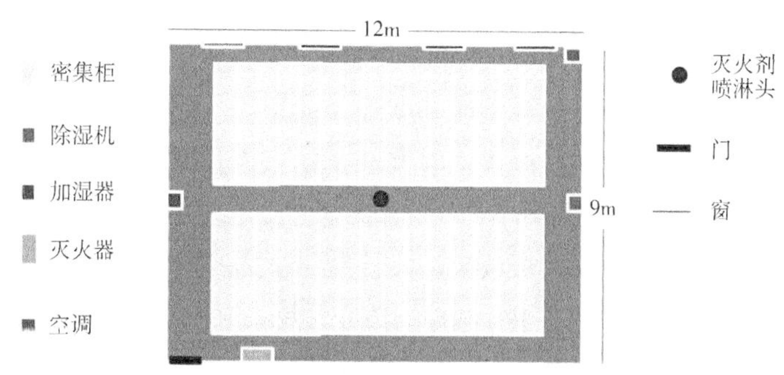

图5－2　2号库房规划布局平面图

关联知识

1. 档案库房设备类型

（1）档案库房管理设备

档案库房管理的基本设备包括防火、防盗装置、空气温湿度监控测试和调节设备。

①档案库房防火、防盗监控设备。档案库房防火、防盗监控设备主要有：无线红外探测器，烟感、温感火灾探测器，自动报警器，气体灭火设备。

根据《档案馆建筑设计规范》规定：

特级（中央级）、甲级（省、直辖市、自治区、计划单列市、副省级市）档案馆的档案库、缩微用房、空调机房等房间应设置火灾自动报警设施，库区外应设室外消防给水系统。

珍藏库和非纸质档案库应设惰性气体灭火系统。

其他档案库房、档案业务用房、技术用房和乙级［地（市）及县（市）］档案馆中的档案库房可采用水喷雾灭火系统或非卤代烷气体灭火系统。

②温湿度监控调节设备。温湿度测量设备有：普通温湿度计、干湿球温湿度计、日记（周记）式温湿度记录仪、智能温湿度记录仪、多路温湿度自动测控仪、温湿度自动监控管理系统等。

空调设备主要有中央空调、单体空调（窗式、分体、柜式等）。

湿度调节设备有：去湿机、加湿器等。

（2）档案存储设备类型

档案存储设备即档案装具。档案装具是放置档案实体的设备器具，是档案馆（室）必备的物质条件之一。

档案装具种类很多，从形状上分，档案装具可分为档案箱、档案架和档案柜。档案箱一般叠放使用，优点是便于挪动，能防尘、防盗，缺点是造价高，占用空间较多。档案架则分为开放式档案架和活动式密集架两种。开放式档案架结构简单，造价便宜，空间利用率高，但对于防止和延缓各种有害因素对档案的损坏来说不如档案箱、柜，所以开放架适用于能够大范围控制温湿度的库房。一般情况下，档案数量多、保护条件较好的库房可用开放架，主要有木质开放档案架、单柱挂斗开放架、复柱挂斗开放架等。活动式密集架可以提高库房使用面积，使库房单位面积档案的贮存量增加 1.5 ~ 2 倍，并且有利于防火、防光、防尘，但其造价较高，调阅档案不及一般档案架方便，并对库房承重能力有一定的要求，需要楼面均布荷载达到 800 ~ 1200 公斤/平方米，主要有手动式密集架、电动式密集架、侧拉式密集架。档案柜是比较传统的档案装具，使用灵活，便于挪动，有利于防火、防光、防尘、防虫、防鼠，对危害档案的因素有一定的延缓和阻挡作用，其形式多样，有双开门、侧拉门、单开门档案柜，有两节、三节、五节档案柜。

档案装具从用材上分，可分为金属装具和木质装具两种。金属装具强度高、利于防火、防虫，但其防潮隔热性能不及木质装具，且造价较高；木质装具有较好的防潮隔热性能，造价低、自重轻，但耐用性差，不利于防火、防虫和防腐。

选用档案装具要根据本单位档案库房不同条件和所存放档案的规格、特点，以及有利于合理利用库房空间以及经济美观的要求，合理选购（用），灵活配置。

（3）档案包装材料

档案包装材料主要是指档案卷皮、卷盒及包装纸等，档案包装后可以防止光线、灰尘及有害气体对档案的危害，减少档案载体的机械磨损。卷皮是包装档案的最基本的材料，它不仅可以保护文件，同时它本身也是案卷的封面，便于查找利用。卷（件）盒有利于防光、防尘、减少机械磨损，是目前保管案卷的一种较好的方法。包装纸主要是对于一些既不适于装订，也不便于装盒的档案，可以用比较结实的纸张包装存放。

2. 档案装具的排放要求

档案装具的排放需要整齐一致、横竖成行，避光通风，充分合理利用空间。

（1）整齐一致，横竖成行

如果箱、架、柜大小式样不同，则应适当分类，档案装具应按照档案箱、柜的制成材料、形状、高矮进行分类排放，同一个库房里档案装具规格力求统一，排放整齐，并且统一编号。编号顺序一般是从门口起，从左到右，从上到下，逐一编号，以便于档案的保管、查找、统计。

（2）避光通风

有窗库房，档案装具排列应与窗户垂直，避免阳光直射；无窗库房，档案装具纵横均可，但应注意不能妨碍通风。

（3）充分合理利用空间

档案架（柜）之间的主要通道净宽不小于 1.2 米，两行装具间净宽不小于 0.8 米，装具端部与墙间隔不小于 0.6 米，装具背面与墙间隔不小于 0.1 米。所有装具均不应紧靠墙壁，避免空气不流通。

3. 档案的存放方式

档案存放方式有竖放、平放、卷放和折叠四种。

（1）竖放

竖放是目前采用比较广泛的一种方式，其优点是检取和存放档案比较方便。装订成卷（册）、盒装档案和照片档案一般应采用竖放方式。

（2）平放

平放存取不大方便，但对保护档案有利，适用于珍贵档案和不宜竖放的档案，如底图、录音录像带、磁盘、光盘等。底图经油蜡等物浸透过，经过晒图机的高温影响，其机械强度和耐久性均有所下降，容易脆裂破碎，为延长其寿命和在晒制蓝图时准确、清晰，应采取平放或卷放（特大幅）的存放方法。底图严禁折叠。

（3）卷放

卷放保管是将档案以张（件）或套（卷）为单位，按照分类排列次序，卷成圆筒，放进特制的纸质、金属筒内或柜箱中，卷放适用于较大幅面的领导题词、字画、底图等。

（4）折叠

折叠保管是将一些纸质较好、机械强度较高、幅面较宽的图纸档案按 A4 图纸幅面大小为标准折叠（装订或不装订），放进卷盒、夹内或柜中。蓝图一般采用优质纸张，机械强度较好，可以折叠保管。蓝图折叠一般要以 A4 图纸幅面大小为标准，左边留出装订线，向图纸正面叠成手风琴式。折叠后的图标标题栏要露放在右下角，以便查阅。由于图纸折叠的关系，每个卷的右边较厚，左边较薄，装订时要加进一些厚纸板，以保持案卷的平整美观，规格一致。如果案卷不装订，折叠时不必留装订线，图纸折叠后便可直接放进卷盒或夹内。

4. 档案库房建设要求

档案库房是为存储和保护档案而设计建造的建筑物。档案库房地址的选择，以及防热、防潮（防水）、防火、防盗等方面均有一定的要求。

（1）库址选择

为使库房地段经常保持干燥，库址不应选在靠近江河湖泊、地势低洼以及山洪多发区，也不应选在地下水位高的地方，以防水患，否则必须进行特殊技术处理。库址不应选在工业区，也不应在其下风处。要了解城市建设现状和远景规划，以保证在库址周围一定范围内不会有形成危害档案的气体、灰尘的工业区。库址应远离危险建筑（如易燃、易爆物品仓库），与一般建筑之间也应保持一定距离，以防火灾波及。为了向社会各界提供利用档案，库址应选在交通较为方便的地方，一般不应选在远离城市的郊区或山区。库址周围要留有余地，以便扩建。

（2）防热与防潮（防水）

档案库房内高温的形成主要是由太阳辐射热通过库房屋顶、墙壁、门窗传入，高湿的形成主要是由地下水 、雨水以及湿空气通过屋顶 、墙身、门窗、地面等部位渗入。档案库房的防热与防潮，主要应在屋顶、外墙、门、窗、地面等库房建筑的围护结构上采取相应措施，使库内温湿度尽量保持稳定，以利于接近或达到要求。《档案馆建筑设计规范》（JGJ 25—2010，中华人民共和国住房和城乡建设部、中华人民共和国国家档案局颁布）规定纸质档案库房温度 14℃ ~24℃，相对湿度 45% ~60%；特藏库温度 14℃ ~20℃，相对湿度 45% ~55%；音像磁带库温度 14℃ ~24℃，相对湿度 40% ~60%；母片胶片库温度 13℃ ~15℃，相对湿度35% ~45%；拷贝片胶片库温度 14℃ ~24℃，相对湿度 40% ~60%。

档案库房屋顶的形式、结构、用材、颜色均应考虑隔热效果，同时也要有利于雨水及时排泄，防止渗漏。坡屋顶有利于排水，空气间层屋顶有利于利于隔热。

档案库房外墙隔热防潮措施有：加厚墙体，墙体使用隔热、防水材料，空气间层墙体，设外走廊或环形走廊等。环形走廊的外墙厚度一般要求不低于 0. 37 米，墙体中可使用隔热、防水材料。外墙体上不开窗或开小窗。环形走廊可防止辐射热、雨水等各种有害因素直接对库内的影响，对档案保护具有防潮、隔热、防尘、防光等综合效果。

档案库房最好为无窗库房。如设置窗户，窗户应尽可能少而小，每开间窗洞面积与外墙面积之比不大于 1∶10。窗户应为双层窗，要严密、坚固，便于开启，便于密闭，并应有遮阳设施。库房门应坚固、严密、耐火、防潮、隔热。库房入口处应设有缓冲间。

档案库房分地下库（包括洞库）与地上库。地下库的优点是库内温湿度较为稳定，能防光、防尘等，但必须采取地面、墙体的防水与防潮措施。地上库地面防潮措施主要有填实地面和架空地面两种。

（3）防火与防盗

档案库房应当是单独的防火区。库区与其他部分的隔墙应有防火墙，材料为耐火极限不少于4小时的非燃烧体。档案库区应设火灾和防盗自动报警装置，以及对档案无危害的灭火设备。库区外可设置水消防系统。库门及底层外窗均应采取可靠的安全防护措施。如有外遮阳设施，应做防盗处理。库区不应设置室外楼梯。档案库房可根据使用性质和需要设大库、中库、小库，各库应有独立的出入口。库房净高不应低于2.40米。

实践项目二：编制档案库房管理制度

1. 项目任务

合理编制档案库房管理制度。

2. 项目目标

①了解档案保管的原则。

②熟悉档案保管的要求。

③掌握档案库房管理制度的编制要求。

3. 项目素材

现有A、B、C三类档案库房，具体情况如下：①A为纸质档案库房；②B为胶片档案库房；③C为磁性载体档案库房。

请选择其中一类档案库房，为其编制档案库房管理制度。

4. 工作规则

（1）分组和选项目

每组3~4人，按组开展项目活动。每个项目组确定1名组长，由组长负责统筹安排和项目实施。每组在A、B、C三类档案库房中任选一类档案库房，为其编制档案库房管理制度。由组长带领组员进行项目的任务分解、具体实施。

（2）汇报和评价项目成果

每组需用5分钟PPT展示项目成果（包含项目任务分配、档案库房管理制度编制方案、项目收获与不足等）；然后对每类档案库房评选出最佳档案库房管理制度；最后是对整个实践项目活动进行评价，学生自我评价按10%折算、同项目组互相评价按30%折算、教师评价按60%折算。

(3) 提交项目成果

实践项目完成后，以小组为单位提交档案库房管理制度编制方案汇报PPT。

5. 参考方案

下面以纸质档案库房为例编制档案库房管理制度：

纸质档案库房管理制度

为做好纸质档案的科学管理，保证纸质档案的完整和安全，最大限度地延长纸质档案的寿命，特制定本制度。

一、纸质档案库房是保存纸质档案的重要场所，除档案管理工作人员外，其他人员不能随意进入纸质档案库房，如工作确实需要，由档案管理工作人员陪同进出。

二、纸质档案进出库房，应建立严格的登记制度。对入库的纸质档案要严格检查，有虫蛀、发霉及其他问题的档案须经技术处理后方可入库。

三、纸质档案库房应设有防盗、防火、防潮、防尘、防虫、防鼠、防有害生物、防水、防高温、防强光的措施。

四、纸质档案库房内安置温湿度计，每日定时测记。纸质档案库房的温度应控制在14℃～24℃，相对湿度应控制在45%～60%，昼夜波动范围不超过±5。超出标准范围时，应及时采取调控措施。

五、纸质档案库房内应保持清洁，定期打扫卫生，不得堆放与档案无关的物品，严禁存放易燃易爆物品。

六、定期检查纸质档案库房设备设施状况，发现问题及时报修或更新；定期检查纸质档案库房库存案卷，核实账、物是否相符，发现案卷短缺或长期借出未归还的，及时追查

七、纸质档案库房无人时，除必须持续工作的保温、保湿、消防、防盗等电子设备外，应关闭其余用电设备，锁紧门窗。

八、出现火灾等危及纸质档案安全的险情时，应立即报警，同时向主管领导报告，开展抢险、转移等保护措施。

九、纸质档案库房管理人员更换时，交接双方须当面清点档案，办理交接签字手续。

关联知识

1. 档案保管的内容

档案保管是指根据档案的成分和状况所采取的存放和安全防护措施，即对已整理好并存入库房及其柜架中的档案进行日常的维护、保护性管理。

档案保管工作的基本内容是“维护秩序”和“保护实体”，即维护档案实体的秩序状态，使档案在存放和使用中始终有序；保护档案实体的理化状态，使其在存放和使用中不受或少受人为的或自然因素的损害，并尽量延长其物质形体的“自然寿命”。具体来说，档案保管工作包含以下三方面：一是档案的库房管理，即库房内档案科学管理的日常工作；二是档案流动中的保护，即档案在各个流动环节中的一般安全防护；三是档案保护的专门措施，即为延长档案的寿命而采取的诸如复制和修补等各种专门的技术处理。

2. 档案保管工作的任务

档案保管工作的核心是维护档案的完整与安全，具体任务如下。

（1）防治档案的损坏

档案保管工作要了解和掌握档案损坏的原因和规律，通过经常性的具体工作，采取专门的技术措施和方法，最大限度地消除各种可能损坏档案的不利因素的影响，从而把档案的自然损坏率降低和控制在最小范围内。

（2）延长档案的寿命

档案保管工作不仅仅在于只是一味地防治档案的自然损坏，而且还要从根本上采取更积极的措施，尽可能最大限度地延长档案的寿命，或者说，尽可能延长档案被自然损坏的时间。为保证档案的长期利用，必须采取积极的措施，从根本上改善档案的存贮条件，研究并提高档案的修复技术，延长档案的寿命。

（3）维护档案的安全

维护档案的安全，一方面是指档案作为一种物质存在的形态必须最大限度地使其安全存在下去；另一方面是指档案信息安全，应采取措施避免因为保管的不当或条件的低劣使档案丢失而发生泄密，从而造成信息不安全。

总之，档案保管工作应该做到四不：不散（不使档案分散）、不乱（不使档案互相混乱）、不丢（档案不丢失不泄密）、不坏（不使档案遭到损坏）。

实践项目三：测定档案耐久性

1. 项目任务

测定纸质档案耐久性。

2. 项目目标

①了解纸质档案加速老化的原理。

②熟悉档案纸张性能指标和字迹材料颜色表色系统。

③掌握纸质档案耐久性测试方法。

3. 项目素材

现有新闻纸、宣纸、书写纸三种档案纸张和黑墨水、蓝黑墨水、蓝墨水、红墨水四种字迹材料，以及鼓风干燥恒温箱、ZLDW－B 型卧式电子拉力试验机、ZZD－135A 型 MIT 耐折度测定仪、YQ－Z－48A 型白度颜色测定仪、切纸机等仪器设备，请在现有条件基础上制订档案纸张和字迹材料的耐久性测试方案，并测定其耐久性。

4. 工作规则

（1）分组

每组 3～4 人，按组开展项目活动。每个项目组确定 1 名组长，由组长负责统筹安排和项目实施。

（2）制订方案

由组长带领组员制订档案纸张和字迹材料的耐久性测试方案。

（3）实验测试

由组长带领组员按照制订的方案进行实验测试。

（4）完成项目报告

由组长带领组员撰写项目报告，内容包括耐久性测试方案设计、测试数据及结果分析。

（5）评价

对整个实践项目活动进行评价，学生自我评价按 10% 折算、同项目组互相评价按 30% 折算、教师评价按 60% 折算。

5. 参考方案

纸质档案耐久性测试方案

选择干热老化实验测定纸质档案耐久性。干热老化实验处理条件105℃±2℃，处理时间72小时，相当于纸质档案在自然条件（自然室温）下保存25年。纸张耐久性选择测试抗张强度、耐折度两项机械性能指标，字迹材料耐久性选择测试色差值（ΔE），具体步骤如下。

1. 准备抗张强度测试试样、耐折度测试试样、字迹材料色差测试试样，用切纸机裁切试样。

2. 测试干热老化前每种纸张纵向和横向的抗张强度和耐折度，每种字迹材料的颜色值，用ZLDW－B型卧式电子拉力试验机测量抗张强度，ZZD－135A型MIT耐折度测定仪测量耐折度，YQ－Z－48A型白度颜色测定仪测量颜色值。

3. 将准备好用于干热老化处理的纸张试样和字迹材料试样放入105±2℃的鼓风干燥恒温箱中人工老化处理72小时。

4. 测试干热老化后每种纸张纵向和横向的抗张强度和耐折度，每种字迹材料的颜色值。

5. 对实验数据进行处理，计算在干热老化前后每种纸张纵、横向抗张强度和耐折度的损失率，以及每种字迹材料的色差值（ΔE），分析判断三种档案纸张和四种档案字迹材料耐久性的好坏，撰写项目报告。

关联知识

1. ZLDW－B型卧式电子拉力试验机、ZZD－135A型MIT耐折度测定仪、YQ－Z－48A型白度颜色测定仪的使用方法

（1）ZLDW－B型卧式电子拉力试验机的使用方法（见图5－3）

①切取长150mm，宽15mm±0.1mm的纸张试样。每种纸张试样纵向作5条，横向作5条。

②打开电源开关，预热15分钟后，进入设置界面，光标停留在校零上，按确认键进入校零状态，按确认键进入校零状态：

a. 设置夹头间距，检查左夹头上指针所指刻度与所设置的夹头间距是否一致，不一致，用▶、◀移动夹头，使指针所指刻度与所设置的夹头间距一致，

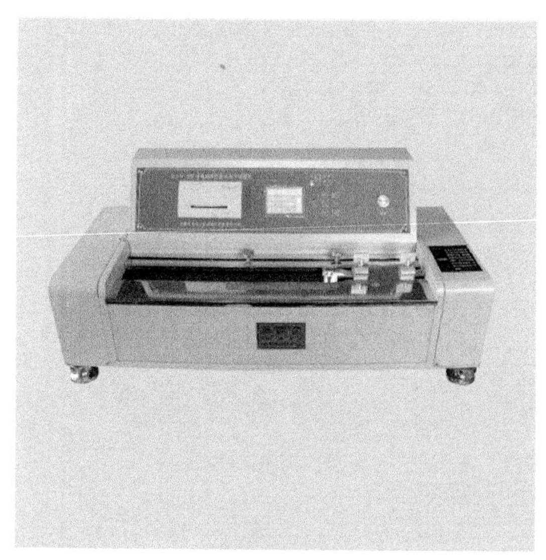

图 5－3　ZLDW－B 型卧式电子拉力试验机

按“确认”键停止。

b. 按照测试的要求，设定好“试样宽度”“试样方向”，并按“确认”键返回主界面。

③按 ＞ 或 ＜ 键使光标停在“测量”上。

④安装试样。按“确认”键拉一张试样，拉断后左夹头自动返回到所设置的夹头间距位置，系统将据此自动计算出适合于该试样拉断的速度。

⑤再安装同样试样，按“确认”键进入正式试验。试样拉断，左夹头自动返回到所设置的夹头间距位置，等待下一次试验，显示屏上显示出本次试验的力值、伸长、拉断时间及次数。以此类推，做完一组试验（如测 5 个试样）后，按“打印”键打印，界面选择“数据 1”按“确认”键打印试验报告，然后按 ＞ 或 ＜ 键使光标停留在“返回”上，按“确认”键返回到主界面的打印位置，数据及次数自动清零。

（2）ZZD－135A 型 MIT 耐折度测定仪的使用方法（见图 5－4）

①切取长 150mm，宽 15mm ± 0. 1mm 的纸张试样。每种纸张试样纵向作 5 条，横向作 5 条。

②打开电源开关，预热 15 分钟。

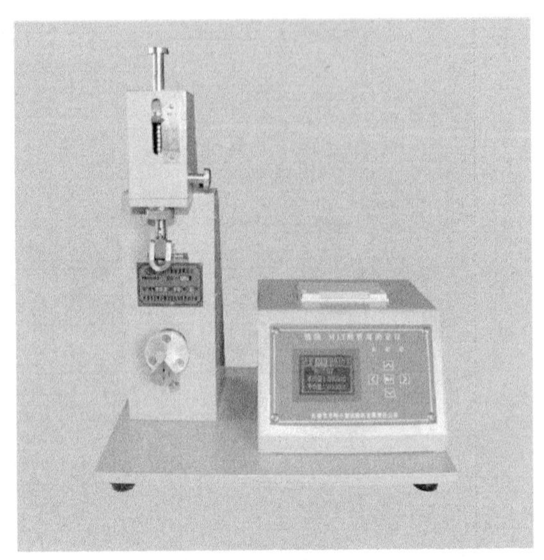

图 5－4　ZZD－135A 型 MIT 耐折度测定仪

③按下张力杆，设定弹簧张力为 9. 8N，并用制动螺钉锁住。将纸样上端垂直地夹紧在上夹块上，下端夹在折叠头的折叠块之间，然后松开张力杆制动螺钉。通过>或<选择“设置”，按确认键进入设置子菜单，通过>或<键选择设置张力选择、纵横选择，再通过∧或∨键来选择各个设置的选项，按确认键后设置完成。退出设置子菜单，子菜单停留在“测量”菜单上。

④按下确认键进入测量，屏幕上显示第几次测量并实时显示耐折的次数，折断纸样后电机返回到起始位置，显示平均值。夹好试样按确认键进入第二次试验。以此类推，做完一组试验（如测 5 个试样）后，按>或<键使光标停留在“打印”项目上，按确认键进入打印界面打印试验报告。然后按>或<键退出打印子菜单。

（3）YQ－Z－48A 型白度颜色测定仪的使用方法（见图 5－5）

YQ－Z－48A 型白度颜色测定仪属于 d/o 几何条件仪器（ISO 2469），即漫射照明垂直探测测量，模拟 D65 照明体照明，采用 CIE 1964 补充色度系统和 CIE 1976（L^* a^* b^*）颜色空间色差公式。测量样品区域：直径不小于 30mm，厚度不超过 10mm。

其颜色测试方法如下：

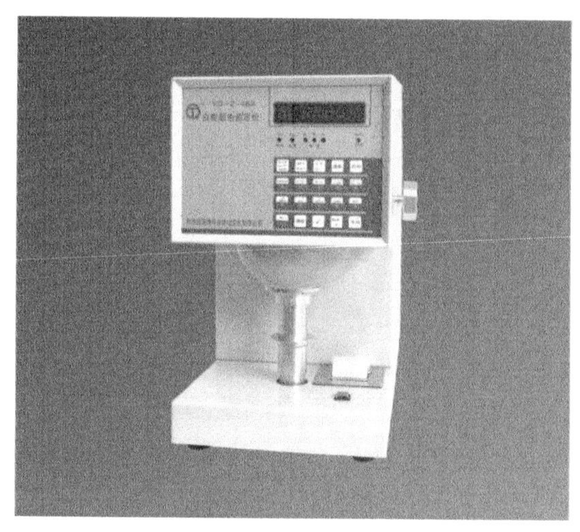

图 5－5　YQ－Z－48A 型白度颜色测定仪

①准备字迹试样（见关联知识 2）。

②打开电源开关，预热 15 分钟。

③调零。仪器试样托上放黑筒，推进拉板到底，转动仪器右侧的手轮到 R_{457} 位，按调校键 1 次，接着按↙键 1 次。转动手轮到 R_x、R_y、R_z 位，分别同上调零。调零毕，取下黑筒。

④校准。仪器试样托上放 1 号标准板。转动手轮到 R_{457} 位，按调校键 2 次，接着可按数字键，使显示 1 号板 R_{457} 标准值，再按↙键 1 次，显示 n 和标准值。转动手轮到 R_x、R_y、R_z 位，同样按调校键 2 次，分别键入 1 号板 R_x、R_y、R_z 标准值并按↙键完成校准。校准毕，取下 1 号板。

⑤测量。仪器试样托上放测量试样。转动手轮到 R_x、R_y、R_z 位，分别按测量键，显示测量值。按 L^* a^* b^* 键，显示 L^*，a^*，b^* 值。

2. 字迹试样的准备与色差值测试步骤

（1）字迹试样的准备

每种字迹材料准备 1 份字迹试样。字迹试样的制作采用涂布法制作，即用干净毛笔蘸满字迹材料，在纸张上快速涂布宽度大于 30mm 的平行字迹区，待其在无阳光直射的室内自然干燥后，即可裁切使用。字迹试样如图 5－6 所示，字迹材料涂布区域必须大于斜线区域，a′为定位线，与 a 的距离为 12mm，用于测量点定位（仪器试样托为圆形，采用直角定位）。

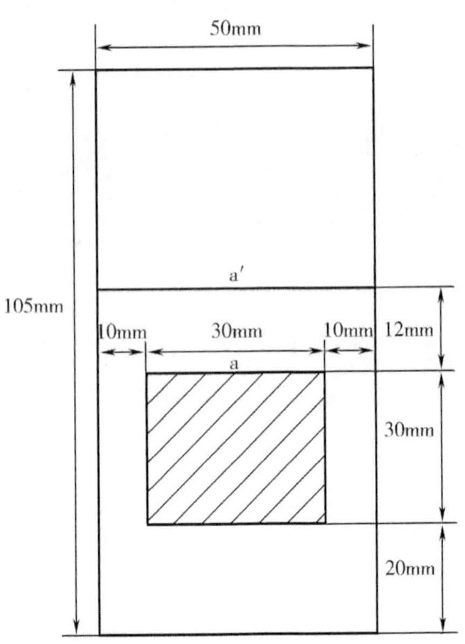

图 5－6　字迹试样

（2）字迹试样色差值测试步骤

①在每一被测字迹试样上选取三个测试点，用颜色测定仪来先测定初始状态的 L_1^*，a_1^*，b_1^* 值。

②对各被测字迹试样进行各项目实验。

③测定实验后字迹试样 L_2^*，a_2^*，b_2^* 值。

④以 $\Delta E=[(\Delta L^*)^2+(\Delta a^*)^2+(\Delta b^*)^2]^{1/2}=[(L_1^*-L_2^*)^2+(a_1^*-a_2^*)^2+(b_1^*-b_2^*)^2]^{1/2}$ 计算出被测试样实验前后的三个色差值，并计算出每个试样的算术平均值。

3. 字迹材料耐久性判断依据

本项目中的色差采用的是 CIE 1976 $L^*a^*b^*$ 三维色空间，由直角坐标 $L^*a^*b^*$ 构成，两种颜色 $L_1^*a_1^*b_1^*$ 和 $L_2^*a_2^*b_2^*$ 之间的色差即为 ΔE。另外，以吉特（Judd）建立的 NBS 作为计量单位，当 $\Delta E=1$ 时作为 1NBS 色差单位，它相当于在最优实验条件下，人眼恰好可分辨两个颜色差别的5倍。在实验中，可通过对字迹材料加速老化前后的颜色的测量，得出色差值（ΔE），结合颜色变化对照表来评估字迹材料的耐久性（见表5－1）。

表5－1　色差值与颜色变化对照表

色差值（NBS单位）	颜色变化情况
0～0.5	痕变
0.5～1.5	微变
1.5～3.0	可见变化
3.0～6.0	明显变化
6.0～12.0	变化大
12.0以上	变化很大

当ΔE＜1.5时，字迹颜色变化不可见，因此评估耐久性好的字迹材料应以此为标准。但是，根据我国档案部门的实际状况和制造部门的实有能力，字迹材料难以完全达到此理论要求，所以，在实验中评估字迹材料耐久性时适当放宽了标准：如果字迹材料在各项耐久性测试中色差均小于3.0，则该字迹材料耐久性好；如果字迹材料在各项耐久性能测试中色差均小于6.0，该字迹材料耐久性较好；如果字迹材料在任一项耐久性能测试中色差大于6.0，则该字迹材料的耐久性差。

4. 纸张的主要性能指标

（1）主要物理性能指标

①定量。定量是指单位面积纸张的重量，一般以每平方米纸张有多少克表示，即g/m^2。纸的定量会影响纸张的机械性能，如抗张强度、耐破度和撕裂度等都与定量有关。

②施胶度。施胶度表示纸张抗水能力的大小。施胶度是以标准墨水画线时，不扩散也不渗透的线条最大宽度（mm）表示。

③吸收性。纸张对液体、气体具有吸收能力。在一定温度下，空气相对湿度大，纸张吸收的水分多。纸张的吸收性能影响字迹与纸张的结合程度。纸张吸收水分多时，易使纯蓝墨水、红墨水等字迹发生扩散现象。纸张还能吸收空气中的有害气体，从而加快纤维素水解或氧化反应，不利于纸张耐久性。

（2）主要光学性能指标

白度是纸张最重要的光学性能。白度是指纸张受到光照后全面反射的能力，以百分数表示。白度下降是纸张老化的主要表现，通过纸张白度的变化可以了解纸张的老化情况。

（3）主要机械性能指标

纸张的机械性能又称机械强度，是指纸张在一定条件下，抵抗外力作用的能力，也是衡量纸张耐久性的重要指标。

①抗张强度。抗张强度是指纸张所能承受的最大张力。通常以一定宽度的试样的抗张力表示，单位是：kN/m（千牛顿/米）；或以裂断长表示，即一定宽度的纸条在本身重力作用下将纸拉断时所需的纸张长度，单位是 km（千米）。

②耐破度。耐破度是指纸张在单位面积上所能承受的均匀增大的最大压力，以 Pa（帕）或 kPa（千帕）为单位。

③耐折度。耐折度是指在一定张力下，将试样来回作一定角度折叠，直至其断裂时的折叠次数。一般以往复“次”数表示。纸张的耐折度是表示纸张机械强度的重要指标。

④撕裂度。纸张的撕裂度有两种，一种为内撕裂度，一种为边撕裂度，通常是指内撕裂度。内撕裂度是指先将纸张切出一定长度的裂口，然后再从裂口开始撕到一定的距离时所需的力，单位是 mN（毫牛顿）。

（4）主要化学性能指标

①水分。水分是指纸张在 100℃ ~150℃ 下烘干至恒重时所减少的重量与原重量之比，以百分率表示。水分是检测纸张的重要指标，一般纸张产品的水分指标规定在 7% ±2% 左右。

② pH 值（酸碱度）。每一种纸张都有一定的酸碱性，纸张酸碱性是影响纸张耐久性的重要因素。酸会催化纤维素的水解，使纸张强度下降。纸张酸度越大，纸张老化速度越快。

③铜价。铜价是指在特定条件下，100g 绝干纤维素（纸浆）使氧化铜（CuO，二价铜）还原为氧化亚铜（Cu_2O，一价铜）的克数。铜价主要用于鉴别纤维素链上还原基的多少，以及链的长短。铜价的大小可以反映出纤维素水解、氧化等变质的程度，是纸张耐久性的一项重要指标。

④黏度。黏度主要是表示纤维素分子链的平均长度，当纤维素发生水解、氧化和光解反应后，会引起分子链断裂，造成聚合度下降，即黏度降低。

5. 纸张的老化

（1）老化的概念

纸张老化是指在环境因素的作用下，纸张的主要化学成分发生不可逆的化学变化，从而使纸张性能下降的过程。老化是不可逆的化学变化过程。纸张的主要化学成分是纤维素、半纤维素和木素，纸张老化主要指它们三者在酸、光、氧、水分、温度、霉菌和空气中有害物等因素作用下发生化学变化的情况。纸张老化后，表现在微观上，是纤维素、半纤维素和木素的化学结构发生变化；表现在宏观上，就是纸张发黄和强度下降，甚至变成易碎的粉末状物质。纸张老化后，纸张的各种性能会随之改变，老化到一定程度就无法利用，档案就会失去使用价值。

（2）老化的原因

纸张老化的原因可分为两方面：一是纸张的内部原因，即纸张主要成分存在老化的可能性以及纸张内部存在着促进纸张老化的不利因素；二是外部原因，即外界环境因素作用于纸张，引起和促进纸张的老化。

①老化的内部原因。一方面是由于纸张主要成分发生化学变化引起老化。纸张的主要化学成分是纤维素、半纤维素和木素。纤维素的分子结构决定了纤维素能与水、氧化剂等物质发生水解、氧化和光解等化学反应；半纤维素同样可以发生水解、氧化和光解等化学反应；木素容易发生氧化和光解反应。因此，任何植物纤维纸张都可能发生老化。而在外界条件相同的条件下，木素含量高的纸张老化速度快，而纤维素含量高、木素含量低的纸张老化速度慢。另一方面是由于纸张内部存在的有害物质引起老化。纸张生产过程中会在纸张内部形成一定的有害物质，如制浆过程中残留的酸、漂白过程中残留的氧化剂、施胶过程中酸性施胶时加入的明矾、造纸用水带来的酸性、整个制浆造纸过程中带来的金属离子等，这些有害物质都会加速纸张的老化。

②老化的外部原因。老化的外部原因即外界的环境因素，主要包括温湿度、光线、酸、氧化剂和微生物等因素。这些因素会引起或加速纸张主要成分发生水解、氧化和光解反应，即引起或加速纸张的老化。

纸张老化实际上是在内外因素的综合作用下，纸张的主要成分纤维素、半纤维素以及木素发生多种化学反应的结果。了解纸张老化的原因，就能采取相应的措施来延缓其老化，从而延长档案纸张的寿命。

（3）人工老化试验

不同的档案纸张其老化速度是各不相同的，老化速度的快慢一方面与外界环境条件有关，同时也取决于纸张本身的性能，即纸张本身的耐久性。基于上述原理，如果在一定的环境条件下对不同纸张进行人工老化试验，就能测试纸张耐久性的好坏。

人工老化试验的方法很多，有干热老化试验、光老化试验、湿热老化试验和全气候老化试验等方法。研究和实践证明，纸张在温度105℃ ±2℃，老化72 小时，相当于自然条件（自然室温）下保存25 年。目前，这种干热老化试验方法已被世界许多国家广泛采用。我国也采用这一方法进行人工老化试验。根据人工老化试验，可判断纸张耐久性的好坏，并可推算出纸张的预期寿命。

实践项目四：档案修裱

1. 项目任务

对破损纸质档案进行修裱。

2. 项目目标

①了解档案修裱的原则。

②掌握破损纸质档案修裱的技术方法。

3. 项目素材

破损纸质档案；修复台、绷子、裁刀、切纸机、棕刷、排刷、毛笔、起子、镊子、毛巾、吸水纸、宣纸、喷水壶等；小麦淀粉、物理天平、量杯、搅拌棒、电磁炉、烧水壶、糨糊盆等。

4. 工作规则

（1）制订修裱方案

分析破损纸质档案状况，制订合理的修裱方案。

（2）准备修裱所需材料和工具

按照修裱方案调配小麦淀粉糨糊、裁切修裱用纸，备好修裱工作，做好修裱准备工作。

（3）实施修裱

每人至少独立完成1 份修裱作品。

（4）评价

对整个实践项目活动进行评价，学生自我评价按 40% 折算、教师评价按 60% 折算。

5. 参考方案

破损纸质档案修裱方案

破损纸质档案状况：该份档案纸张薄脆，有 1 个直径约 1 厘米的洞，整体比较完整，能用手提起来，字迹材料为黑色油墨，不溶于水。

处理方法：

1. 采用湿托进行修裱，修裱过程中需要补洞。

2. 小麦淀粉糨糊调配为稀米汤状态，不能过稠。

关联知识

1. 档案修裱的原则

（1）有利于档案制成材料耐久性

档案是历史的真实记录，起着凭证和参考作用，需要长期或永久保存。因此要求在修裱过程中所采用的技术方法，不仅要在短时期内能改善档案制成材料的状况，而且要长期有利于档案制成材料的耐久性。选用修裱材料时应注意其是否具有增强档案强度、延长档案寿命的特性，凡是不稳定的、有副作用的，甚至先于档案原件老化的材料，都应该被排除。

（2）尽量保持档案原貌

档案的凭证作用要求修裱工作不仅要保持内容的完整，而且不能损坏档案上的历史痕迹。修裱档案时要求仅针对档案损坏部分进行修复，而对未损坏部分保持原样，包括不丢掉片纸只字，不接笔、全色、修改，不凭主观臆测随意拼对字迹，不在档案页面上进行“斩挖”，不在档案正面裸刷，不造成字迹、栏格扩散，不损坏档案上的一切历史痕迹和标记。

（3）具有可逆性

可逆性是指档案在修裱后可通过揭裱恢复到原来的状态，即修裱措施是可重复的，修裱材料是可逆的，要求修裱黏合剂具有能黏能揭、互为逆转的性能，以及选择湿强度大的修裱用纸，为档案今后的再处理留有空间。

2. 小麦淀粉糨糊调配方法

（1）锅煮法

①在物理天平上称取10克小麦淀粉倒入不锈钢盆内，再量取50毫升水慢慢倒入不锈钢盆内，然后用搅拌棒搅拌均匀。

②将盛有淀粉溶液的不锈钢盆放在电磁炉上，开小火加热。在加热过程中，要不断搅拌，至浆液变成糊状，颜色呈暗色且表面发亮时停止加热（用搅拌棒蘸液提起浆液，能连续成现状即可），取下后立即用小箩过滤。

③糨糊需冷却后使用，使用时再根据修裱档案纸张的厚薄等情况，向糨糊内加适量水，调整其稀稠，一般修裱糨糊为米汤状。

（2）水冲法

①在物理天平上称取10克小麦淀粉倒入不锈钢盆内，再取少量水慢慢倒入不锈钢盆内，然后用搅拌棒搅拌均匀。

②将盛有水的烧水壶放在电磁炉上加热至水烧开，然后迅速将开水倒向将盛有淀粉溶液的不锈钢盆，在倒水过程中要用搅拌棒不断搅拌，至浆液变成糊状，颜色呈暗色且表面发亮时停止倒水，再用小箩过滤冲好的淀粉糨糊。

③糨糊需冷却后使用，使用时再根据修裱档案纸张的厚薄等情况，向糨糊内加适量水，调整其稀稠，一般修裱糨糊为米汤状。

3. 档案修裱方法

档案修裱是对纸张破损或变脆的档案用黏合剂和纸张进行修补，一般采用的方法是在档案纸张的一面托上一张纸，以起到加固作用，从而提高纸张强度。常用的修裱工具见图5－7。档案修裱方法通常可以分为湿托和干托两大类，干托又细分为飞托和腹托，具体操作如下。

（1）湿托

湿托是把糨糊刷在档案上，然后再上托纸，适用于字迹遇水不扩散的档案，具体步骤如下：

①用湿毛巾擦净修复台台面。

②把纸质档案反铺在台面上，用喷水壶将其喷湿，将纸张舒展平整。

③用排刷刷糨糊，先从中间向右刷，然后从中间向左刷，要刷平，刷均匀，不要漏刷，如果纸张起皱，应揭起重刷。

④补缺，用补纸放在破损处，左手用食指按住，右手撕下多余的纸，然后再补纸上刷糨糊。

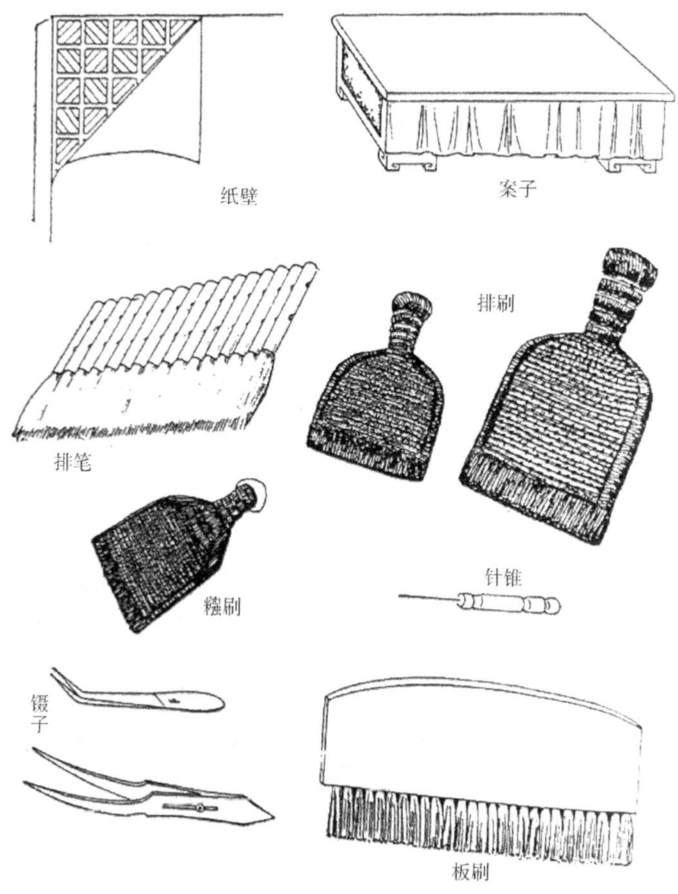

图 5－7　一般修裱工具示意图

⑤上托纸，右手持棕刷，左手持托纸，从右向左推进，刷时托纸不能出褶，也不能偏斜，否则揭起重上。

⑥排实，在托纸上放一张高丽纸，用棕刷反复进行排实。

⑦上墙晾干，用毛笔在托纸四边抹上糨糊（注意在右侧上半部留出起子口），然后用镊子撩起纸质档案的右下角，并用右手持棕刷夹住纸质档案，左手撩起并提住纸质档案左角，随后把纸质档案的右上角首先固定在绷子上，再用棕刷贴住纸质档案的左上角，接着把四边贴牢。

⑧下墙，待纸质档案自然干燥后，用起子伸进右下方（起子口），先向下移动，然后向左移动，首先揭开右下方，最后向上移动，把右半部全部揭开，然后右手拿住托纸的右上部，左手拿托纸的右下部，将纸质档案揭起，与绷子呈 45

度，然后用力向外拉，把纸质档案全部揭下。

⑨裁切。

（2）飞托

飞托是把糨糊刷在托纸上，然后把档案上到托纸上，适用于字迹遇水扩散的档案，具体步骤如下：

①擦干净修复台台面。

②把托纸正面向下铺在台面上，用排刷刷上一层糨糊。

③用镊子拣去排刷上掉下的毛和其他脏物。

④揭起托纸，放在吸水纸上脱水至半干。

⑤把半干的托纸放在台面上，再把事先展平的纸质档案慢慢上到托纸上。

⑥在纸质档案上铺几张吸水纸，用棕刷迅速排实。

⑦用毛笔在托纸四边刷上糨糊（右上方留一小块不刷，或贴小纸条），随后将其迅速上绷子，并用棕刷排实。

⑧下绷子后裁切。

（3）腹托

腹托是把刷有糨糊的托纸上到档案上，适用于破损严重的档案，具体步骤如下：

①擦干净修复台台面。

②把托纸在台面上展平后，用排刷刷上一层糨糊。

③用镊子拣去从排刷上掉下的毛。

④揭起托纸，放在吸水纸上至半干。

⑤把纸质档案字面向下放在台面上展平，拼好裂缝，把碎片放在原位。

⑥拿起半干的托纸（可以两人合作），将其腹扣在纸质档案上（有糨糊的纸面向下），边放边用棕刷刷平。

⑦将托纸与纸质档案一起揭起，反放在吸水纸上，再在纸质档案上放几张吸水纸，用棕刷进行排实。

⑧在托纸四边刷上糨糊（右上方一小部分不刷，或贴小纸条），然后将托纸上绷子晾干。

⑨下绷子后裁切。

第六章　档案数字化实践

实践项目一：纸质档案数字化流程设计

1. 项目任务

根据档案行业标准《纸质档案数字化规范》（DA/T 31—2017）等国家相关规范，分析纸质档案数字化的主要环节和内容，设计纸质档案数字化科学流程和质量控制标准。

2. 项目目标

①了解国家纸质档案数字化相关技术规范。

②熟悉纸质档案数字化的主要环节和基本内容。

③掌握纸质档案数字化的基本流程和质量控制标准。

3. 项目素材

《纸质档案数字化规范》（DA/T 31—2017）、计算机、Visio 制图软件。

4. 工作规则

首先，成立项目小组，以小组形式开展相关工作，确定项目计划和进度，明确岗位和分工。

其次，熟悉档案数字化的主要环节和基本流程，必须遵从档案行业标准《纸质档案数字化规范》等。

再次，构建并绘制档案数字化的工作流程，基本环节主要包括：档案领取、数字化前处理、档案扫描、图像处理、图像存储、目录建库、数据挂接、数据验收、档案还原与归还等，基本思路和流程参考图 6－1。

最后，参照国家相关标准提出档案数字化各环节的质量控制措施，做好档案数字化的全程控制。在档案数字化过程中，要注重全面质量检查，加强数据的质量控制。质量检查应包括以下几方面内容：

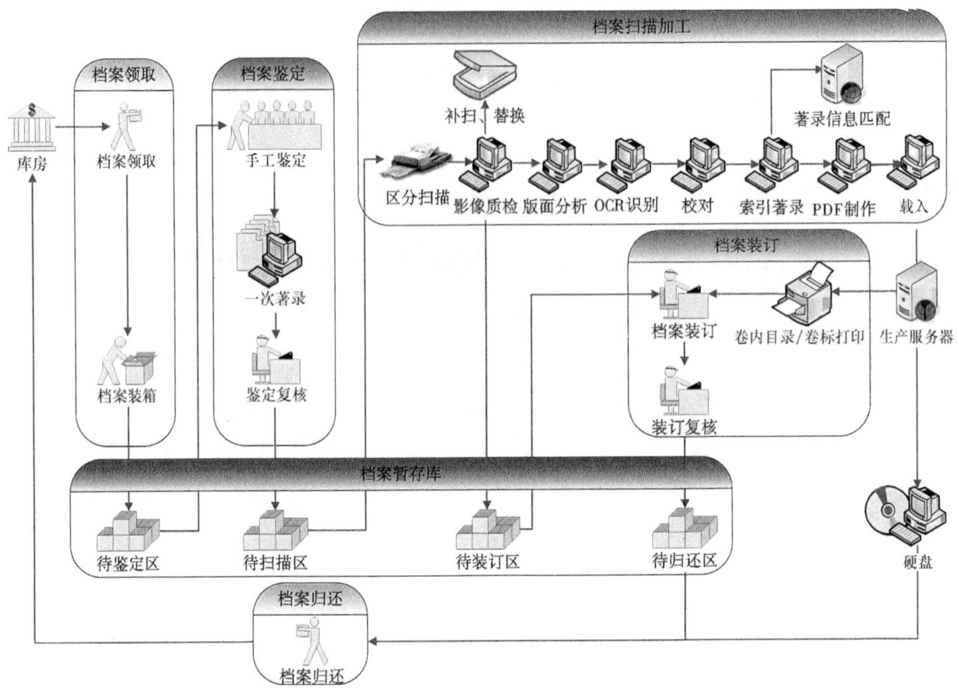

图 6－1　档案数字化工作流程图

①数字化前的档案整理检查。要进行数字化的档案原件必须完整、排序正确，对折损严重影响扫描质量的原件应预先修整。

②数字化中的人员业务培训。数字化工作是需要人来完成的，人员业务培训不过关，直接导致返工，间接导致成本的增加，时间段的延长。

③数字化后的数据质量、图像质量检查。录入后的档案信息要做到非常高的正确率，扫描后的文件图像应保持档案的原貌，字迹清楚不失真，无错扫、漏扫，对文件图像质量有问题的应重新扫描。

5. 参考方案

（1）档案数字化作业流程描述

①档案提卷、还卷。从档案室移交档案，严格执行原始档案的交接手续，使用双方项目负责人确认的档案交接清单（完成清点登记、签字），档案交接登记表见表 6－1。

表 6－1　档案交接登记表

序号	档号	卷数	借出日期	借卷人	还卷日期	档案接收人	备注
1	001－010	10	2022. 1. 1	张三	2022. 1. 3	李老师	
2	011－020	10	2022. 1. 1	张三	2022. 1. 3	刘老师	
3	021－030	10	2022. 1. 1	张三	2022. 1. 3	李老师	

在档案数字加工过程中，对扫描档案进行编号和批次处理，形成基本的核对流程，杜绝漏扫或重复扫描情况出现。

装订案卷应保证装订牢固，案卷整齐，卷内材料不松动、脱落，保持与原案卷一致。

所有档案保证做到不损坏、不损失、原样归还。

将已加工完成后的档案按照批次及时归还。

档案交接流程见图 6－2。

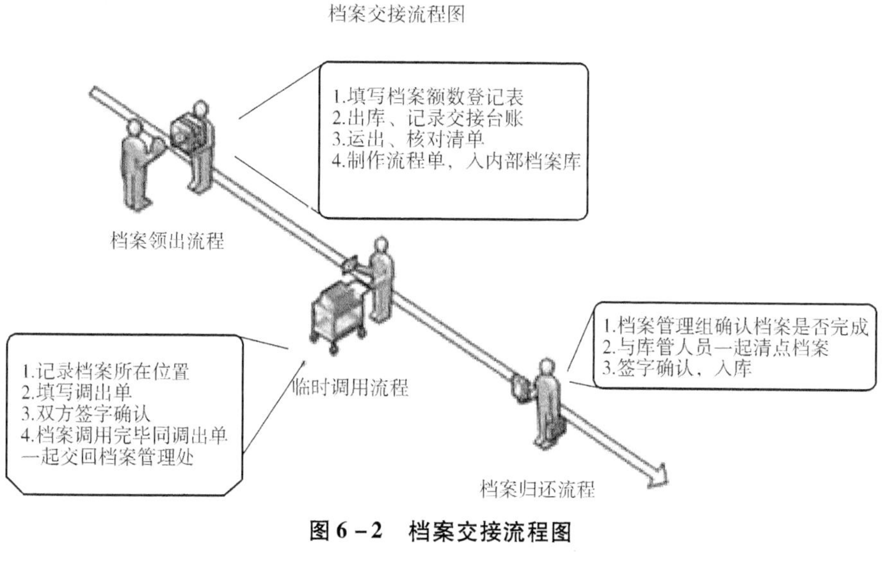

图 6－2　档案交接流程图

②数字化前处理。

第一，确定扫描页面范围。应扫描凡属于档案组成部分并反映档案内容信息的全部页面；（夹带纸条或报纸并圈画部分或批示内容要扫描，档案封面、卷内目录、备考表、卷内空白页不扫描）；应扫描对有助于维持档案的完整性和系统性或有助于理解档案内容的辅助性页面。

第二，编页。应在扫描之前对没有编页或编页不规范的档案重新进行编页。

编页工具：使用2B铅笔进行编页。编页位置：应在档案页面的底端中部编写页号；编页不应压盖档案内容；页面底端中部已有页号时，应将原页号用铅笔划去以示区分。编页方法：使用阿拉伯数字从“1”开始依次编写页号；应保证每卷或每件页号编写的连续性。

第三，拆除装订。编页之后，应对装订过的档案拆除装订，以保证扫描的质量和效率；对确实不宜拆除装订的档案可采用其他技术手段处理。

第四，页面修整。破损严重、折皱不平等无法直接进行扫描或影响扫描质量的档案，应先对页面进行技术修复、压平或熨平等专业处理后再扫描。

第五，填写备考表。在档案整理过程中，如对档案实体进行过调整并需要在备考表中注明的，应在备考表中注明。

第六，装订。扫描工作完成后，拆除装订的档案应重新装订。装订后应基本恢复档案原貌，做到安全、准确、无遗漏。

对于已整理好的档案，按照年度、机构、保管期限、案卷，卷内文件顺序号进行扫描。未整理好的档案资料按历史形成年度的先后进行整理，并提交用户检查验收，然后再进行扫描。

拆卷人员在拆卷时先对需要扫描的档案资料整理一遍，并按照卷内目录核对盒内的件数是否准确，然后逐盒逐卷的拆卷。如有短缺立刻上报管理员，并做记录。

档案扫描前整理工作，应做必要的修补工作，如页号、空白页、重件处置。

图6－3是数字化前处理工作的示例。

图6－3　数字化前处理

③目录建库。针对需进行加工的档案，建立基本属性对应的著录项目，并生成基本目录规范数据，同时为规范数据建立相应的代码识别体系，该代码识别体系将贯穿整个工程的信息交换和数据交换，避免出现信息和数据不一致的情况。结合目录规范数据并通过智能检测模块可以有效地避免在数字化过程中可能出现的漏扫、重扫等情况。

第一，录入方式。由于文本类型不一，有印刷体、手写体、有表格内的也有表格外的文本信息，所以采用手工录入和 OCR 软件相结合的方式录入。即手写体或不清晰的印刷体采用手工录入，较规整的印刷体采用 OCR 技术的录入方式。

第二，校对方式。校对以软件校对和打印输出对比校对相结合的方式，即对手工录入和 OCR 自动录入的文本打印输出进行对比校对的一校、二校、抽查校对，确保索引信息错误率达到图书出版质量要求的万分之一以下。

案卷目录和卷内目录按照档案原始数据录入。案卷目录和卷内目录的样式经用户同意可做相应调整。对档案原目录数据修改或补充的数据，需填写更改资料，更改资料放入原案卷内。卷内目录及其他不全的需补充完整。

图 6－4 是目录建库工作的示例。

图 6－4　目录建库

④档案扫描。原件的扫描与存储格式符合国家行业标准《纸质档案数字化规范》（DA/T31—2017）的要求。扫描人员严格按照规范填写《数字化流程记录单》《原始档案移交清单》。扫描图像应根据原稿质量，确保扫描图像清晰有效

和命名准确，并确保原始档案完好无损。

第一，扫描方式。根据幅面选择：小幅面，直接扫描；大幅面，采用大幅面扫描设备直接扫描或采用分幅扫描后进行图像拼接，或先进行缩微拍摄后再进行数字化转换。

根据纸张状况选择：扫描设备为平板式扫描仪或高速扫描仪。纸张状况较差，过薄、过软或超厚的档案，通过使用平板扫描方式确保不损坏原始档案，对于纸张较好的档案用高速扫描仪进行扫描。对于纸质太薄出现透字现象的要采用衬纸的方式进行扫描，保证图像的清晰度。

第二，色彩模式。黑白二值模式：在能够充分反映档案内容信息的前提下，应采用黑白二值图像模式扫描。灰度模式：工程图纸档案用灰度模式。彩色模式：页面为黑白两色，但字迹不清晰或插有黑白照片、彩色照片、彩色插图的；页面由于纸质、色泽、印刷或书写方式等原因致使采用黑白二值图像模式扫描后内容无法辨认的。（注：同一文件对应的档案页面，应采用同一种色彩模式。）

第三，分辨率。选择原则：应保证扫描后的图像清晰、完整、不影响图像的利用；黑白二值，分辨率应不小于200dpi；彩色，分辨率应不小于200dpi。

特殊情况，可适当调整其分辨率，但必须保证扫描获取图像的清晰可读。如因原件问题导致图像扫描不清的，要在扫描流程单的备注栏内做出详细的记录。

第四，图像存储。存储格式：扫描后的图像应采用TIFF、JPEG、JPEG 2000格式存储。图像文件命名：扫描后的图像文件命名应和对应档案的档号保持一致。

图6－5和图6－6是档案扫描的示例。

图6－5　普通档案资料的快速扫描

图 6－6　不拆卷扫描

⑤图像处理。采取相应的技术措施确保图像质量。

第一，污渍、黑边、偏斜处理。根据原件质量的好坏对污渍的情况进行自动去污，对纸质变质或扫描时产生的黑边自动清除、自动进行偏斜校正处理，对于图像的不规则部分采用手工处理和调整的方式来确保图像处理的质量。

第二，全文页面及局部文字的加深和变浅的处理。原始档案的清晰度较低时，可提高图像的清晰度。修正原资料中存在的字间距和行间距过密、文字较深或较浅、字迹不清楚的缺陷，确保文字及图像信息清晰可辨。

第三，批示拼接处理。档案资料的领导批示，采用局部粘贴拼接处理。不能自动处理的放大后由人工处理。确保数字档案的准确可读。

第四，批量纠偏处理。采取有效措施提高扫描图像的美观。在图像处理工作完成之后，再进行一次整卷的批量纠偏工作，以免图像的歪斜。

第五，插图的处理。提高扫描分辨率来处理有插图的档案资料，图文混排的页面不做拆分，如有必要扫描成为彩色或灰度的图像。

图 6－7 是图像处理工作的示例。

图 6－7　图像处理

⑥档案数据质检。在完成以上每个环节后，检查人员将其数据再次进行一遍全面的复查。尤其对检查记录单上更正后的错误进行仔细的检查，确保扫描得来的数据与原文件内容完全一致。

项目负责人对成品数据按 10% 进行抽查。在抽查时将核查数据的年度、保管期限、全宗号、卷号、卷内顺序号等目录信息是否准确无误，再对获取图像数据的亮度、歪斜、是否错页等方面进行检查。如有不合格的数据及时进行统计和修正，确保最终数据的准确性。

图 6－8 是档案数据质检工作的示例。

图 6－8　档案数据质检

⑦数据挂接。数据挂接包括数据汇总和数据关联。

第一，数据汇总。档案数字化转换过程中形成的目录数据库与图像数据库，通过质检环节确认为“合格”后，通过网络及时加载到数据服务器端汇总。

第二，数据关联。通过编制程序或借助相应软件，可实现目录数据对相关联的数字图像的自动搜索、加入对应的电子地址信息等，实现批量、快速挂接。以档案目录数据库为依据，将每一份档案文件扫描所得的一个或多个图像存储为一份图像文件。将图像文件存储到相应文件夹时，认真核查每一份图像文件的名称与档案目录数据库中该份文件的档号是否相同，图像文件的页数与档案目录数据库中该份文件的页数是否一致，图像文件的总数与目录数据库中文件的总数是否相同等。通过每一份图像文件的文件名与档案目录数据库中该份文件的档号的一致性和唯一性，建立起一一对应的关联关系，为实现档案目录数据库与图像文件的批量挂接提供条件。

⑧数据验收。用户单位负责人利用验收工具软件进行再次的全面检验。发现不合格的，登记清单并退回上一流程重新处理。

⑨档案装订、归还及数据迁移。原始档案还原工作严格按照国家档案局规定的相关标准和用户的实际情况进行有序的装订还原。无法还原的资料及时通报有关档案管理人员。

装订完后必须将还原的档案资料逐卷精心检查，确实没有落页、掉页、折页等问题后再归还档案管理人员。经双方仔细核实无误后，在还卷交接单上签字确认。

在数字化加工过程中的各项工作记录，在数据转移完成后，提交给用户方。

在数字化加工项目工作结束，并经用户在项目验收报告上签字确认后，利用综合档案管理软件的光盘制作功能刻录档案数据光盘，刻录完成后再做一个光盘备份，提交给用户方。

（2）数据的质量保证

①质量检查方式和内容。

第一，对档案签收和属性数据录入的质量检查。主要内容：档案签收的准确性、完整性和即时性；数据内容齐全，属性数据输入正确；一般用人工校对或数据对录的方式保证属性数据的准确。

第二，对数据校对处理的质量检查。主要内容：校对后的数据内容齐全、正确；纸质档案实体完整，还卷及时无误。

第三，对数据迁移的质量检查。主要内容：迁移后的数据的完整性准确性；对数据进行组合查询并且结果正确；对数据进行汇总统计并输出标准表格；试运行无死机现象。

②质量检查指标分级。

第一，指标分级：

➢Ⅰ级错误：严重影响数据精度和数据库系统运行的错误，危害档案实体安全的错误。

➢Ⅱ级错误：对数据精度有一定影响，不会严重影响数据库系统运行的错误。

➢Ⅲ级错误：对数据精度和数据库系统运行影响不大的一般性错误。

第二，质量检查指标级别关系：

➢对录入校对完成的同一批次的档案及其数据按10% ~20%的比例进行随机抽查，合格率要达到99.5%，不符合要求的批次档案要全部返工。

➢用户根据发现质量问题的数量，按照每发现一个Ⅰ级错误扣除质量保证金0.5%的标准从质量保证金中扣除相应的部分。发生10个Ⅱ级错误相当于一个Ⅰ级错误，发生20个Ⅲ级错误相当于一个Ⅱ级错误。

③各环节的具体质量保证措施。

第一，录入环节的控制。采用人工校对或“数据对录”的方式确保数据的准确。人工校对：分岗、分人操作，同一份档案的录入和校对工作不允许由同一数字化工作人员操作。

第二，扫描环节的控制。扫描人员在提交某一批次的扫描图像数据时，首先要应用管理软件选择本机存储路径统计本次扫描图像的文件个数，并进行文件名称的验证。通过验证后才能上传扫描数据，从而有效地防止因命名错误造成图像原文与目录信息不匹配的错误。

第三，图像处理环节的质量控制。利用软件中的验收模块，按档案类型、年度、机构、文件号等对图像质量、文本著录的正确性进行检查，标识出不合格图像后，验收系统自动统计出详细的错误列表，如图像有黑边、字迹不清等情况的列表。加工人员根据列表修改错误。通过验收模块系统的图像数据则完全符合质量要求。

第四，图像挂接环节的质量控制。工作人员应用软件中的批量挂接功能，将扫描图像文件与录入到档案管理软件系统中的目录信息进行批量挂接后，工作人员和用户都可以利用软件的文件挂接检测功能，选择某一档案门类或年度目录数据检测每一条目信息挂接电子文件的正确性，软件同时生成检测报告。该报告中列出了检测的目录总数，以及每一条未通过检测目录的详细情况。

第五，最终产量的核对。工作人员和用户都可以利用软件的扫描文件统计功能，选择某一档案门类或年度目录数据按照全总、保管期限和机构等统计挂接到系统中的扫描文件个数，随时了解项目的进展情况，方便与月产量和最终产量进行核对。

关联知识

1. 流程图设计软件

Visio是微软官方发布的一款流程图制作工具。Visio能让用户轻松地制作出各种类型的流程图，其还能提供专业的外观图表，以便于大家能够更好地理解、记录和分析信息、数据、系统和过程。流程图制作软件 Visio 具备数据驱动的动态可视化工具和模板、强大的流程管理功能以及先进的 Web 共享功能，Visio 将图表绘制提升至全新的高度。在一个功能强大的图表中，引进多个源（包括 Microsoft Excel 和 Microsoft SQL Server）中的实时数据，并与生动的图形（如图标、色彩和数据条）结合在一起。使用子流程和规则与逻辑验证来管理工作流程，以确保正确性和在整个组织范围内的一致性。

2. 档案数字化基本流程及主要内容（见图 6－9）

（1）数字化前处理

数字化前处理是指将案卷按扫描要求进行分解整理（包括原件的拆卷、起钉、粘贴页撕开等），并按扫描后的电子文件组织形成进行分类，以便扫描时的批次处理。

（2）档案交接

分类整理后的档案按时间先后或其他分类项顺序提出，并按实际卷（页）数填写详细的档案交接清单，并由双方管理人员签字。

（3）目录建库

为了方便查阅与管理，根据标引著录规范建立目录数据库，对文字录入的准确性要求较高，但著录的文本域并不是完全统一的在某一页面上，一些文本域要在多个文件中选择，所以录入时需要相关档案管理人员进行指导，制作相应的《文字录入工作说明书》，确保文本域录入的准确率。

（4）档案扫描

原件的扫描与存储格式完全按照国家档案管理的统一标准要求扫描。扫描图像使用先进的图像扫描处理软件，扫描人员可根据原稿质量对系统进行定义，如倾斜校正、去污等批处理功能。在由系统自动处理功能的同时，扫描人员根据原件的实际情况做相应的调整，如超大页面的处理、纸张颜色深浅及薄厚的处理。扫描时可根据不同原件的情况，调整图像的分辨率、明暗度以及扫描方式和扫描速度，确保在扫描图像质量清晰的情况下，使原件完好无损。图像的分辨率正常情况下为 200dpi，如遇字间距和行间距过密、原件本身是复印件等字迹不清楚的情况，可适当增加扫描的分辨率，但要保证图像清晰的同时，又不影响远程查询和浏览的速度。

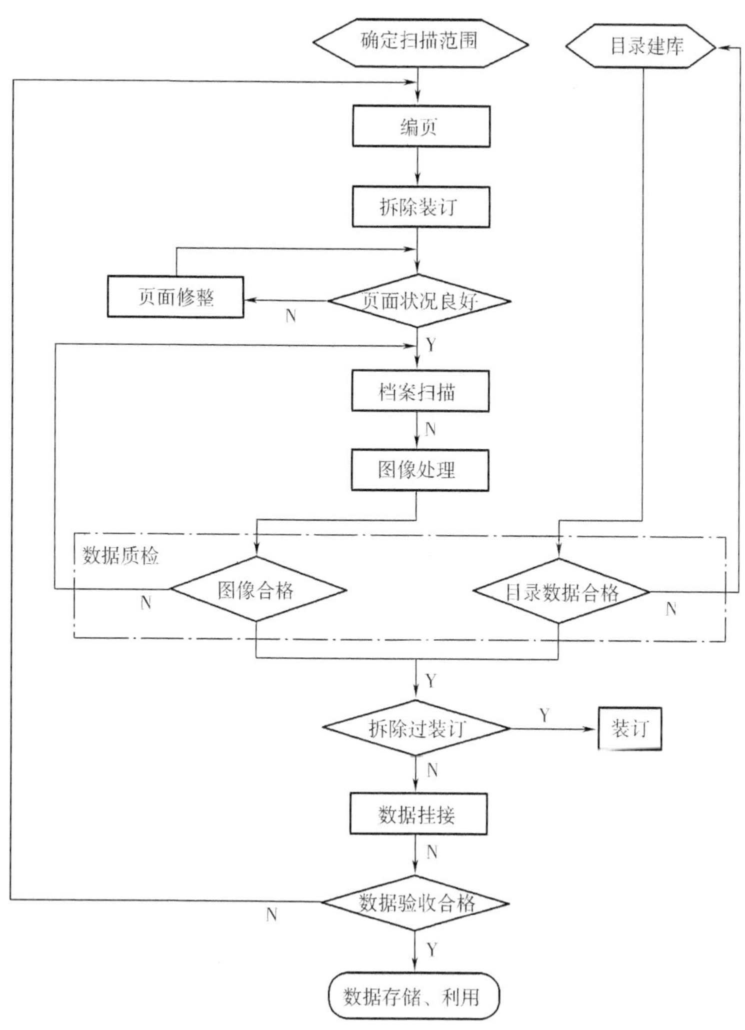

图 6－9　档案数字化处理基本流程

（5）图像处理

档案数字化制作模块中的图像处理采用自动化处理和人工处理相结合的方式，确保图像质量的完美。通过对图像进行校对，确保图像顺序正确，在校对时，发现不合格图像及时返回前　工序进行改正。图像处理时须注意：污渍、黑白、偏斜处理；全文字面的扫描密度；粘贴页与表格；插页；照片页的处理；存储格式与所占空间。

（6）质量检验

对扫描处理完成后的图像页进行检验，对档案拆分、扫描、修正、去污、插图、照片的处理以及文本和图像页的匹配等质量进行全面检验。对文本域录入与文本录入域的标引、文件的页号及页数进行对比，对扫描前图像页的标引与扫描后的图像页的编号与页数进行对比，发现不合格的登记清单并退回上一流程重新处理。

（7）挂接

文本域录入和扫描处理检验后的图像成品，由系统自动进行文字图像与系统的匹配挂接。挂接到档案数据库系统中后，进行再次的成品验收。

（8）案卷整理

档案整理工作严格按照国家档案局规定的相关标准和本单位实际情况进行有序的整理，安排专人负责案卷合并与整理。

（9）入库交接

装订还原后的档案按时间先后或其他分类项顺序入库，并按实际卷（页）数填写详细的档案交接清单，并由双方管理人员签字。

3. 档案数字化质量控制标准（见表6－2）

表6－2　档案数字化质量控制

序号	工作流程	质量标准	执行角色	填写表格	备注
1	提卷	① 提卷出库时要同甲方的档案管理负责人共同核对所提卷的卷/盒数、件数、页数，其中件数与盒数待整理完毕后填写在《档案交接单》上	项目经理	档案交接单	
		② 所提卷/盒数、件数、页数核对准确后档案负责人和项目经理需在《档案交接单》上签字确认			
		③对于提卷时所缺的卷或件在《档案交接单》上要具体说明，缺少和特殊情况等处理需要有档案负责人确认			
		④如加工标准上没有提到的问题需要修改，经档案负责人确认修改意见后并把所改内容写在《工作联系单》当中，经双方签字认可，并存档	项目经理	工作联系单	

续表

序号	工作流程	质量标准	执行角色	填写表格	备注
2	数字化前处理	①鉴定不需要扫描卷或对个别特殊的档案资料进行登记（鉴定工作主要由档案负责人和数字化加工项目经理共同配合完成），并且对所查结果进行记录	档案负责人与项目经理	工作流程单	
		②增加《工作流程单》在卷中，本流程单将记载本案卷的所有信息及流程经过的详细情况	项目经理		
		③编写页码时严禁出现漏编、重编、错编等现象，每编写至少50页需检查一次，以免错误产生后增加工作量；对已编写页码的文件，且页码是正确的不用重新编写；如文件上原始页码已作废的或编写错误的，一定要用铅 笔划掉再进行重新编号，必须保证整卷页码正确	编号人员		
		④新编写的页码必须清晰、准确、不歪斜；传统文书档案统一编写页码为正面的右上角，反面的左上角，文 件管理为正面的右下角，反面的左下角	编号人员		
		⑤有效内容的页面都应当作为一页，如与档案信息内容无关的页面则需与档案负责人确认后拿出	编号人员		
		⑥编写页码时如原件为空白页的不再编号，经项目经理鉴定后将空白页抽出，统一管理，留存用来同卷档案的裱糊使用	编号人员		
		⑦如无特殊情况，尽量按照原始的装订方式进行编号；编写页码时必须要用铅笔将页码填写在档案资料正面的右上角，反面的左上角离页边距1～1.5厘米处；页码用小写阿拉伯数字编写，其单字符约为4号字大小；编 写页码时用力适度，能扫描出来即可	编号人员		
		⑧编写页码人员在编号的同时要将文件中遇到原件有破损、水迹、墨迹、字迹扩散、复印件、传真件、破损、虫、霉、火烧痕迹……（包括破损处被修复过的痕迹）都要详细的记载在《工作流程单》中，记录时要准确到页号	编号人员		

续表

序号	工作流程	质量标准	执行角色	填写表格	备注
3	录入	①著录案卷目录时，要严格按照原始信息进行著录	录入人员		
		②卷内目录在著录时要完全按照分件人员的结果进行著录	录入人员		
		③各字段的著录项要按照档案负责人要求标准进行著录，不能少于所列标准的字段，而且每项字段中的文字录入格式一定要结合档案系统及档案负责人的要求进行著录	录入人员		
		④著录项目、著录格式、标识符号、著录文字、著录信息源及著录项目细则要严格结合档案负责人要求及相应标准进行	录入人员		
		⑤在著录的过程中，如几个人同时往一个数据库中著录信息时，一定要将各种代码等问题进行格式统一（如日期格式，文号格式等、机构问题等），严禁出现格式不同的情况	录入人员		
		⑥如有标题过长超出字段长度时，一定要经过档案负责人同意后再进行简录，但主要内容不好总结的文件要 让档案负责人进行概括后再录入，有事由的直接录入事由项，没有标题或标题不规范的，可自拟标题，名加“ [ ]”	录入人员		
		⑦在录入责任者时，录入承办人的署名	录入人员		
		⑧录入人员在录入时一定要将《工作流程单》上的特殊情况著录在备考信息栏中，加以说明	录入人员		
		⑨日期：即文件的形成时间，如没有成文日期的，按照签发日期最接近的一个日期进行录入，以 8 位阿拉伯数字标注年月日，如 19990909；只有年度后面不足的补“0”	录入人员		
		⑩文号的录入：对于文件中同时有发文单位和收文单位两个文号出现时，应以发文单位的文号为准，文号的录入格式严格按照档案中的格式进行录入，不需要任何添加或修改	录入人员		
		⑪著录信息时有标点符号的应在输入法中的“半角”状态下进行录入	录入人员		
		⑫案卷的起始日期为案卷中卷内目录成文日期的最小日期，则终止日期为最大日期	录入人员		
		⑬对于文件上印有密级性的文件要在字段密级中著录	录入人员		

续表

序号	工作流程	质量标准	执行角色	填写表格	备注
3	录入	⑭档号的规则如实体与系统不一样的，按照系统或以档案负责人确认为准	录入人员		
		⑮归档与检查日期对以前备考表上有的按照备考表上录入，如没有的按当天归档的日期进行录入	录入人员		
		⑯立卷或归档单位填写本单位机构名称，具体时间段的更名情况待档案负责人确认后，按照其标准执行	录入人员		
		⑰立卷人或检查人按照备考表上的录入，如没有的不录即可	录入人员		
4	数据检查	①文字质检人员要严格按照索引目录及对应的原件进行校对	质检人		
		②文字质检人员在文字质检结束核对无误后，要同时将该卷的案卷及卷内目录打印出来，放入相应的案卷中去，再将案卷完整的移交给档案负责人进行总质检	质检人		
		③校对人员在打印出所有最终的报表时，要确保每份报表的美观，没有缺字、压字或有乱码等现象的出现，打印完的报表应与相应的案卷进行装订，传统文书的案卷封面及脊背需用胶水粘贴在卷皮上，卷内目录与备考表 需与卷内文件进行装订，对文件管理件盒级的盒封面与脊背用胶水粘贴在盒封面上，盒目录与备考表不用装订，盒目录放在文件最前面，备考表放文件最后即可	质检人		
5	总质检	①核查卷内目录信息的准确	档案负责人		
		② 确保卷内文件分件的准确	档案负责人		
		③确保卷内目录概括清晰明确	档案负责人		
		④质检出不合格信息时将案卷再重新返回加工组，项目经理将按照各流程负责人进行重新修改	档案负责人		
		⑤如质检无误时案卷将收回库房	档案负责人		

续表

序号	工作流程	质量标准	执行角色	填写表格	备注
6	档案扫描	①扫描时要严格按照档案负责人要求的标准进行，黑白二值扫描时采用200dpi，如页面用黑白扫描不清晰的，可用彩色或灰色进行扫描，直到图像与实物相差不大为此，存储格式为TIFF格式，经OCR识别转换成双层PDF格式，扫描获取的图像必须保持历史原貌	扫描人员		
		②扫描时必须按照页码顺序扫描，不能有漏页、少页或扫错页等现象	扫描人员		
		③扫描内容要完整，包括文件上的文本图片、页码、有关标记等，都必须纳入扫描图像范围内	扫描人员		
		④扫描获取的图像，严格按照档号规则对文件进行命名，确保文件命名准确	扫描人员		
		⑤扫描时要保证档案资料的载体安全，对于纸张较薄或较脆容易破损的，必须使用平板扫描，不得使用滚筒进行，以免对档案造成损坏	扫描人员		
		⑥对于同一份档案，清晰度不同，特别是既有铅笔、也有钢笔、圆珠笔等多种笔体写的文字同时存在一页文件上时，要以文件主要部分的清晰为准，尽量采用一页多扫方式进行图像采集，然后再进行局部拼接合为 一页	扫描人员		
		⑦在扫描的过程中文件的起止页号一定要分辨清楚，杜绝出现错页现象，或扫描的电子文件份数与实物文件 个数不对应现象	扫描人员		
		⑧对于文件上所编写的页号一定要扫描清楚，以便质检和利用查看方便			
		⑨扫描时如遇到档案中有类似于油印纸式的纸张时，一定要采取底面垫衬白纸进行扫描，获取最好的效果	扫描人员		
		⑩扫描的主要幅面为A4，小于A4大于B5或等于B5幅面的档案将统一为A4版面；小于B5幅面将统一为B5版面	扫描人员		
		⑪扫描中的特殊情况，需详细记录在《工作流程单》上，并做好页数和件数的统计工作	扫描人员		

续表

序号	工作流程	质量标准	执行角色	填写表格	备注
7	图像处理	①图像处理时首先要检查电子文件的案卷号、卷内文件顺序号、总页数等信息与实物档案文件是否相对应。若不对应，则应记录在案，并将记录返回扫描环节，再进行修正处理	图像处理人		
		②图像处理时要仔细检查每页图像的页码是否准确，无漏失、清晰、不错页等现象	图像处理人		
		③去污时杜绝把文字内容与正确的页码或其他有价值的原信息清除掉，确保图像文件的完整性	图像处理人		
		④检查图像是否清晰，原件模糊的文件在流程单上是否有注明“原件模糊或其他问题等”字样；若原件清晰，而扫描图像不清晰要记录在案，要及时返回扫描环节重新扫描，确保图像文件清晰	图像处理人		
		⑤对于同一份档案，清晰度不同，特别是铅笔、钢笔、圆珠笔同时存在的，以文件主要部分的清晰为准，采用一页多扫方式进行图像采集，之后再进行局部拼接，确保处理后的图像清晰可读	图像处理人		
		⑥去污要把每页图像周边的黑边，噪点等污点处理干净，确保图像清晰、干净；如原件是复印件或传真件只需去四边的污点或黑边即可	图像处理人		
		⑦在图像处理的过程中对页面歪斜的图像要进行纠偏处理，对于个别歪斜度较大的页面需要采用手动纠偏进行校正，纠偏处理后的图像歪斜度不能超出 2°	图像处理人		
		⑧处理图像文件时要严格注意电子文件的案卷号与档案卷皮上的案卷号是否相同；文件夹的命名是否准确（电子命名中不能出现空格等不规则符号）	图像处理人		
		⑨处理后的图像数据确保与扫描流程单记录的信息一致，不一致的应记录在案并与扫描人员进行核实修正	图像处理人		
		⑩对于扫描图像幅面大于档案实际纸张时，需要更改图像文件的属性，确保图像文件的幅面大小统一	图像处理人		
		⑪在处理图像的过程中一定要结合扫描流程单进行处理，每卷处理结束后在流程单上要用“√”作为标记再 进行签字认可，无签字者以不记工作量处理	图像处理人		

续表

序号	工作流程	质量标准	执行角色	填写表格	备注
7	图像处理	⑫在处理的过程中要结合档案负责人要求的标准进行检查，杜绝出现扫描错误在本环节中未被发现的现象	图像处理人		
		⑬在处理图像时，图像需留存新编写页码，绝不能删掉			
		⑭在图像过程中发现其他问题，需仔细记录在《工作流程单》上，再进行相应的纠正	图像处理人		
8	图像质检	①确保图像中无漏扫、页码清晰、页码与纸质档案中的页码正确、清晰	图像质检人		
		②保证图像文件的端正，看不出明显的倾斜现象，成品库中的数据允许的倾斜度不得大于2°	图像质检人		
		③确保扫描后的图像文件无黑边，主图文周边没有杂点及与文件内容无关的信息	图像质检人		
		④确保大页面文件在分页扫描后分离图像的拼接无缺现象	图像质检人		
		⑤确保图像数据文件的件数与档案原件、录入件数一致，确保匹配准确	图像质检人		
9	打印报表	①报表输出人员要结合案卷的原始装订格式，打印出适合左右不同装订要求的目录来	打印报表人员		
		②输出案卷目录时要仔细结合卷内信息进行查看相关的主要信息，确保主要字段不为空，如“文件件数”“总页数”“起止日期”等一定要与卷内信息保持一致	打印报表人员		
		③在输出案卷卷皮时要对案卷信息再结合原始案卷内容进行仔细的核对一遍，确保案卷信息准确无误	打印报表人员		
		④输出备考表内信息时要将原始记载信息结合档案实体情况进行核对后再打印	打印报表人员		
		⑤在输出备考表时一定要将新旧信息结合案卷实体再进行核实一遍后再进行打印	打印报表人员		
		⑥所有报表的输出要严格按照档案负责人的要求进行，确保所打印报表的完整	打印报表人员		
		⑦打印报表时，卷内目录需除装订一份外，还需打印一份与案卷目录相对应，一起存档供查询用	打印报表人员		

续表

序号	工作流程	质量标准	执行角色	填写表格	备注
10	还原	①对于档案边不够装订宽度时，需要进行裱糊处理	装订人		
		②如四边有破损但不影响文字，都不需要进行裱糊	装订人		
		③对于个别破损比较严重的文件先不要裱糊处理，要记录下来，需档案负责人拍照留底后，再进行裱糊	装订人		
		④如遇到破损的档案为双面都有文字时，要征求档案管理员的处理意见后在进行处理	装订人		
		⑤除以上问题需要裱糊外，其他问题一概不做裱糊处理；个别粘贴在文件上的小条绝不允许撕下来私自处理	装订人		
		⑥裱糊人员在裱糊后，要分案卷逐页整理整齐以便可装订	装订人		
		⑦ 所有装订的案卷要尽力按照原样进行恢复，要保证重新装订后的案卷不压字	装订人		
		⑧ 对每卷档案在装订之前都需把文件页数、位置等检查清楚，不能有文件放错或放反等现象出现，再进行装订	装订人		
		⑨装订时要尽量保证档案资料不受损坏，对于已破损的档案要进行裱糊或补边处理后再装订	装订人		
		⑩在装订过程中，发现整理有明显问题的，比如卷内文件顺序明显错误问题，部分文件与实际装订方向不符时，需经档案负责人同意再予以纠正；尽力按照案卷原来的样式恢复装订	装订人		
		⑪案卷装订按“三孔一线”装订方法装订，孔洞间距要均匀，原卷有孔的尽力按照原孔返回，但装订时必须采用统一的线装订成册，订结打在背面；装订完成后必须做到外观平整、漂亮，不落页，文件无倒置、无错页等现象	装订人		
		⑫装订人员要确保订好的案卷实体完整，卷内目录页序不乱；每卷确保有卷内目录、案卷卷皮、案卷备考表等	装订人		
		⑬装订完毕后的档案资料经过质检验收合格后交还给档案负责人进行入库	装订人		

续表

序号	工作流程	质量标准	执行角色	填写表格	备注
11	还卷入库	①完整的案卷由装订人员移交给项目负责人，由项目负责人再移交归还给档案负责人，并做好归还手续	项目经理		
		②归还后的档案一经入库，并完成了交接手续；如再需使用时，项目负责人需在档案负责人处进行借调方可 将已还档案借出，并做好借阅手续	项目经理		
		③如已归还的档案在档案负责人检验合格后即可进行入库上架	项目经理		
12	数据挂接	① 在数字化的过程中数字化工作组组建的网络最好为独立的局域网，不直接与用户的档案服务器连接，在实施的过程中需要将阶段完成的工作量逐渐的进行挂接，完成到一个固定的数据量时再导入用户指定的服务器中去，具体挂接项目及时间由中外运档案负责人确定	项目经理		
		②批量挂接数据先由内部验收人员进行验收，之后再提交给档案负责人进行验收	项目经理		
		③成品数据要及时批量的导入用户数据服务器中，提醒档案负责人配合以便及时进行阶段验收，验收后要及 时反馈验收信息并在阶段验收报告上签字确认	项目经理		
		④档案负责人验收签字后的数据量才视为验收通过数据	项目经理		
		⑤上个阶段提交的数据，督请档案负责人在下个阶段提交数据时验收结束	项目经理		
		⑥在项目实施结束后，终验报告需要在合同指定的期限内完成	项目经理		
		⑦在数字化实施完成后，用户要同项目经理进行总数据量的汇总，并在汇总表上签字认可本项目的工作量；本工作总量一式两份，用户和公司各留一份	项目经理		
		⑧项目终验结束后，由项目经理将本项目的实施经过及数据量汇总并形成项目验收报告递交给档案负责人并签字返回公司后，本项目实施结束	项目经理		

续表

序号	工作流程	质量标准	执行角色	填写表格	备注
13	数据备份	①在用户无特殊要求时需要提交给用户的数据包括两种介质：一为硬盘存储，二为光盘存储	项目经理		
		②两种介质共四套备份数据：第一套为纯数据光盘（刻录1套），刻录内容为扫描后的图像数据（TIF格式数据）；第二套为含目录的索引数据库的数据光盘；第三套为硬盘数据，即批量导入用户服务器的数据；第四套为档案系统导出打包数据备份，供离线光盘检索查询之用	项目经理		
		③在光盘刻录完成后，与硬盘影像系统中的档案进行一次比对，确保档案资料无遗漏及正确性	项目经理		
		④刻录数据时不能将一卷内容分开刻在两张盘内	项目经理		
		⑤刻录光盘需要及时进行编号不能出现光盘编号与内容张冠李戴现象	项目经理		
		⑥数据备份采用的光盘必须按照档案负责人要求进行选择	项目经理		
		⑦所有数据备份的光盘都需要制作含有用户标志的精美封面，封面上要把盘内所刻的信息体现出来	项目经理		

实践项目二：纸质档案数字化实践操作

1. 项目任务

本实践项目以纸质档案载体为对象，依据《档案法》、《纸质档案数字化规范》（DA/T 31—2017）、《档案著录规则》（DA/T18）、《档案分类标引规则》（GB/T 15418）等国家法规和标准，综合运用管理学、档案管理学等专业基础知识，使用计算机技术、网络技术、多媒体技术、数据库技术等信息技术，开展档案数字化工作的统筹规划，依据实践项目一的档案数字化工作流程和质量控制规范，建立档案数字化工作管理制度和档案数字化信息安全保障体系等，在此基础上，完成纸质档案数字化过程，建立档案目录数据库和全文数据库，全面掌握档案数字化操作实践。

2. 项目目标

通过本实践项目可以巩固专业知识、提高应用能力、提升基本素质等，具体如下：

了解《纸质档案数字化规范》（DA/T 31—2017）、《档案著录规则》（DA/T 18）、《档案分类标引规则》（GB/T 15418）等档案数字化相关国家标准规范，能够因地制宜、灵活地依据相关国家标准制度解决专业实际问题，保障档案数字化工作规范、档案数字化质量和资源共享，做到档案工作依法进行，深刻认识到国家法规标准的重要性和必要性。

熟练运用管理学、档案管理学等专业基础知识，以及计算机技术、网络技术、多媒体技术、数据库技术等信息技术，掌握档案数字化工作的组织规划、人员和设备等资源配置、工作流程设计和质量控制、管理制度和安全保障体系构建等，巩固档案学基本理论和知识，锻炼学生多学科知识融合运用能力，培养既懂档案业务、又懂管理和技术的专门复合应用能力。

通过本项目从宏观层面锻炼学生的统筹规划、资源调配、计划制订等档案数字化工作整体布局和安排能力；从中观层面锻炼学生工作组织、管理制度和安全保障体系建立、流程设计和质量控制等档案数字化全程管理和具体工作；从微观层面锻炼学生动手操作能力，由理论到实践，知识内化。全方位提升学生的组织协调、人际沟通、团队合作等基本素质。

3. 项目素材

纸质档案若干卷、《纸质档案数字化规范》（DA/T 31—2017）、《档案著录规则》（DA/T 18）、《档案分类标引规则》（GB/T 15418）、计算机 5 台、刻录机 1 台、服务器 1 台、扫描仪 1 台、打印机 1 台、8 口交换机 1 台、4 口路由器 1 台、超 5 类双绞线若干、尚书七号 OCR 软件、档案管理系统、Access 数据库、Office 办公软件、Visio 制图软件、ACDSEE 图像处理软件、办公场所 1 间、办公桌椅若干。

4. 工作规则

①成立项目小组，以小组形式开展相关工作，制定项目计划和进度，明确岗位和分工，优化配置有限资源。

②档案的数字化，必须符合国家档案开放规定以及有关规定，如《纸质档案数字化规范》（DA/T 31—2017）、《中华人民共和国档案法》、《档案著录规则》（DA/T 18）、《档案分类标引规则》（GB/T 15418）等。

③掌握档案数字化的指导思想和目的，调查分析纸质档案情况，包括档案的

类型、载体形态与状态、数量等基本信息，结合档案数字化的基本原则，制订档案数字化的科学规划，确定档案数字化成果形式（JPEG 或 TIFF）。

④做好数字化时扫描参数的优化设置。扫描参数的选择和确定对扫描数字影像质量有着较大影响，其中扫描分辨率直接关系到扫描文件的清晰度和还原效果。我们在选择分辨率时应根据实际需要综合考虑，包括扫描文件的可阅读性、存储空间、输出打印质量等。

⑤建立档案数字化工作人员和设备管理制度，加强档案数字化各环节的安全保密管理机制，制定档案实体和信息安全保障体系，确保档案原件和数字化档案信息的安全。

⑥档案数字化的各个环节均应进行详细的登记，并及时整理、汇总，装订成册，在数字化工作完成的同时建立起完整、规范的记录。

⑦实现多人流水操作。如果能调用更多的计算机、更多的人员参与数字化处理工作，那么通过对参与人员和设备的合理分工，即可实现多人流水线操作。如安排一人进行档案的拆封与装订，安排一人进行扫描，安排一人进行目录数据录入与全文添加等。岗位的设定完全可以根据当时的工作量作灵活调整。为便于数据的交换，需要小交换机及几根网线，再加简单的设置，即可将参与处理的计算机建成一个简单的网络，同时将存贮扫描图像的文件夹设为共享，即可供网络中的几台计算机访问。

在需设为共享的文件夹处，如“2018 永久扫描”，点右键，选图 6－10 中 2 处的“共享和安全”。

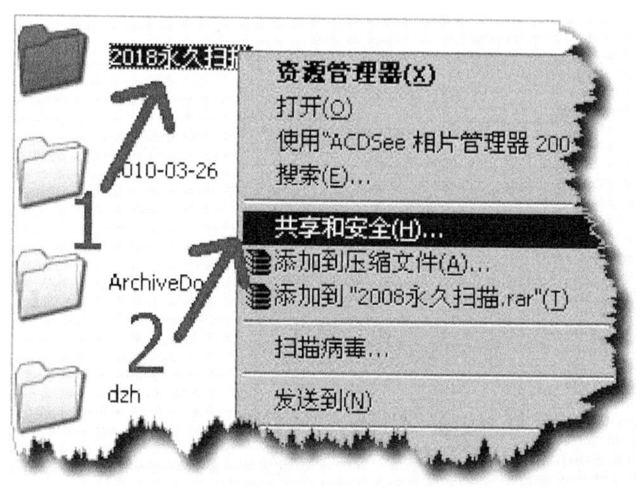

图 6－10　建立共享 I

在打开的新窗口中，选择“共享”设置卡，在图6－11中2处、3处分别打上“√”。

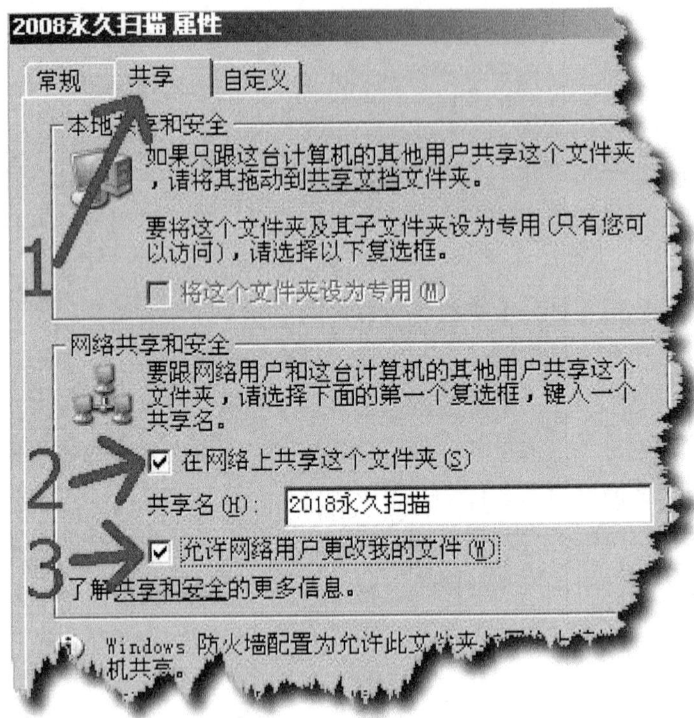

图6－11　建立共享Ⅱ

通过上述操作，扫描的图像就可供网络上的其他人员进行图像处理、原文添加等相应工作。

5. 参考方案

（1）调卷

①调卷工作流程：调卷时以车为单位清点档案，一车有一名调卷人员清点并签字，负责人在调卷登记表上登记相关信息。

②清点内容包括以下几点：

第一，清点确认本车档案的首、尾档号是否与前、后车档号相连。

第二，清点有案卷盒的档案案卷时，必须将案卷盒打开，需检查案卷盒的封面及脊背上标注的全宗号、目录号、案卷号是否清楚、正确，案卷号是否连续，若发现错号、重号、漏号及不清楚、不正确的情况应当及时反映，请相关部门人员协助解决。

第三，在清点无案卷盒的档案时，需仔细检查案卷皮上的标注的全宗号、目录号、案卷号是否清楚、正确，案卷号是否连续，若发现错号、重号、漏号及不清楚、不正确的情况应当及时反映，请相关部门人员协助解决。

③清点时可能出现的问题包括以下几个方面：

第一，在清点时发现实为多册但没有按规定在案卷盒上标注为多册的档案应及时反映，请相关人员协助解决。

第二，清点时发现卷皮等破损严重的档案应当及时反映，请相关部门人员协助解决。

第三，对于缺卷、会计档案、暂时不能够进行数字化等原因不能够调卷的档案，负责人应当记录及原因。

（2）数字化前处理

①编页操作流程。

第一，再次核对该份档案的起止卷号。对于缺卷、会计档案、暂时不能够进行数字化等原因不能够调卷的档案，在备注栏中记录原因。

第二，编页工具为2B铅笔，在页面的左、右下角，使用阿拉伯数字从“1”开始依次编页，保证字迹清晰、工整、规范。

第三，页号编制完成后将档案原装订线拆去，按照档号排列顺序装盒并封装好。

②编页要求。

第一，档案封皮、卷内目录、备考表、卷内空白页不编制页号。

第二，档案原始页号及编写位置正确的，可不再重新编页，如果原始页号有误，应将原页号用铅笔画一道斜线，以示区分。

第三，应当按照档案文字阅读方向进行编页，如果遇到一页内有两种书写方向的，应当以主要内容的方向进行编页。

第四，如有原档案连续出现同样的空白表格的，只需要编写前两张完整的表格页号，其余空白表格不编页号。

第五，对于篇幅大于A4页面的档案材料，需要在跟踪单的大图页号项注明其页号。

第六，一卷多册的档案，需要按册号顺序排列后编页，第一册卷皮不编页，从第二册开始卷皮需编页。

第七，案卷内如有实物，需先核对信封上注明的实物种类及数量是否与实物一致，如有误需联系保管处重新标注，若信封上没有注明实物的种类及数量，需要补全注释，以当时的状况为准。原档案有封装实物信封的需要将该信封进行编页，并在跟踪单上注明信封的页号及简单情况，若原档案中实物没有信封，需要加补信封注明实物的种类及数量，并在跟踪单的“备注”项中注明信封的页号及简单情况。

第八，在编制页号时发现案卷装订成册且不能拆卷的大图（大于两个 A3 幅面），该卷不编页，在跟踪单的备注中注明装订成册的大图不扫描，并告知负责人及发卷人。

③质量标准。

第一，要求页号书写清晰、工整、规范、不得漏编错编。

第二，书写字体小于 3 号字，方便修改。

第三，档案卷、页无破损，无金属钉。

第四，编写页号需要在档案左右下角，不得压盖原档内容。

第五，跟踪单需填写清楚、完整、准确，应记录的问题按要求如实填写。

（3）档案扫描

1）操作规程。

①扫描前需要对照跟踪单核对该份档案的起止卷号及册数是否一致，发现问题及时向负责人反映。

②根据档号建立两级文件夹：第一级：全宗号—目录号；第二级：份号，全宗号、目录号、份号均需保证数位为三，不足三位用零补全。

③卷皮原则不编页，但须要扫描。卷皮的脊背上有档案信息的，应当展开扫描并扫成一页（书籍不能展开的除外）。

④扫描设置：流水号位数“5”，流水号起始值“0”。

⑤按照档案文字阅读方向进行扫描，如遇到一页内有两种书写方向，应以编页页号方向进行扫描。

⑥采用彩色或黑白 200dpi 模式扫描，以扫描清晰为标准：

a. 彩色：根据档案颜色调整其亮度，对比度。

b. 黑白：近期档案如白纸黑字、字迹比较清晰的，可采用黑白扫描模式，根据档案的清晰度调整其亮度、对比度。如遇有彩色字迹或红色印章的页面需采用彩色扫描模式。一卷档案可以有黑白和彩色两种扫描模式。

c. 扫描档案以体现档案原貌为基本原则，页面内容完整、清晰。

⑦如遇原档有以下情况，需加注“原档不清”标版：

a. 原档因破损致使信息不全的。

b. 原档模糊不清，无法阅读的。

⑧大于 A3 幅面的档案，可以拼接或用宽幅扫描仪进行扫描：

a. 只拼接一次即可完成的页面可以拼接。可以拼接的页，应从没有字迹的缝隙中进行拼接，不要在文字中拼接。

b. 拼接两次及以上才能完成的页面，应用宽幅扫描仪进行扫描，应将该页交专门人员进行大图扫描并清晰标注档号及扫描人，扫描后原档顺序插入到档案和图像中。

⑨书刊等不能拆卷的档案，交专门人员用不拆卷扫描仪扫描，并清晰标注档号及扫描人。装订成册的大图或蓝图，暂时不宜扫描，需在跟踪单的“备注”项中注明“装订成册的大图不扫”。

⑩原档页面如有折皱，应压平后再进行扫描。

⑪若单面有字的档案透字，应垫纸后再扫描；若双面有字的档案透字，原则上不用垫纸，但若属于书或装订成册的本册，双面均空白较多透字（前一张）较严重的，必须垫纸后再扫描。

⑫扫描时不得损坏、丢失档案，要保证档案完整。扫描中发现有错编、漏编页号时，不得私自修改，应对照跟踪单退回编页责任者进行修改后再扫描。

⑬扫描完的档案要按档案号排列顺序装盒并封装好。

2）质量标准。

①文件命名正确。

②采用彩色 200dpi 或黑白 200dpi 模式扫描，视档案实际情况，以扫描清晰为标准。

③文件格式：黑白、彩色为 TIFF。

④保存格式正确，无重页、丢页、扫描页数与跟踪单的“总页数”一致。

⑤图像拼合后，画布大小适中，拼合的图像基本保证与原档一致，不多字、缺字、再拼接处不出现明显错位和缝隙。

（4）图像处理与上传

1）操作规程。

①图像处理时发现扫描后的档案有折页、缺字、漏页、多负等与原档不符的情况，应重新扫描。

②图像处理时需一次将图像校正，如一次不能拉直时，必须撤销重做，不能

多次调整，以免影响图像的清晰度。

③由于图像处理操作不当，造成图像内容不完整的，应替换扫描。

④处理好的图像应及时上传到服务器。

⑤图像上传完后，应检查“核对页数”与“总页数”是否一致，若不一致及时改正。

⑥上传后档案需按档号排列顺序装盒并封装好，点击“完成”按钮，转入下道工序操作。

2）质量标准。

①保存格式正确。

②图像要做到清晰、平直、干净、在画布的左上角，无重页、错页、漏页。

③文件名正确、图像内容与原档一致、边角无缺字、图中无折字、图像的前后顺序要正确。

④档案无人为损坏、丢失，数据内容完整，无多字、字少情况。

⑤标版应贴在档案页面的右上角。

⑥检查“核对页数”与“总页数”，要求必须一致。

（5）档案装订

1）操作流程。

①装订前需对照跟踪单核对该份档案的起止卷号及册数是否一致，发现问题及时向负责人反映。

②装订前需按档案扫描前编排的页号顺序，结合跟踪单上记录的相关内容，逐页检查核对页号，调整卷内的倒页、反页、错页的情况。

③装订前需检查档案内是否存有金属钉，如有，先去除金属钉后再进行装订。

④如发现档案页数与“核对页数”不符，需退回上道工序，确保一致后，再进行装订。

⑤档案装订以底边和装订边为基准对齐，确保档案无问题时，再按规定进行装订。

⑥装订原则是按原孔装订，装订线不能压字，如原档装订空压在字上，应粘贴边条加宽后再装订。

⑦档案页面上的小口、小孔，不粘贴、不补洞。

⑧如遇到比卷皮大的纸张（如：大图、蓝图等），应按原折叠痕迹折叠整齐后装订。

⑨档案中夹有小字条，根据实际情况按档案中实际阅读顺序将字条粘贴在原页面位置上，但不能压盖原档内容。也可另附页粘贴小字条。

⑩档案中加有信封或封装袋，内有报纸或照片等，需先将信封或封装袋中的材料整理好，放入不需要装订的一侧，装订时需注意不能把袋内的材料同时订住。

⑪由于历史原因造成的装订顺序与阅读顺序不一致的，原则上按阅读顺序装订。不能按阅读顺序装订的，则按原档装订顺序装订，并在跟踪单的“备注”项中注明“第几页至第几页为特殊装订”。

⑫一卷多册的档案装订时，需按原档上的标记，分册装订。

⑬档案卷内如没有备考表，需先将备考表放入档案的最后一页，再装订。

⑭档案装订后，应逐页检查无误后再装盒，不能出现掉页、倒装页、反订页及粘连页等问题，确保档案装订的质量，维护档案全貌。

⑮每一卷盒内的档案应按档号顺序排列，码放整齐装在盒内，不能发生漏卷的现象。如发生档案涨出、卷盒已不能封装此盒档案的情况，应及时告知负责人，联系相关处室换盒。

⑯装订时应逐卷检查“核对页数”与“总页数”是否一致，若不一致及时改正。

⑰装订后档案需按档号排列顺序装盒并封装好，点击“完成”按钮，转入下一道工序操作。

2）质量标准。

①装订要求页面平整，底边和装订边必须整齐，要达到三点一线，装订线要牢固，基本恢复档案原貌。

②装订后的档案页面不能存留金属钉。内容无压字、破损、掉页。排列顺序正确，无缺页、订错页、错装盒等情况。

③装订后的档案每卷必须附带备考表，在备考表上加盖“扫描页数”章，并正确填写原档页数。

（6）质量检验

1）操作规程。

①检验前需对照跟踪单核对该份档案的起止卷号及册数是否一致，发现问题及时向负责人反映。

②对照原档逐页核对图像。

③检查是否有漏液、多页、错页的情况，每卷页数是否正确，发现错误及时

修正。

④检查图像是否清晰、干净，原则上与原档保持一致。

⑤检查图像是否平直，有无未擦的黑边，有无颠倒（顺序、方向）页，有无漏贴或错贴标版，发现错误需及时进行修正。

⑥逐渐检查“核对页数”与“总页数”，要求必须一致。

⑦检查档案实体底边及装订边是否整齐，要达到三点一线，装订线是否牢固。

⑧检查档案实体内是否有金属钉。

⑨逐页检查装订是否有压字、掉页、错页等情况。

⑩逐卷检查备考表及“扫描页数”章的情况。

⑪检验完成后档案要按档号排列顺序装盒并封装好，点击“完成”按钮，转入下道工序操作。

2）质量标准。

①检查完的图像，需完全符合编页、扫描、图像处理、装订的质量标准。

②检查“核对页数”与“总页数”，要求必须一致。

③图像与原档内容完全一致。

④图像上的标版要准确，无误。

⑤扫描的图像与原档清晰度保持一致。

（7）档案归卷

①归卷前要确保每一盒档案都封装好，不能发生漏卷的现象。

②归卷时按档号从小到大的顺序将档案码放在档案车上，小号在左侧，先上层后下层。

③装车后，应按档号从小到大的顺序逐车核对档案是否齐全。

关联知识

1. 局域网

广域网（WAN）就是我们通常所说的Internet，它是一个遍及全世界的网络。局域网（LAN）相对于广域网（WAN）而言，主要是指在小范围内的计算机互联网络。这个“小范围”可以是一个家庭，一所学校，一家公司，或者是一个政府部门。

广域网上的每一台电脑（或其他网络设备）都有一个或多个广域网IP地址

（或者说公网、外网 IP 地址），广域网 IP 地址一般要到 ISP 处交费之后才能申请到，广域网 IP 地址不能重复；局域网（LAN）上的每一台电脑（或其他网络设备）都有一个或多个局域网 IP 地址（或者说私网、内网 IP 地址），局域网 IP 地址是局域网内部分配的，不同局域网的 IP 地址可以重复，不会相互影响。

广域网（WAN、公网、外网）与局域网（LAN、私网、内网）电脑交换数据要通过路由器或网关的 NAT（网络地址转换）进行。一般说来，局域网（LAN、私网、内网）内电脑发起的对外连接请求，路由器或网关都不会加以阻拦，但来自广域网对局域网内电脑连接的请求，路由器或网关在绝大多数情况下都会进行拦截。

局域网（LAN）是指在某一区域内由多台计算机互联成的计算机组，一般是方圆几千米以内。局域网可以实现文件管理、应用软件共享、打印机共享、工作组内的日程安排、电子邮件和传真通信服务等功能。局域网是封闭型的，可以由办公室内的两台计算机组成，也可以由一个公司内的上千台计算机组成。局域网专用性非常强，具有比较稳定和规范的拓扑结构（星型、环型、总线型和树型）。

2. 档案数字化软硬件设备

（1）主要硬件设备

①计算机。计算机是档案数字化的工作平台。随着计算机技术的发展，在机型选择上没有太多的要求，最近几年出产的机型已经完全能够应对数字化处理工作。当然为了有较快的运算速度和较大存储空间，配置上是越高越好，如 2G 的内存、500G 以上的硬盘。价格一般在 3 000 ~5 000 元。

②扫描仪。扫描仪是在数字化工作中对纸质档案进行数字化的工具。按可扫描的幅面大小，分 A3，A4 等扫描仪，扫描幅面越大，价格越高。按进纸方式，扫描仪分为平台式和馈纸式，平台式速度适应范围较广，不拆卷也可扫描，馈纸式必须拆除原有装订才可扫描。按扫描速度，扫描仪分为普通、高速扫描仪，普通扫描仪只有一分钟一页或两页的速度，高速扫描仪则可达到每分钟 25 页。从现在技术角度上看，400 元左右的普通平板扫描仪都已具备 600 * 1200dpi 的物理分辨率，远远高于纸质档案数字化扫描所需的 200dpi 的要求，因此，从数字化处理角度看，选择何种扫描仪实际上没有本质上的区别，从 400 元左右的 A4 平板扫描仪到几万元的 A3 高速扫描仪，都能够适合档案数字化处理的要求，最主要的区别在于扫描的幅面大小和扫描的速度。从档案馆（室）角度出发，因为

人手的限制、加工流程的限制，实际上不太可能充分发挥高速扫描仪的速度优势。一般而言，一台 4 000 元左右的馈纸式高速扫描仪（如柯达 i1120），再加上一台 400 元左右的普通平板扫描仪，基本可以应付绝大多数的纸质档案。

为更好地适合各种类型的档案，更好地适应更多的计算机设备，更多的操作人员，我们还可以做进一步的优化扫描仪配置。从扫描仪的基本配置上看，普通的平板扫描仪是完全可以满足工作需要的，所欠缺的是扫描的速度。在资金允许的情况下，可以考虑再购置一台 4 000 元左右的高速扫描仪，如柯达 i1120 馈纸式高速扫描仪。对纸质较好、纸型较规范的材料，可以用馈纸式高速扫描仪进行扫描。对纸质较差的或不好拆卷、不宜用馈纸式扫描的，则通过平板扫描仪进行。对超过 A4 幅面的材料，也可通过平板扫描仪分幅扫描后再行拼接。如果 A3 幅面的文件材料较多，也可采用“A3 平板 + A4 馈纸高速”的方案。另外也可直接选用带平台扫描的馈纸式高速扫描仪，一机两用。

③服务器，也称伺服器，是提供计算服务的设备。由于服务器需要响应服务请求，并进行处理，因此一般来说服务器应具备承担服务并且保障服务的能力。服务器的构成包括处理器、硬盘、内存、系统总线等，和通用的计算机架构类似，但是由于需要提供高可靠的服务，因此在处理能力、稳定性、可靠性、安全性、可扩展性、可管理性等方面要求较高。

在网络环境下，根据服务器提供的服务类型不同，分为文件服务器，数据库服务器，应用程序服务器，Web 服务器等。

④交换机，又叫做交换式集线器，可以简单地理解为把一些电脑连接在一起组成一个局域网。交换机是局域网的核心设备，交换机可以在它的多个端口之间建立多个并发连接，它可以为接入交换机的任意两个网络节点提供独享的数据带宽。典型的以太网局域网的核心部件是以太网交换机（Ethernet Switch）。以太网交换机可以有多个端口，每个端口可以单独与一个结点连接，也可以与一个共享介质式的以太网集线器连接。

⑤路由器。路由器（Router）又称网关设备（Gateway），用于连接多个逻辑上分开的网络，所谓逻辑网络是代表一个单独的网络或者一个子网。当数据从一个子网传输到另一个子网时，可通过路由器的路由功能来完成。因此，路由器具有判断网络地址和选择 IP 路径的功能，它能在多网络互联环境中建立灵活的连接，可用完全不同的数据分组和介质访问方法连接各种子网，路由器只接受源站或其他路由器的信息，属网络层的一种互联设备。

⑥刻录机。数据的安全保管是数字化工作必须考虑的重要内容。刻录机即

是将加工后的数据刻录成光盘进行存储的设备。一般选择 DVD 刻录机，价格在 200 元左右。DVD 刻录盘是日常消耗品，每张盘的数据容量可达 4.7G，价格在几元左右。刻录机的随机光盘上一般附带了刻录软件，用于管理光盘刻录过程。

（2）主要软件

①图像处理软件，主要用于管理扫描过程，以及对扫描后不规范的图像进行纠偏、去黑斑等处理。一般扫描仪的随机光盘上都附带有一些图像处理软件，部分较高档扫描仪带了专门的扫描文档专用的处理软件，如 PaperPort，对纠偏、去黑斑提供了专门的快捷操作，使用上更方便。如果找不到 PaperPort 这个软件，也可直接使用装机量极大的 ACDSee 这个软件。

②OCR 软件。OCR（Optical Character Recognition，光学字符识别）是指电子设备（例如扫描仪或数码相机）检查纸上打印的字符，通过检测暗、亮的模式确定其形状，然后用字符识别方法将形状翻译成计算机文字的过程。即针对印刷体字符，采用光学的方式将纸质文档中的文字转换成为黑白点阵的图像文件，并通过识别软件将图像中的文字转换成文本格式，供文字处理软件进一步编辑加工的技术。

③Access 数据库。目录数据库、专题数据库和全文数据库等多种档案数据库建设同步：一是先建立文件级目录数据库，满足一次检索需要。目前，绝大多数档案馆（室），因没实现全部档案的文件级目录机检，查档不快、不准、不全的问题难以避免。所以，把文件级目录数据库建设作为基础性工作，是提高档案查全率、查准率必经之路。二是适时建立专题数据库。随着社会发展，对某一专题档案集中需求时有发生，突击建立专题数据库以满足社会需求是发挥档案作用的最佳时机。三是优选建设全文数据库。为满足档案信息资源开发利用需要，需优选建设全文数据库。按照国家档案局提出的利用频繁档案首先数字化的要求，遵循“二八”定律（即以 20% 的努力达到 80% 的效果），同步开展档案全文数据库建设。

④档案管理软件。档案管理软件用于对数字化加工数据进行管理，可以采用量子伟业的“PDE 档案管理系统”，系统结构有 C/S 与 B/S 两种。该软件有单机版和网络版两种，从功能上讲，单机版和网络版没有差异，区别在于使用的范围：网络版软件在一个局域网内，任何人都可在网内的电脑上，根据事先分配的用户名、密码、权限访问数据库；单机版只在固定的一台机器上进行操作。

(3) 图像存储格式

①JPEG。JPEG是最常用的图像文件格式，是一种有损压缩格式，能够将图像压缩在很小的储存空间，图像中重复或不重要的资料会被丢失，因此容易造成图像数据的损伤。尤其是使用过高的压缩比例，将使最终解压缩后恢复的图像质量明显降低，如果追求高品质图像，不宜采用过高压缩比例。但是JPEG压缩技术十分先进，它用有损压缩方式去除冗余的图像数据，在获得极高压缩率的同时能展现十分丰富生动的图像，换句话说，就是可以用最少的磁盘空间得到较好的图像品质。而且JPEG是一种很灵活的格式，具有调节图像质量的功能，允许用不同的压缩比例对文件进行压缩，支持多种压缩级别，压缩比率通常在10:1到40:1之间，压缩比越大，品质就越低；相反地，品质就越高。比如可以把1.37Mb的BMP位图文件压缩至20.3kb。当然也可以在图像质量和文件尺寸之间找到平衡点。JPEG格式压缩的主要是高频信息，对色彩的信息保留较好，应用于互联网可减少图像的传输时间，可以支持24bit真彩色，也普遍应用于需要连续色调的图像。

②TIFF。TIFF与JPEG和PNG一起成为流行的高位彩色图像格式。TIFF最初的设计目的是为了20世纪80年代中期桌面扫描仪厂商达成一个公用的统一的扫描图像文件格式，而不是每个厂商使用自己专有的格式。在刚开始的时候，TIFF只是一个二值图像格式，因为当时的桌面扫描仪只能处理这种格式，随着扫描仪的功能越来越强大，并且计算机的磁盘空间越来越大，TIFF逐渐支持灰阶图像和彩色图像。TIFF文件格式适用于在应用程序之间和计算机平台之间的交换文件，它的出现使得图像数据交换变得简单。

TIFF格式是文档图像和文档管理系统中的标准格式，使用无损格式存储图像的能力使TIFF文件成为图像存档的有效方法。在这种环境中它通常使用支持黑白（也称为二值或者单色）图像的CCITT Group IV 2D压缩。在大量生产的环境中，文档通常扫描成黑白图像（而不是彩色或者灰阶图像）以节约存储空间。A4大小200dpi（每英寸点数分辨率）扫描结果平均大小是30kb，而300dpi的扫描结果是50kb。300dpi比200dpi更加常用。

由于TIFF格式支持多页，多页文件能够存在一个TIFF文件中而不是让每个扫描页存在一系列的文件中。

③PDF。PDF（Portable Document Format的简称，意为“便携式文档格式”）是由Adobe用于与应用程序、操作系统、硬件无关的方式进行文件交换所发展出的文件格式。PDF文件以PostScript语言图像模型为基础，无论在哪种打印机上

都可保证精确的颜色和准确的打印效果，即 PDF 会忠实地再现原稿的每一个字符、颜色以及图像，是目前主流的版式文件。

（4）扫描参数

①扫描方式。根据档案幅面的大小选择相应规格的扫描仪或专业扫描仪进行扫描。大幅面档案可采用加长式扫描或者图像拼接处理方式处理，同一页面有两个以上文件，需分别扫描。

②扫描色彩模式。以黑白二值扫描为主，附有灰度（彩色）照片及原件分明度很低的档案，可视情况采取灰度和 24 位真彩色扫描。然后以黑白二值保存。

例：蓝底招生名册，此种档案常见为 A3 幅面、纸张很薄，底色与文字的分明度很低。实物档案查看时都显吃力，此种档案如果用黑白二值扫描，会出现大幅暗面，文字显现不清；如果使用彩色扫描，文字部分明度很低。只有使用灰度扫描，效果相对好一些，见图 6－12。扫描后的图像再辅以黑白二值保存，最大限度地提高了图像质量，见图 6－13。

1110810501	1110487	谭玉凤	女	16
2020590152	2020089	杨　飞	男	16
2010590145	2010073	刘　畅	女	15
1010000756	1010944	孟祥凤	女	15
2100590025	2100068	李春霞	女	15

图 6－12　灰度扫描效果

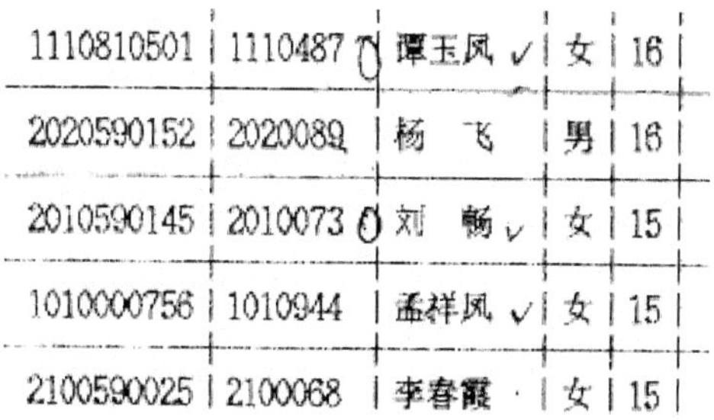

1110810501	1110487	谭玉凤	女	16
2020590152	2020089	杨　飞	男	16
2010590145	2010073	刘　畅	女	15
1010000756	1010944	孟祥凤	女	15
2100590025	2100068	李春霞	女	15

图 6－13　保存为黑白值后的效果

③扫描分辨率。无全文检索需求的文档分辨率调整为 200dpi 最为合适。需要全文检索而做 OCR 识别的文档，黑白二值扫描分辨率最佳为 400dpi，此分辨率下识别成功率最高。24 位真彩色扫描分辨率标准为 200dpi。

如遇字间距和行间距过密、原件本身是复印件等字迹不清楚的情况，可适当增加扫描的分辨率，但要保证图像清晰的同时，又不影响远程查询和浏览的速度。

④扫描文件的大小。黑白二值扫描 A3 页面：20kb～40kb；灰度或彩色扫描 A3 页面：100kb～150kb。

⑤扫描清晰度。扫描图像字迹清晰、颜色恰当，不宜过浅或过深，并且不得

出现字迹笔画残缺或字迹笔画叠合而影响阅读的情况，即使原档案存在锈斑变质、颜色过浅或深浅不一致，也保证扫描图像可读，扫描留下的墨迹宽度不得超过0.5厘米，并且指印和黑线不能覆盖或影响正文内容。

⑥根据档案实体情况，在档案电子文件中相对应目录设置“复制件”“原件不清”标志。目录以原有档案目录为准，在实际处理过程中著有未归类的新目录。可根据情况修改目录，增加或调整标准目录，对档案原目录数据修改或补充的数据需填写更改资料，更改资料放入原案卷内，能实现一条目录对应多个图像和一个图像对应多条目录的编目。

3. 档案数字化实践操作步骤及内容

（1）档案扫描

以下扫描过程以使用最广的ACDSee 5.0.1简体中文版为例。

①双击ACDSee图标，进入软件窗口。依次点选图中1、2、3、4处（见图6－14）。

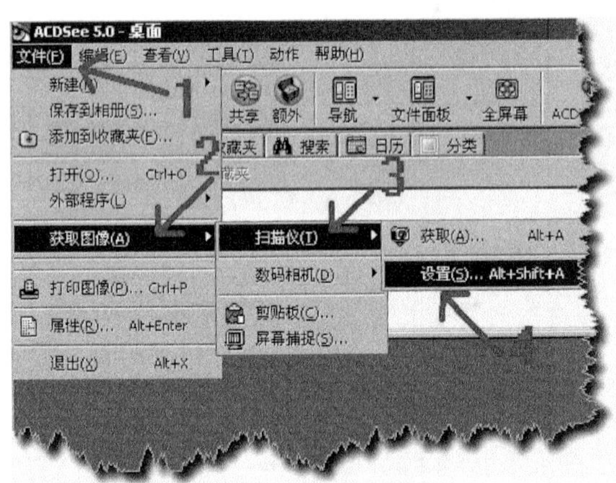

图6－14

②在打开的“扫描设置”窗口中，点1处选中所安装的扫描仪，点2处选择扫描图像的存储格式，扫描纸质文件，此处在下拉菜单中选择为TIFF。再点4处，进行刚才确定的TIFF存储格式的详细参数设置（见图6－15）。

③将TIFF格式的压缩参数设为LZW，如扫描纸质文件，分辨率处设为200dpi，并在3处打上“√”。以后操作时，都可使用这些参数设置，不用每次

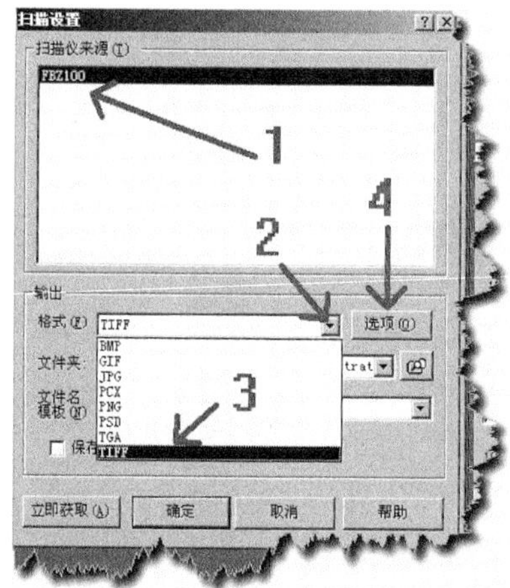

图 6－15

调整（见图 6－16）。

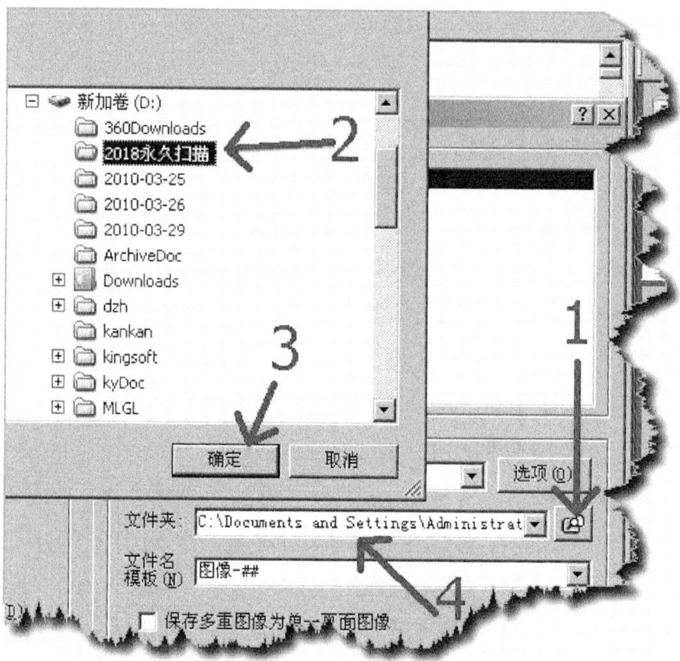

图 6－16

④设置扫描图像存储位置（见图 6－17）。

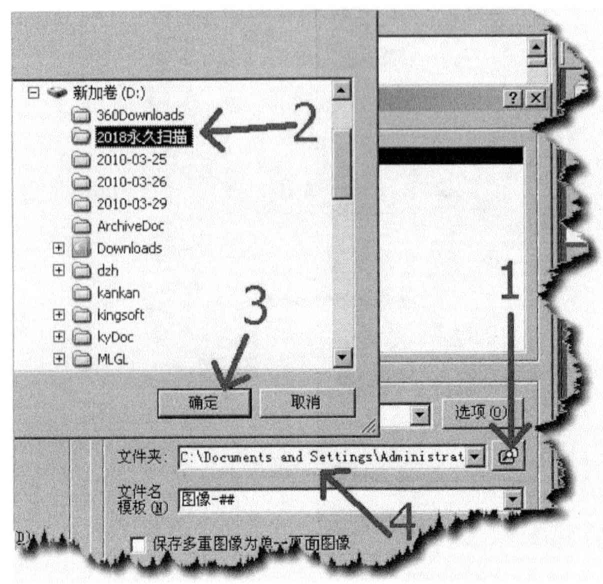

图 6－17

系统默认的存储位置显示在图 6－17 中 4 处，建议修改为 C 盘之外的其他位置。在资源管理器中自行建立一个新文件夹，如在 D 盘先行建立一个名为“2018 永久扫描”的文件。点 1 处，在打开的窗口中，逐步选中 D 盘，选中“2018 永久扫描”这个文件夹，点击确定。此时图中 4 处应显示为“d：\ 2018 永久扫描”。

⑤文件名的设置。扫描出的图像，为便于让其他工作人员理解，不产生错误，应以扫描材料的档案号进行命名。在图 6－18 中 1 处“文件名模版”中，可以按档案号格式，填入当前扫描文件的档案号，如“030－Y－2018－0001”即 30 号全宗 2018 年永久的第一件文件，其后，再加上两个“#”号表示扫描图像的页号。按 ACDSee 软件的命名规则，“##”代表一个两位数的序列，从 01 开始，依次加 1。如“030－Y－2018－0001－##”这份文件有 3 页，则每一页的扫描图像会自动命名为：030－Y－2018－0001－01. tif；030－Y－2018－0001－02. tif；030－Y－2018－0001－03. tif。如果有超过 100 页的大文件，写为三位数的“###”即可。

当然，命名时也可以不用输入完整的档案号格式。如本次只扫描 2018 年的永久档案，则可将图像全部存入“2018 年永久扫描”这个文件夹，文件名直接当前档案的件号再加页号，如“0001 - ##”即可。扫描 2018 年 30 年的文件时，将扫描文件存入“2018 年 30 年扫描”这个文件夹即可避免混淆。

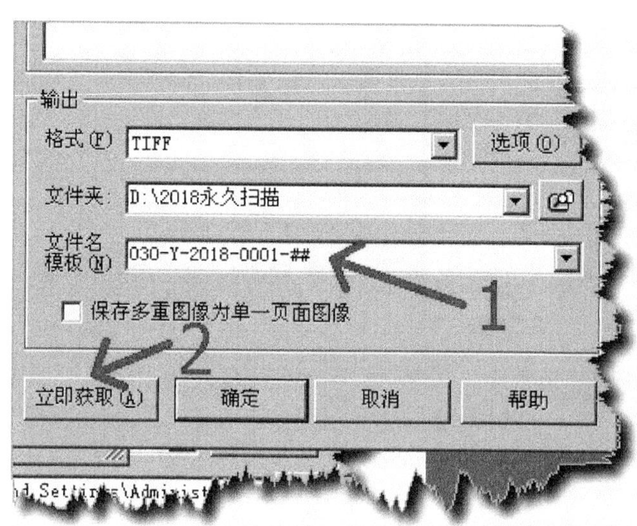

图 6 - 18

⑥设置完成后，点“立即获取”，则进入扫描仪的扫描界面。不同扫描仪的扫描界面有所区别，参数的调整方式也有所区别，但基本功能是类似的。以下的截图为虹光 FBZ - 100 型零边距平板扫描仪的界面。

图 6 - 19 需确定两个扫描参数：一是 1 处的扫描类型，一般的纸质文件选择为黑白，原始字迹不清楚的或有特殊要求的可选为灰度或彩色，照片要选为彩色。二是 2 处的扫描分辨率，纸质的一般选择为 200dpi，照片 5 寸的，要选为 600dpi。

图中 3 处的预览，是扫描仪先对所有区域预扫描一次，再由人工确定需扫描的范围。如扫描的纸型统一、纸张所放的位置固定，预览只需一次即可，以有效节约时间。

⑦点预览后，扫描车开始移动，整个扫描区域出现在屏幕上。可用鼠标拖动四周的红线，确定出需要扫描的大致范围（见图 6 - 20）。

⑧点扫描，扫描仪开始扫描工作。等待进度条结束。然后放入下一页，点扫描……直至本件文件的页面全部扫描完毕，然后关闭扫描界面（见图 6 - 21）。

Avision
平台
黑白
200
1
2
3
预览
放大或还原
扫描
退出
宽度：1734 Pixel
长度：2326 Pixel
重庆市涪陵区档案局文件

图 6－19

2
1
重庆市涪陵区档案局文件
放大或还原

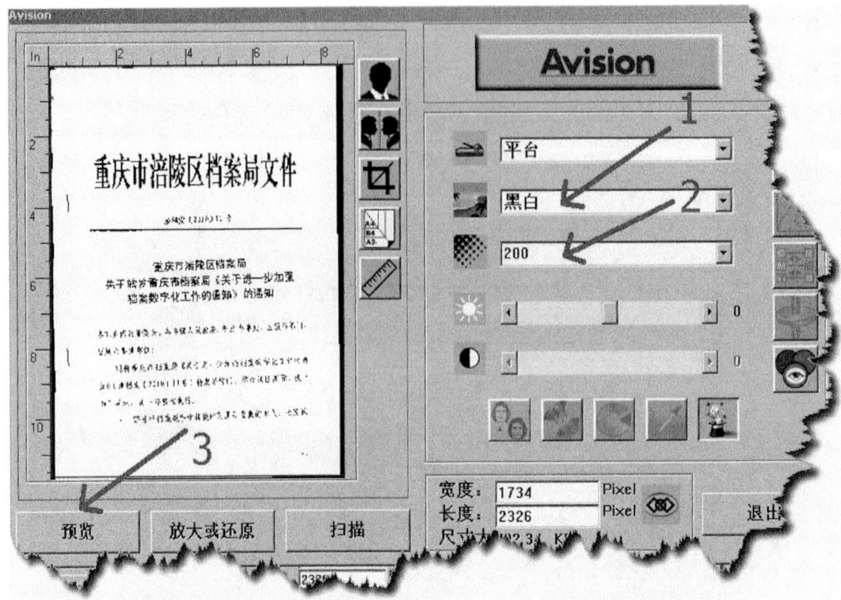

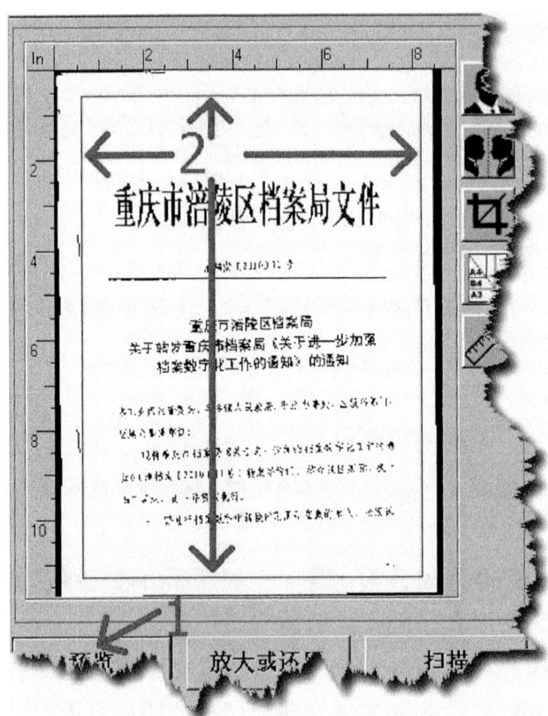

图 6－20

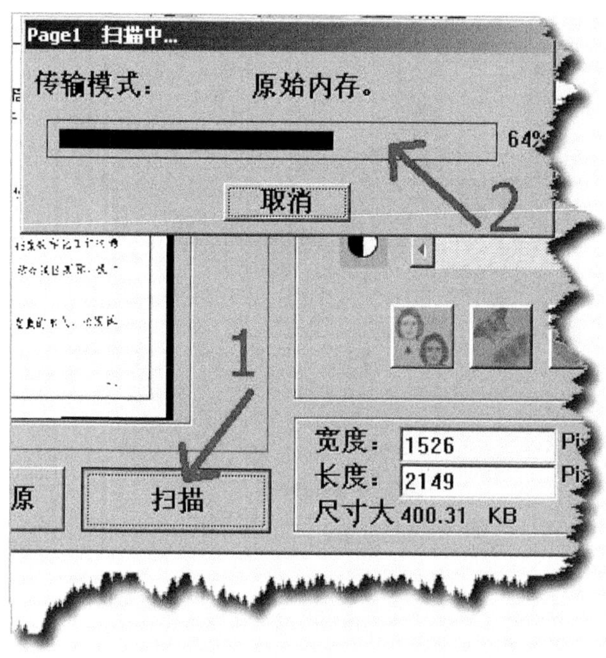

图 6－21

⑨重复①到⑧的过程，更改文件名的设置模板后，扫描下一份文件。

（2）图像处理

扫描到一定程度后，即可进行图像处理流程。

①在 ACDSee 的文件列表窗口中，查看每页图像文件的具体情况，如果有歪斜，或者有明显的黑点、黑斑、黑条影响阅读效果的，或者白边范围太大需要裁剪的，则在其缩略图上点右键，点“编辑”，进入图像编辑窗口（见图6－22）。

②图像纠偏操作。点 1 处的“旋转”，在旋转窗口中有三个快捷按钮，分别是逆时针旋转 90 度、上下颠倒、顺时针旋转 90 度，可根据图像的情况选用。下方 3 处的“角度”处输入适当的数值，可将稍有歪斜的图像纠正。输入正数，图像逆时针旋转，输入负数，则顺时针旋转。从 4 处的预览窗口可预览调整后的效果，如果合适，“确定”修改后退出。如不合适，则重新输入新的角度值（见图 6－23）。

D:\2018永久扫描
TIF
36 KB
查看(V)
图像音频(A)
编辑(E)
添加到收藏夹(F)...
幻灯片(S)...
搜索(H)
打印(P)...
壁纸(W)

图 6－22

调整大小
旋转
翻转
级别
自动级别
1
2
旋转
旋转
角度(A):
3
预览
4
5
确定

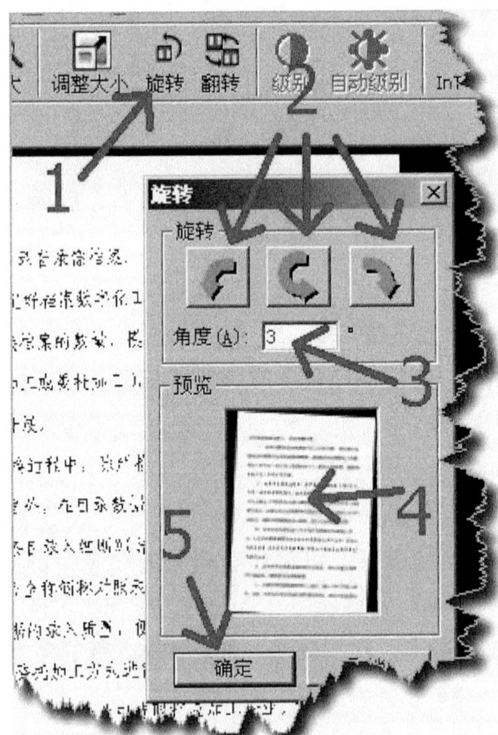

图 6－23

③点击编辑窗口左下方的“裁剪”按钮，在纠偏后的图像上拖出一个虚线区域，其大小还可通过虚线上的8个小方框来调整。然后在区域内双击，即可将裁减后的内容保存下来。裁减时，注意需保留原文的全部内容，还需保留原始文件的页码、签章、签字、批注等内容（见图6-24）。

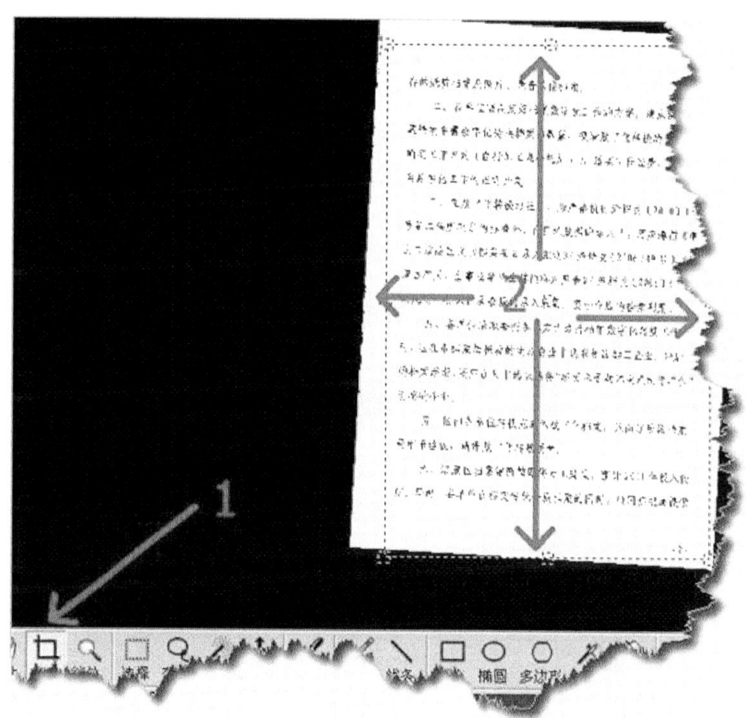

图6-24

④杂点的处理。对黑白图像中的黑点、黑线等的处理比较简单。例如，可点图6-25中1处的“画笔”工具，在2处将画笔的颜色设为白色，在3处画笔工具的属性中，可根据要处理的黑色杂点的大小，将画笔的大小进行适当设置。然后在有黑点、黑斑、黑线条的地方拖动鼠标，即可清除杂点，图中4处即是清除后的效果。

⑤处理完毕后，保存图像。点“文件”“另存为”，打开如图6-26窗口。1处的文件名，沿用原文件名，不变。2处的选项中，选择LZW压缩，并在4处打上“√”后确定。再点6处保存。

重庆市涪陵区档案局
庆市档案局《
步加强
字化工作的通
知
4
2
混合模式
标准
不透
100
各乡镇人民政府、街道办事处，区级各部门，
3
工具选项 - 画笔
线条宽度: 45
附加的混合
档案局《关于进一步加强档案数字化工作的通
10〕11号）转发给你们。结合我区实际，提出
1
滴管 画笔 线条 矩形 椭圆 多边形 喷枪 填充 克隆 文字 红眼 锐化 模糊
住鼠标右键拖动以使用背景色。

图 6－25

图像另存为
保存在(I): 2008永久扫描
030-Y-2018-0001-01.tif
030-Y-2018-0001-02.tif
030-Y-2018-0001-03.tif
单位
1
2
6
文件名(N): 030-Y-2018-0001-02.tif
保存类型(T): TIFF - Tag 图像文件格式
保存
取消
选项(O)
TIFF 选项
压缩
无(N)
CCITT 组 3
CCITT 组 4
LZW(L)
压缩存储空间(D)
JPEG(J)
Adobe 压缩存储空间
分辨率
水平 200 dpi
垂直 200 dpi
3
4
5
保存这些设置为默认值
确定
取消
全部重置(R)
须同

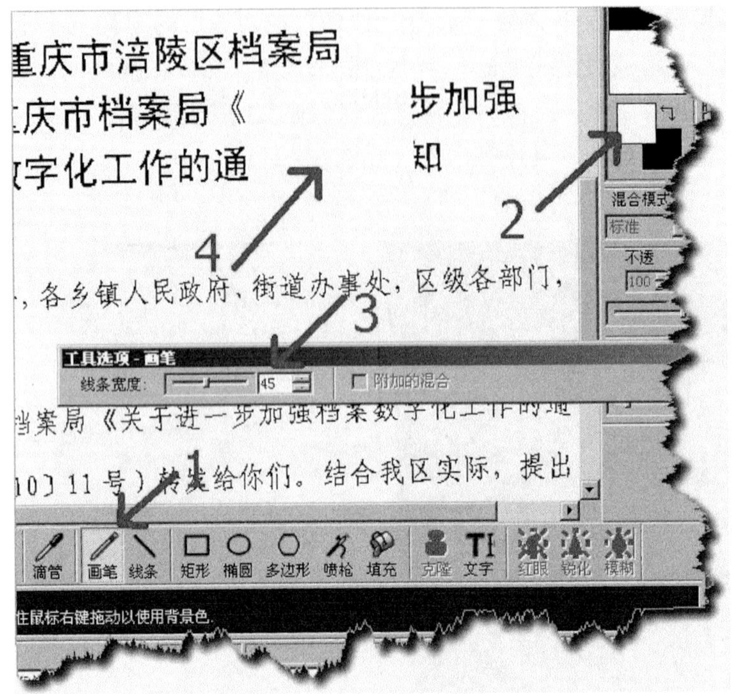

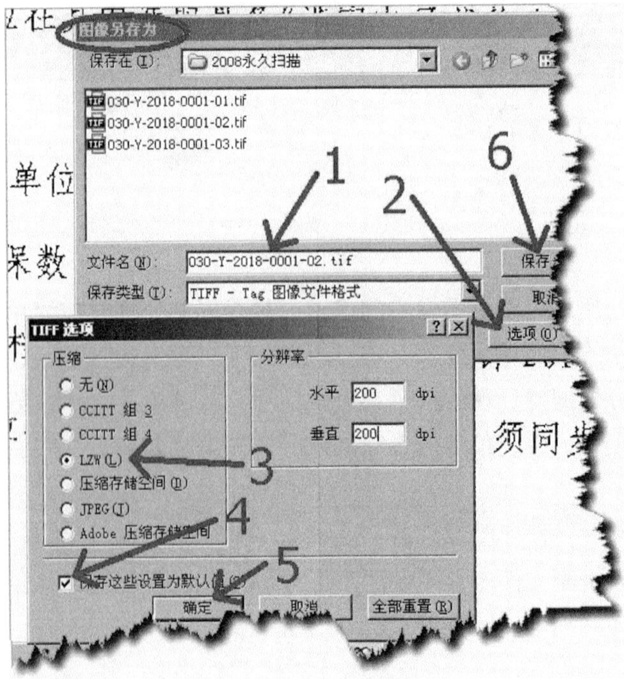

图 6－26

（3）目录数据录入和原文添加

①按标准规范的要求，录入每件文件的目录数据，点图 6－27 中 1 处保存。此项工作可与扫描、图像处理工作同步进行。

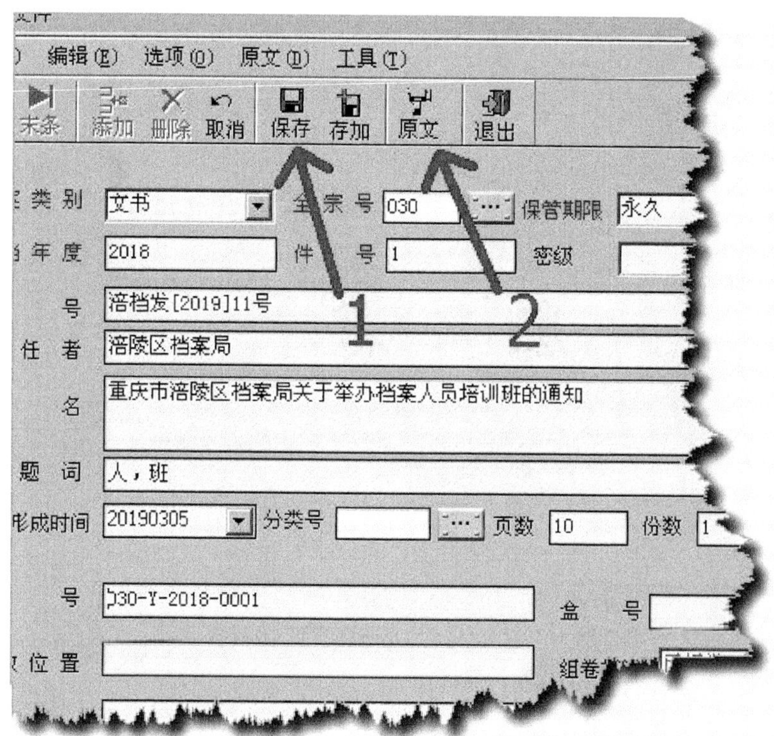

图 6－27

②点图 6－27 中 2 处“原文”。

③点图 6－28 中 1 处“添加”，在出现的窗口中选择到扫描图像存盘的路径。如 D 盘的“2018 永久扫描”文件夹。点 4 处“打开”，进入。

④按当前目录的档号，在“2018 永久扫描”文件夹中选定对应的图像文件，再点“打开”（见图 6－29）。

⑤从图 6－30 中 1 处可以看到有 6 页扫描图像已经添加完毕。如果排列顺序有误，点 2 处“顺序”进行纠正。点 3 处，可对图像在屏幕上的显示方式进行调整，以便于查看。最后点 4 处退出。

添加 扫描 删除 属性 顺序 权限 打开 另存 退出
文件名
打印 加页 放大 缩小 匹配 等宽 上页
1
选择文件
查找范围(I): 新加卷 (D:)
2
我最近的文档
桌面
我的文档
我的电脑
网上邻居
360Downloads
2018永久扫描
3
2010-03-25
2010-03-26
2010-03-29
ArchiveDoc
Downloads
dzh
kankan
kingsoft
kyDoc
MLGL
Mlgl00
My Documents
PaperPort
Photoshop CS3
Program Files
ScanSoft
temp
tools
XunleiImageCache
备份的驱动
村档
大木
档案统计年报
各单位所报照片
4
文件名(N):
打开(O)
文件类型(T): 全部文件(*.*)
取消
以只读方式打开(R)

图 6－28

范围(I): 2008永久扫描
030-Y-2018-0001-01.tif
030-Y-2018-0001-02.tif
030-Y-2018-0001-03.tif
030-Y-2018-0001-04.tif
030-Y-2018-0001-05.tif
030-Y-2018-0001-06.tif
1
点第1个文件，按shift键，
点最后一个文件，同时选择
2
文件名(N): "030-Y-2018-0001-06.tif" "030-Y-2018-0
打开(O)
文件类型(T): 全部文件(*.*)
取消
以只读方式打开(R)

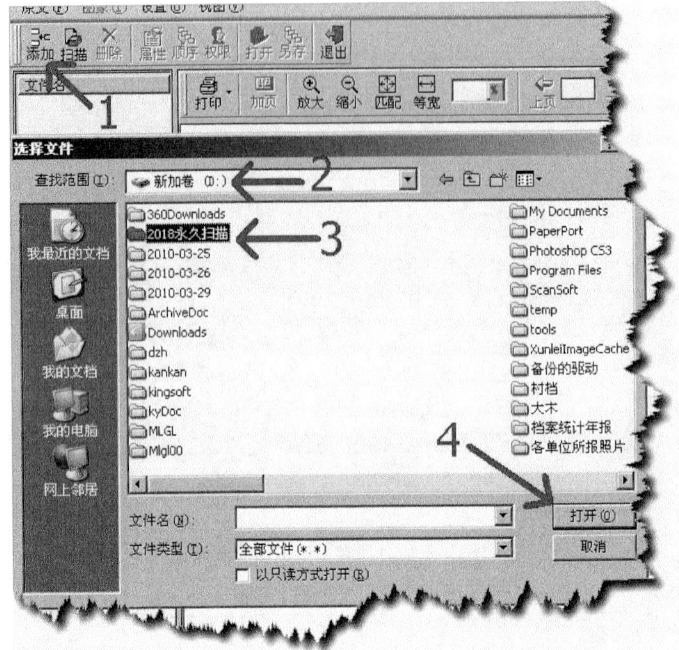

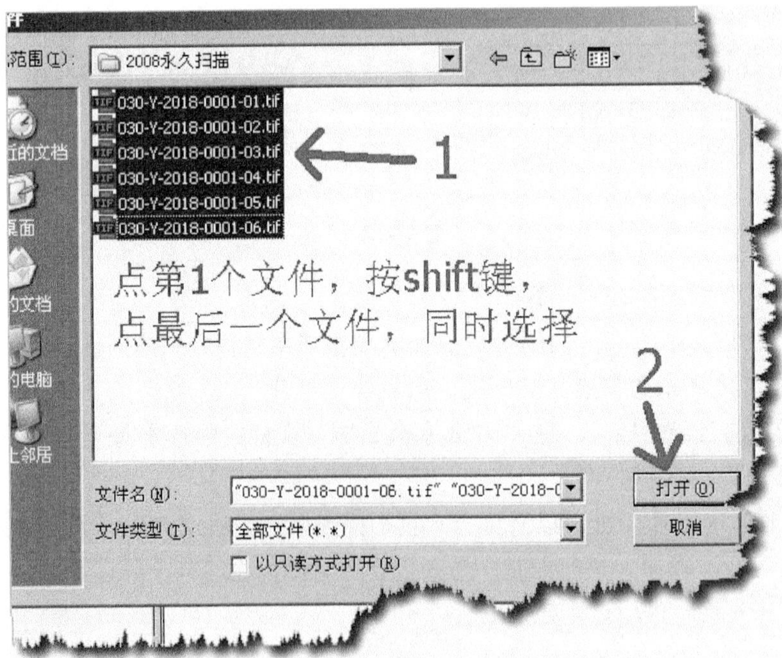

图 6－29

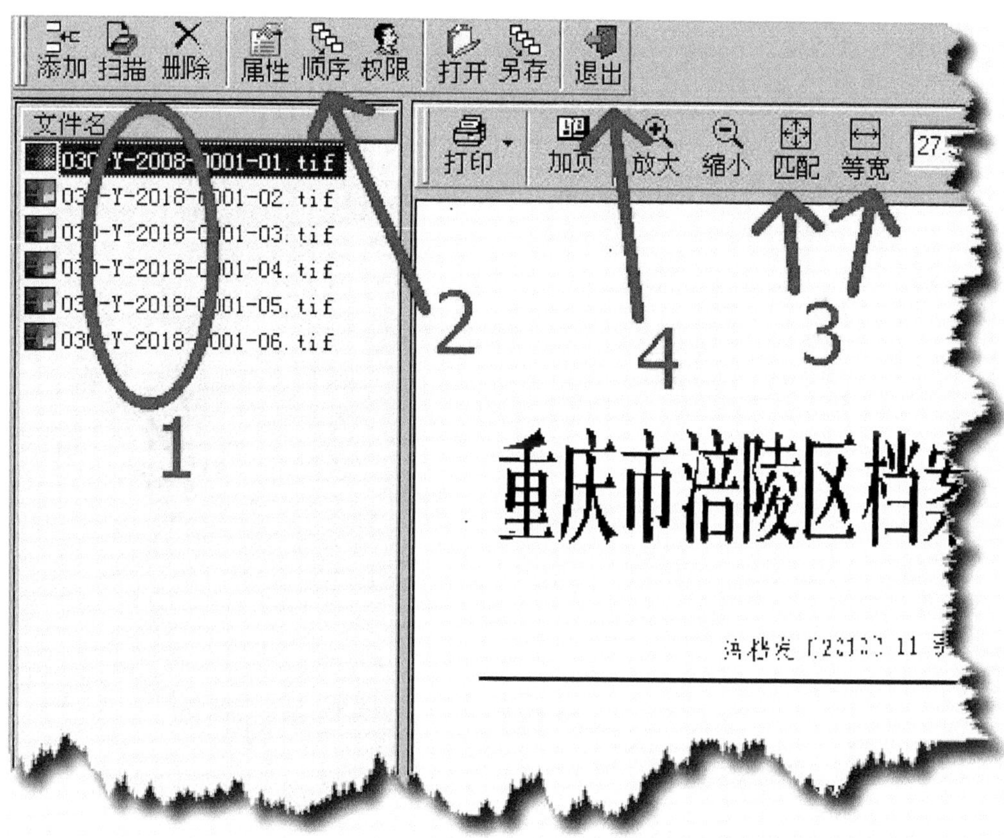

图 6－30

⑥重复①到⑤的过程，录入下一条目录数据，添加其原文图像。

（4）扫描图像的检验

首先安装 ImagingProfessional 软件。扫描出的图像是否符合相关标准的要求，就可通过这个软件来检测。启动此软件（见图 6－31），点“file”菜单下的“open”，打开所需检测的扫描图像后，然后点菜单“page”下的“properties”即“属性”项。在打开的窗口中有 5 个选项卡，我们需查看其中三个。对黑白扫描的纸质档案，“Color”（“颜色”选项卡）应显示为“Black and White”（黑白），“Compression”（“压缩”选项卡）应显示为“No Compression”（未压缩）。如果是灰度扫描或彩色扫描，应显示为 LZW。“Resolution”（“分辨率”选项卡）应显示为“200＊200dpi”。

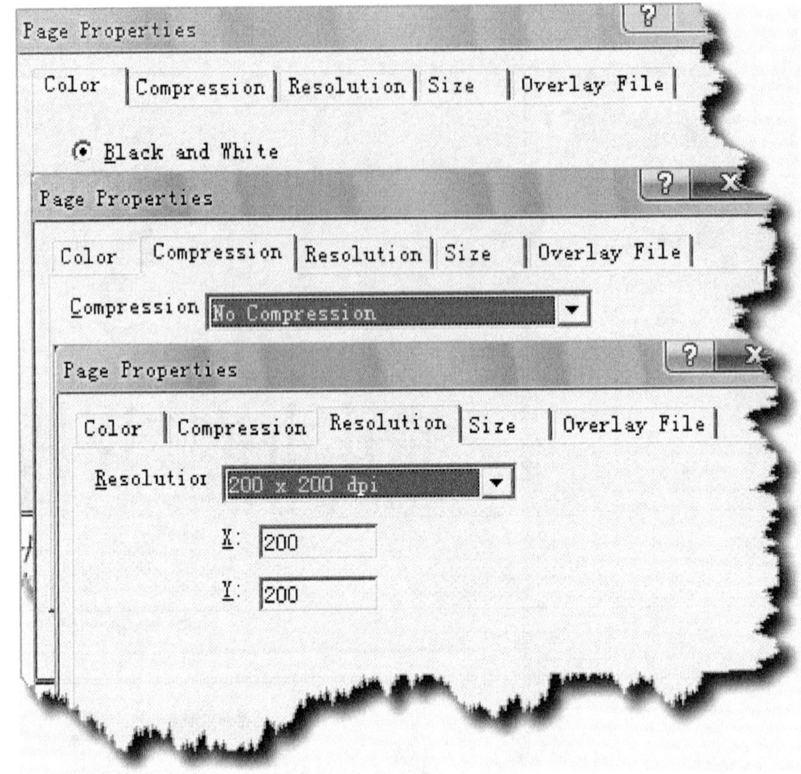

图 6－31

4. 档案数字化加工方案

（1）档案数字化加工前期准备

①数字化工作人员准备。

a. 甲方人员。

职务：现场交接管理人员

人数要求：一名

专业要求：为学校档案馆负责档案管理工作的技术或管理人员。

职责范围：负责与乙方的档案提卷和还卷等交接工作，协同甲方人员做好交接清单记录并签字；负责监督乙方规范化加工；随时把握乙方加工进度并进行协调；及时关注并抽查乙方加工质量；代表甲方与乙方进行及时沟通及问题协调，确保项目顺利完工。

b. 乙方人员。

管理人员：熟悉现场加工管理，熟悉数字化整体作业流程，具有较强组织能力和现场管理及沟通能力的乙方负责人。

工程技术人员：熟悉计算机软、硬件技术，了解档案数据库标准和系统开发，了解档案管理等相关专业知识的乙方技术部技术支持工程师。

数据采集作业员：了解档案数据库数据标准和计算机软件应用等相关知识的乙方数字化制作部工作人员。

人员安排见表6－3。

表6－3　人员安排表

职务		职责	人员	备注
管理人员	项目负责人	1. 负责人员，资源的调配工作 2. 负责施工组织设计、管理 3. 负责施工条件的保障及与甲乙双方关于项目进展状态的汇报和协调工作	1人	项目负责人不一定要常驻现场，但要通过一切通信手段和定期到现场的督导，切实做到对该项目加工进度和加工质量的掌控
	现场主管	1. 负责与乙方的档案提卷和还卷等交接工作 2. 负责现场的人员管理和加工管理 3. 负责数据的终验和挂接 4. 配合项目负责人做好与乙方的沟通协调工作	1人	
数据采集人员	著录人员	负责将档案卷内目录及其他索引信息进行手工录入为电子数据信息并校对	1人	
	扫描人员	负责按制定的技术规范将档案资料扫描	1人	
	图像处理人员	1. 去污：将扫描获取的图像进行图像去污、去黑边及去杂点等 2. 纠偏：将偏斜的图像进行纠正处理 3. 文字处理：将不清楚的文字进行加深或变浅 4. 拼接：将页面较大的图像进行拼接处理	1人	在进行图像处理的时候，肯定是逐页处理，所以要留意每一页扫描的质量，发现扫描质量问题立即发还上一工序重扫并做好记录
	图像矢量化人员	1. 负责将处理好的图像进行全文识别 2. 校对、板式还原和格式转换 3. 对已经产生的成品数据进行初验后移交给现场主管终验并挂接	1～3人	矢量化人员最终定员需结合矢量化的图形数量和采集难度

②数字化工作软、硬件准备。

a. 配备硬件数量及档次要视数据采集工作情况及数据量大小。

b. 甲方提供PC机4~6台给乙方作为采集作业使用，其他硬件设备由乙方自行解决。

c. 场地：甲方提供。

d. 办公用具：甲方提供打印机（以实际用量为标准）、办公桌椅、档案资料的装订及打印机所用的全部耗材。

e. 其他条件：提供电力和饮水。

软硬件准备详见表6-4。

表6-4　软、硬件配备列表

软、硬件名称	数量	详细配置	响应时间	提供方
综合档案管理系统	1套	1. 需支持全文检索使用功能 2. 支持TIFF和PDF格式数据的批量挂接功能	项目开始须到位	甲方
数字化流程管理和加工软件、OCR软件	全套	能满足本加工项目所有的技术要求	项目开始须到位	乙方
服务器	1台		项目开始须到位	甲方
扫描仪（A3幅面）	1台	1. 富士通A3幅面 2. FI-4750C（ADF）	项目开始须到位	乙方
扫描仪（A4幅面）	1台	A4幅面 虹光-FB6030 （平板）	项目开始须到位	乙方
计算机	4~6套	PC机	项目开始须到位	甲方

③确定数字化内容、数量及用户需求。在数据采集之前，首先要客观真实统计数字化内容和数量，确定用户使用需求，然后制订对应方案和技术控制以便准确地进行施工安排（见表6-5）。

表6－5 某大学档案馆档案数字化用户需求调研表

档案类型	档案数量	数字化准备情况	纸张及保存情况	用户需求	备注
招生名册	约 件 约 面	档案著录 档案整理排序 档案著录	很好 一般 较差 很差	影像化 矢量化	
学籍档案	约 件 约 面	档案整理排序 档案著录 档案装订	很好 一般 较差 很差	影像化 矢量化	
学生成绩	约 件 约 面	档案著录 档案整理排序 档案装订	很好 一般 较差 很差	影像化 矢量化	
党群档案	约 件 约 面	档案著录 档案整理排序 档案装订	很好 一般 较差 很差	影像化 矢量化	
基建档案	约 件 约 面	档案装订 档案整理排序 档案装订	很好 一般 较差 很差	影像化 矢量化	
科研档案	约 件 约 面	档案装订 档案著录 档案著录	很好 一般 较差 很差	影像化 矢量化	
其他	约 件 约 面	档案装订 档案著录 档案整理排序	很好 一般 较差 很差	影像化 矢量化	

填表人职务：

（2）质量控制方案和保证措施

项目加工总体质量目标：保证合格、争创优良。

①加工质量保障措施。

a. 严格遵照执行我方签订的《不分包、转包××单位档案数字化项目承诺书》，避免项目转包、分包引起的管理混乱和质量风险。

b. 严格按照我方制定的人员和设备投入计划进场加工，确保人员设备供应，为项目进度和质量提供保障。

c. 在该项目加工过程中，我方所有现场加工人员均受我公司《数字化作业人员质量考核制度》的约束，并承担相应奖罚结果。

②多环节，多层次的质量检查体系。

a. 对档案签收和属性数据录入的质量检查，主要内容：档案签收的准确性，完整性和即时性；数据内容齐全，属性数据输入准确；与数据校对的档案交接。

b. 对数据校对处理的质量检查，主要内容：校对后的数据内容齐全，正确；纸质档案实体完整，还案及时无误。

c. 对数据迁移的质量检查，主要内容：迁移后的数据的完整性准确性；对数据进行组合查询并且结果正确；对数据进行汇总统计并输出标准表格，试运行无死机现象。

d. 在完成以上每个环节后，检查人员将其数据再次进行一遍全面的复查，尤其对检查记录单上更正后的错误进行仔细的检查，确保扫描得来的数据与源文件内容完全一致。

e. 实施项目负责人对成品数据按百分之十的比例进行抽查，在抽查时将该查数据的年度、保管期限、全宗号、卷号、卷内顺序号等目录信息是否准确无误，再对获取图像数据的亮度、歪斜、是否错页等方面进行抽查，如有不合格的数据及时进行统计和修正，确保最终数据的准确无误。

③阶段性验收与终验相结合的严格验收程序是质量控制的终极保障（见表6－6和表6－7）。

表6－6　阶段验收报告

<table>
<tr><td>项目名称</td><td colspan="2"></td><td>项目编号</td><td></td></tr>
<tr><td>报告人</td><td colspan="2"></td><td>时间</td><td></td></tr>
<tr><td>项目负责人</td><td colspan="2"></td><td>所处阶段</td><td></td></tr>
<tr><td colspan="5">项目状态参数监控情况</td></tr>
<tr><td>项目状态</td><td>计划情况</td><td>实际情况</td><td>偏差扫描</td><td>纠正措施</td></tr>
<tr><td rowspan="3">项目进度</td><td></td><td></td><td></td><td></td></tr>
<tr><td></td><td></td><td></td><td></td></tr>
<tr><td></td><td></td><td></td><td></td></tr>
<tr><td>项目工作量（人时）</td><td></td><td></td><td></td><td></td></tr>
<tr><td>项目规模</td><td></td><td></td><td></td><td></td></tr>
</table>

续表

项目状态	计划情况	实际情况	偏差扫描	纠正措施
项目外工作量情况描述（非项目工作）				
其他				
工作中遇到问题及困难：				
需要用户支持与配合：				
用户意见： 用户签字： 签字日期：				

表 6－7　终验报告

项目名称		项目编号	
报告人		时间	
项目负责人		第（）阶段	
本阶段项目完成情况			
验收项目		完成情况	备注
档案整理（卷）			
档案扫描（A4 页，A3 页，其他页）			
图像处理（卷页）			
索引目录录入（条）			
全文 OCR			
所有报表输出（卷）			
资料装订（卷，件）			
内部验收（页）			
目录与图像文件的衔接			
数据是否上传到服务器			
数据备份			
本阶段验收结论：双方于××××年××月××日，进行了档案数字化工作的第阶段的成品验收，乙方所提供的数据基本满足甲方的要求，甲方同意通过验收，进入下一个工作阶段。 用户签字：　日期：　项目经理签字：　日期：			

④安全保密控制。

a. 为了确保采集数据不外泄，在开始进行数字化加工后，外包公司将不允许加工人员携带任何存储介质进出加工现场。

b. 为避免采集数据在硬盘上的物理磁道上被还原外泄，外包公司将使用乙方提供的电脑用于数据采集作业。

c. 电脑上所有的可以读写存储介质的接口，自进场之日起即贴上封条，直到工程完工。

d. 为避免数据采集过程中数据通过网络外泄，我公司在加工期间将关闭外网，只使用局域网完成数字化作业。

e. 为了建立并严格落实安全保密制度，保证档案资料的安全保密性，做到绝对不外泄任何信息。保密协议将同加工合同同时签订并成为合同不可分割的一部分。具体内容见附件。

附件：保密协议

保密协议

甲方：

地址：

乙方：某公司

地址：

鉴于甲方委托乙方承担其档案资料的数字化加工服务，乙方可能接触到甲方某些非公开的，涉密的文件、档案和资料，为了维护甲方资料的安全，保守国家秘密，乙方同意在整理档案中涉及大量的重要的档案材料承担保密义务，并遵守如下保密规定：

1. 乙方同意上诉须保密的文件和资料承担保密义务，数字化期间保证上诉文件和资料秘密安全，不得以任何形式向第三方（包括家属、亲友）谈论工作中接触的文件资料内容。

2. 在乙方工作人员在工作过程中接触到重要文件资料时，除确有必要（如自拟文件标题，图像处理等需要查看文件内容外）不得阅读文件资料内容。

3. 乙方工作人员不得带进、带出各种计算机磁盘、光盘等易于存储文件资料的存储介质。

4. 因工作需要必须带进的计算机软件工具类应用软件，须经档案室同意，并在带出时办理检查登记手续。

5. 甲方提供乙方所需数字化处理的文件和资料等有形载体，仅限于乙方基于甲方需要制作档案数字化产品的应用，乙方不得复制以上的任何文件和资料，或向第三方泄露；同时乙方在结束本期工作，所加工的数据经甲方按照《合同》验收合格后，必须无条件将其工作组机器内的数据清理干净。

6. 乙方工作人员在工作任务实施工程中，非工作需要不得将档案资料带出工作场所，不得私自记录或议论甲方涉密文件资料的内容。

7. 乙方应承担本协议约定的保密责任，妥善保管有观点文件和资料，并对有关人员进行有效管理，以确保本协议的履行。

8. 乙方工作人员在工作过程中造成泄密或遗失文件资料的，甲方视情节轻重追究其行政甚至刑事责任。

9. 未尽事宜，按《保密法》等有关规定执行。

10. 本协议一式两份，甲乙双方各执一份，其有同等的法律效力，本协议经甲乙双方签字盖章立即生效。

甲方：　　　　　　　　　　　　　　乙方：

代表人（签字）　　　　　　　　　　代表人（签字）

第七章　数字档案管理实践

实践项目一：系统管理模块功能设置

1. 项目任务

综合运用档案管理理论和方法，合理设置 PDE 系统管理模块，通过用户自定义方式搭建一个虚拟的组织环境，建立全宗、组织机构、用户、角色、档案分类体系、档案模板，设置不同角色的管理权限。

2. 项目目标

①了解如何通过档案管理信息系统构建一个虚拟组织环境，实现档案规范管理。

②熟悉档案管理系统对档案数字资源管理的方式。

③掌握档案分类体系设置、档案模板设计以及人员分工授权。

3. 项目素材

计算机、互联网、数据库、档案管理信息系统（PDE8.0）、某全宗。

4. 工作规则

（1）分组和选项目

每组 3 ~5 人，按组开展项目活动。每个项目组确定 1 名组长，由组长负责统筹安排和项目实施。每组任选一个全宗的档案数字资源，完成系统管理功能模块设置。由组长带领组员进行项目的任务分解、具体实施。

（2）汇报和评价项目成果

每组需用 5 分钟 PPT 展示项目成果（包含项目任务分配、组织机构设置、用户和角色设置、分类体系设置、档案模板设置等）。最后是对整个实践项目活动进行评价，学生自我评价按 10% 折算、同项目组互相评价按 30% 折算、教师评价按 60% 折算。

（3）提交项目成果

实践项目完成后，以小组为单位提交汇报 PPT。

5. 参考方案

以高校某学院为例，其组织结构见图 7－1。各部门为完成学院的工作目标，开展各项业务活动，按归档范围要求将形成的相关文件归档构成该高校的全宗。为管理好该学院的档案数字资源，首先必须在系统管理模块设置好全宗、用户、角色、分类体系、档案模板，构建虚拟的组织环境，才能开展档案数字资源管理的业务活动。在本例中，该学院作为学校的一个独立法人机构，属于全宗系统内管理，部门以档案系为例。

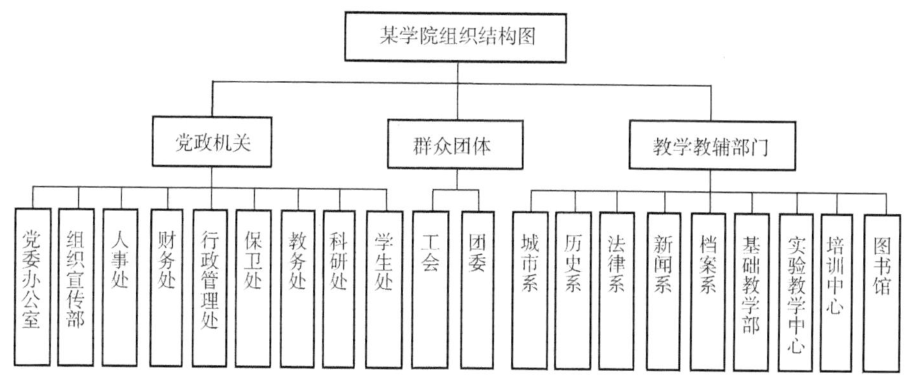

图 7－1　某学院组织结构图

前期准备一：所属全宗的组织机构名称及机构代码（全宗号），各部门名称和代码表。从图 7－1 可见，该学院共有 20 个部门，选用两位数（01－20）为部门代码，部门名称直接用中文代替，见表 7－1。

表 7－1　某学院组织机构名称和代码表

全宗号：	文理学院（WLXY）						
部门名称	代码	部门名称	代码	部门名称	代码	部门名称	代码
党委办公室	01	教务处	06	城市系	11	实验教学中心	16
组织宣传部	02	科研处	07	历史系	12	图书馆	17
人事处	03	学生处	08	法律系	13	培训中心	18
财务处	04	团委	09	新闻系	14	保卫处	19
行政管理处	05	档案系	10	基础教学部	15	工会	20

前期准备二：角色类型表——用于控制档案管理系统使用人员的权限，见表7－2。

表7－2　角色类型分配表

角色类型	作用	权限
系统管理员	具有系统管理相关的权限	系统管理（全局、全宗）、个人维护
档案管理员	具有档案整理及权限管理的功能操作的权限	档案统计、档案利用、档案保管、其他设置 待办事宜、个人维护、系统管理（全宗内）、档案库管理、其他
普通用户	具有检索权限	档案检索、个人维护
兼职档案员	具有文件移交、检索权限	档案利用、档案统计、档案保管、个人维护档案库管理

（1）登录档案管理系统PDE

点击IE浏览器，在地址栏输入：http：//10.20.165.3：8080/ams/　弹出PDE登录界面（图7－2），输入对应账号，密码888。登录进入PDE8.0系统，见图7－3。

图7－2　PDE登录界面

图7－3　登录后进入系统的界面

（2）全局系统中创建和维护“全宗”

点击图7－3右上角“系统管理”菜单，进入“系统管理”模块，见图7－4。

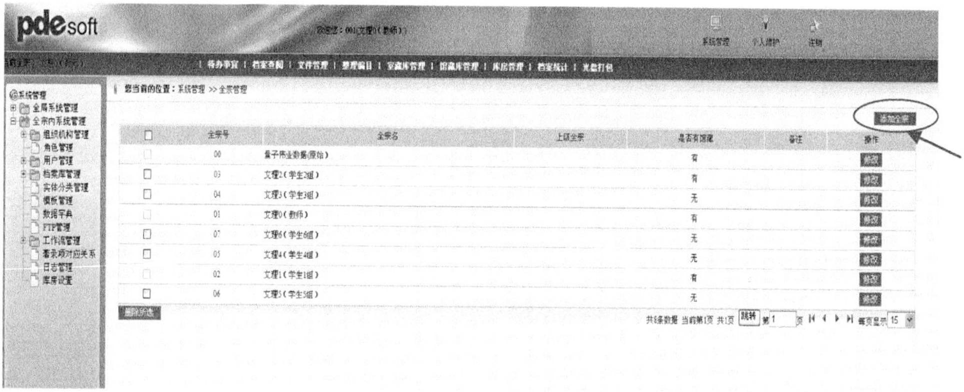

图 7－4　系统管理界面

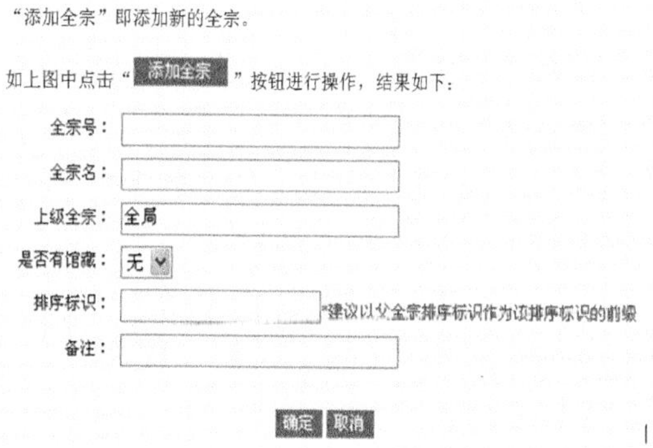

点击图 7－4 右上角“添加全宗”，可弹出界面见图 7－5。

全宗号：全宗的编号，在系统中具有唯一性，不能重复。

全宗名：全宗的名称。

上级全宗：当前全宗的上级全宗名称。

是否有馆藏：设定该全宗是否有馆藏库，此处的馆藏库，主要适用于某些全宗既需要管理自己的档案室，又需要管理本全宗所属的档案馆的情况。

图 7－5　添加全宗界面

排序标识：设置全宗的在全宗页面及全宗切换页面的排列顺序。

备注：对当前所添加的全宗信息进行备注。

输入相应的全宗号及全宗名等，点击“确定”按钮即添加全宗成功。同样也可以根据情况对全宗进行编辑，如修改、删除等。

建立完整的全宗机构，是整个档案系统集中管理的基础。已经建立了档案库的全宗不可以删除。

（3）全宗内创建和维护“组织机构”

组织机构的功能包括组织机构信息的管理以及隶属于组织机构的用户管理两个方面。点击“系统管理—全宗内系统管理—组织机构管理”，进入组织机构管理页面，如图 7 –6 所示。

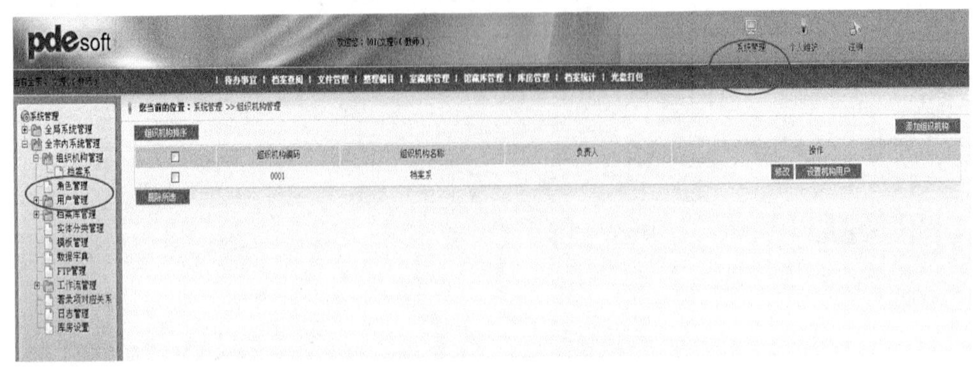

图 7 –6　进入全宗内系统管理界面

点击图 7 –6 右上角的“添加组织机构”，根据表 7 –1，在弹出界面图输入档案系的名称和代码，见图 7 –7。增加完“组织机构”的界面见图 7 –8。可以对组织机构编辑、排序。

组织机构编码：组织机构的编号，具有唯一性，不可重复。

组织机构名称：组织机构的名称。

选择部门：负责人的下拉框中获取所选部门的所有用户。

负责人：该组织机构的负责人，即领导。

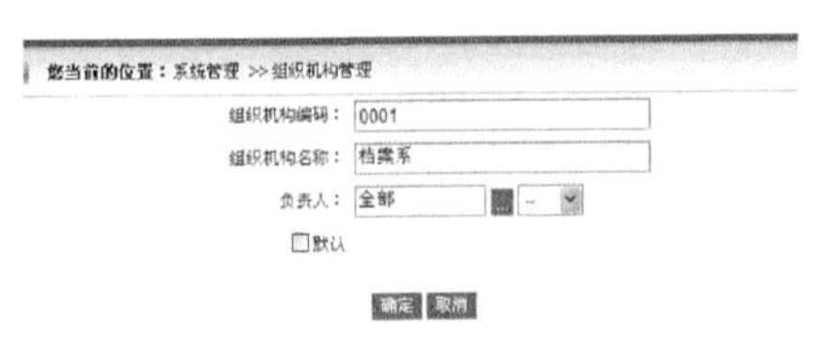

图 7 –7　设置组织机构的界面

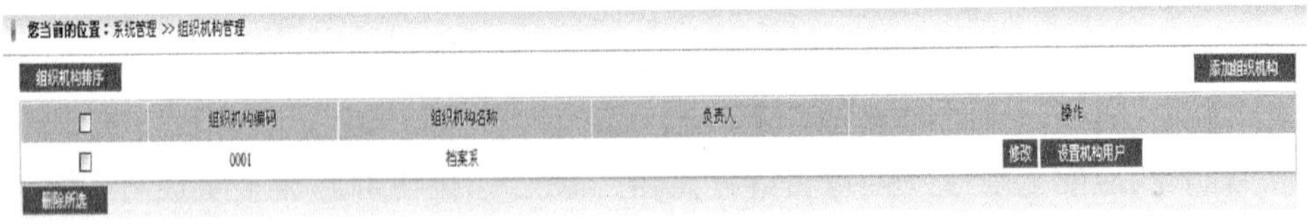

图 7 –8　增加“档案系”后的界面

（4）全宗内创建和维护角色

角色用于控制档案管理系统使用人员的权限。点击系统管理—全宗系统管理—角色管理，添加“角色”。见图 7 –9、图 7 –10。

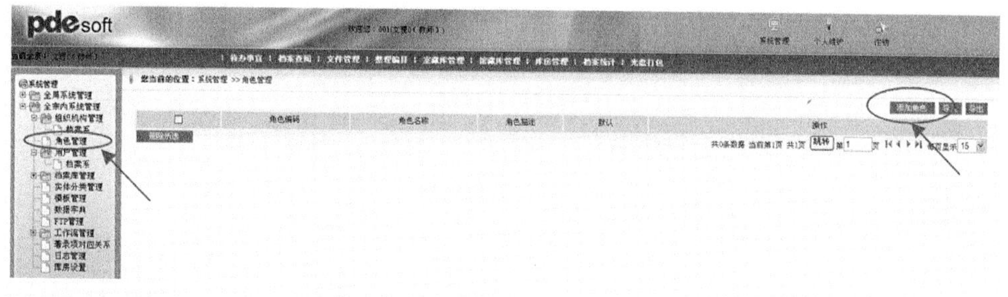

图 7－9　添加“角色”界面

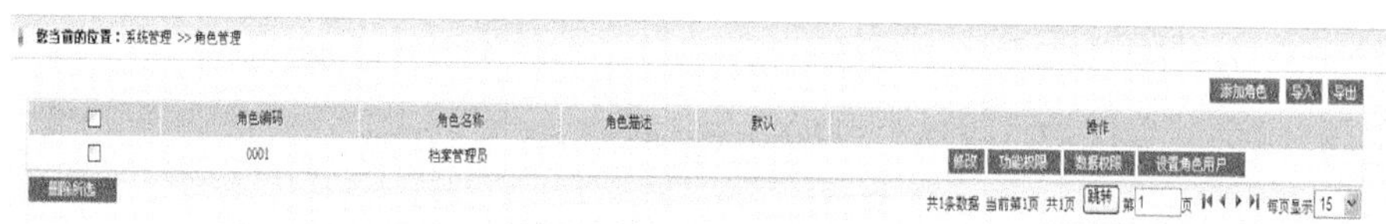

图 7－10　设置完角色的界面

可以对“角色”赋予“功能权限”，见图 7－11，赋予“数据权限”，见图 7－12。不用的角色，赋予的权限不同。

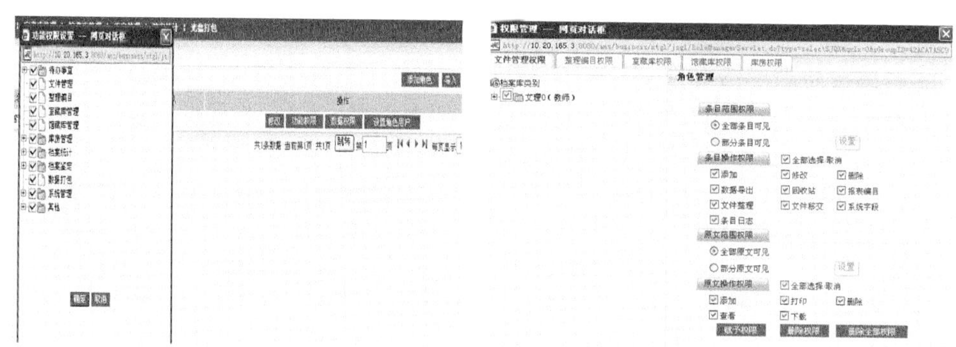

图 7－11　对角色赋“功能权限”

图 7－12　对角色赋“数据权限”

（5）全宗内创建和维护用户

用户按照组织机构来分组，通过系统管理员赋予用户名（代码）来使用档案管理系统。除了超级用户外，其他用户的权限取决于所属角色的功能权限和数据权限。

点击“系统管理—全宗内系统管理—用户管理”进入用户管理页面，如图 7－13 所示。

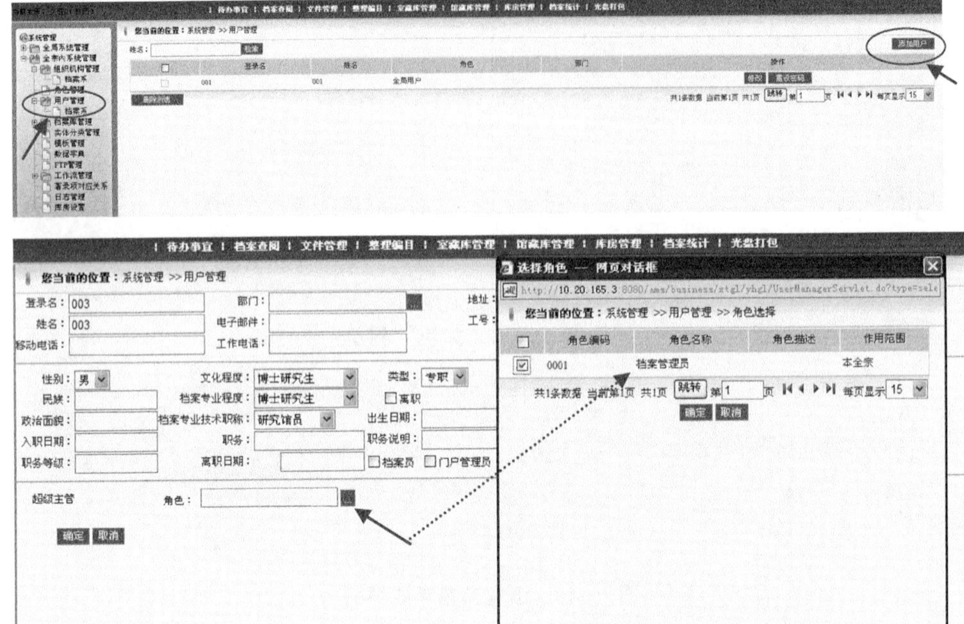

图 7－13　添加“用户”

(6) 全宗内创建和维护档案的实体分类

本例按照高校档案分类方案建立分类。点击“系统管理—全宗内系统管理—实体分类管理”，可以创建和维护该学院的档案数据资源分类体系，见图 7－14。

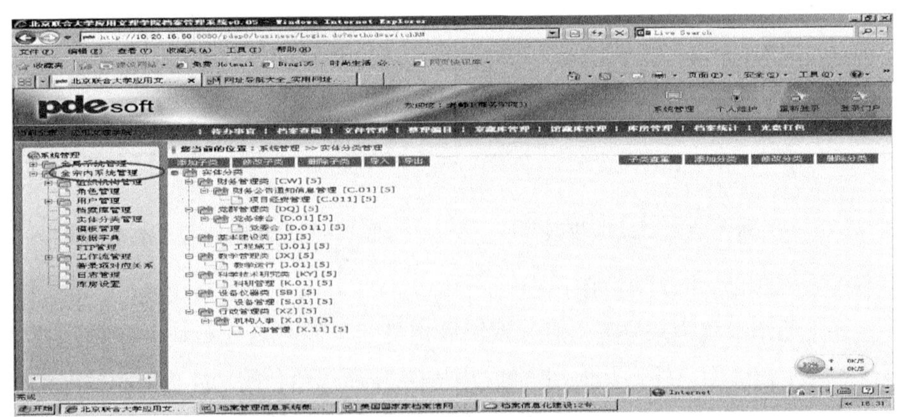

图 7－14　某学院档案数据资源分类体系

（7）全宗内创建和维护档案模板

①创建档案库分类。点击“系统管理—全宗内系统管理—档案库管理—添加档案库类别”，对档案库分类，见图 7－15。

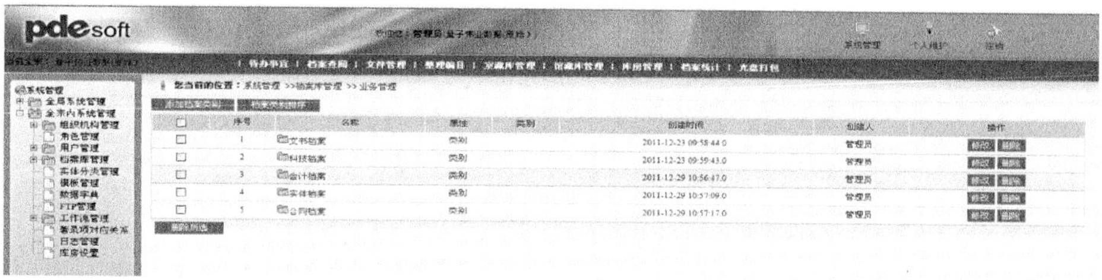

图 7－15　创建档案库分类界面

②创建档案库。点击“系统管理—全宗内系统管理—模板管理—添加模板”，以组别来命名模板名称，见图 7－16。

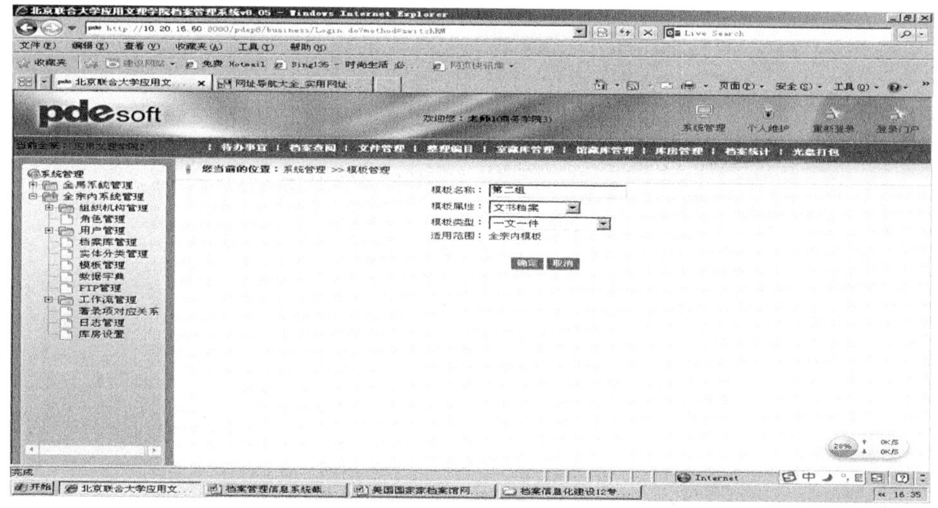

图 7－16　添加模板界面

设计库结构，即模板著录项目。各组根据选择全宗情况设置对应的著录项，至少应该有全宗号、档号、年度、分类号、保管期限，页码等，见图7－17。

③设置模板的档号生成规则。如本例中对文书档案库的档号形成规则是“全宗号—年度—分类号—保管期限—流水号”，则选择文书档案库模板，点击“档号生成规则”，按照流程逐个设计，可获得如图 7－18 所示的档号形成规则。

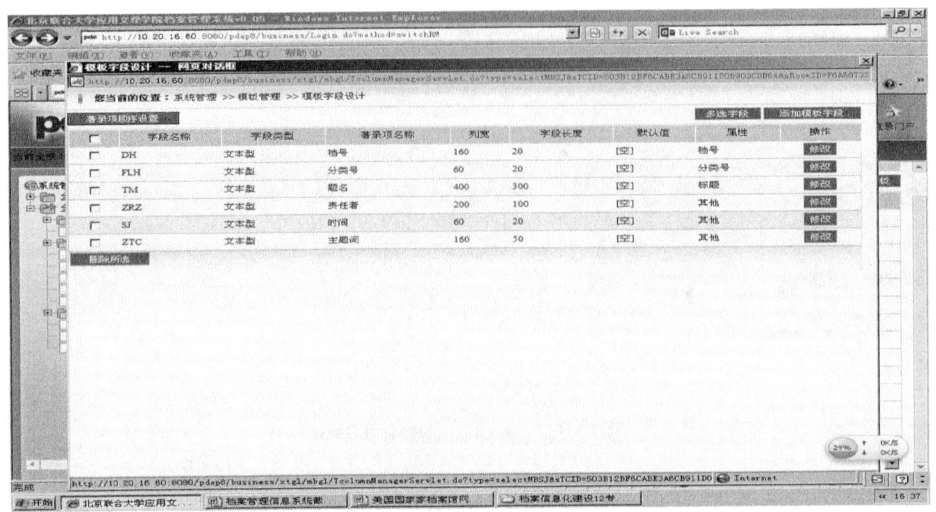

图 7－17　档案库结构设计界面

档号生成规则 -- 网页对话框

您当前的位置：系统管理 >> 模板管理 >> 档号生成规则

添加档号规则

	描述	类型	著录项	固定值	流水号长度	操作
	著录项值[全宗号]	著录项值	全宗号		0	修改
	固定值[]	固定值		-	0	修改
	著录项值[年度]	著录项值	年度		0	修改
	固定值[]	固定值		-	0	修改
	著录项值[保管期限]	著录项值	保管期限		0	修改
	固定值[]	固定值		-	0	修改
	流水号	流水号			4	修改

删除所选

图 7－18　档号生成规则设置页面

关联知识

全宗：是指一个独立机关、组织或个人在社会活动中形成的档案有机整体。

全局系统管理：PDE8.0 系统最高层面管理档案模式，所设置的参数可以应用于各个全宗。

全宗系统管理：PDE8.0 系统子全宗档案管理模式，所设置的参数能适用于本全宗。

用户：通过用户名登录可使用档案管理系统的人。

角色：具有档案管理或检索权限的用户，如系统管理员、查询人员、档案管理人员、兼职档案员、领导等。

分类体系：一个全宗的分类规则。一般档案分类建立包括三种方式：一是按照档案类别建立，如文书档案、科技档案等；二是按照档案的十大类建立，如党群类、经营建设类等；三是按照各单位的组织机构建立，如人力资源部、办公室等。

档案库模板：预先设计好，可直接提供给相关档案管理人员创建档案库使用的规范模型。用户不需要针对每个档案库单独设置著录项、报表、档号生成规则等信息，只需维护该档案库相对应的模板即可，是档案管理的核心功能及基础。

档号生成规则：定义档号自动生成的规则，通过组合一系列的字段、值、函数组合的字符串作为归档后的档号。

实践项目二：数字档案的业务管理

1. 项目任务

综合运用档案管理理论和方法，完成数字档案的业务管理，包括建立目录数据库，原文挂接，鉴定、移交进档案室、档案馆等内容。

2. 项目目标

①了解档案管理信息系统如何实现档案管理。

②熟悉档案目录数据库建设方法。

③掌握档案目录的录入、编辑、移交、审核、鉴定等业务工作。

3. 项目素材

计算机、互联网、数据库、档案管理信息系统（PDE8.0）、某全宗。

4. 工作规则

（1）分组和选项目

每组3～5人，按组开展项目活动。每个项目组确定1名组长，由组长负责统筹安排和项目实施。每组任选一个全宗的档案数字资源，完成档案数字资源业务管理模块。由组长带领组员进行项目的任务分解、具体实施。

（2）汇报和评价项目成果

每组需用5分钟PPT展示项目成果（包含项目任务分配、建库、目录著录，鉴定、全文挂接、移交进档案室和档案馆，库房管理、电子档案借阅等）。最后是对整个实践项目活动进行评价，学生自我评价按10%折算、同项目组互相评价按30%折算、教师评价按60%折算。

（3）提交项目成果

实践项目完成后，以小组为单位提交汇报PPT。

5. 参考方案

业务模块将档案主业务工作划分为文件管理、整理编目、室藏库管理、馆藏库管理四个环节。档案库在不同环节中的状态不同，在文件管理环节中为登记库，整理编目环节中为预归档库，室藏库管理环节中为归档库。

（1）登录档案管理系统PDE

点击IE浏览器，在地址栏输入：http：//10.20.165.3：8080/ams/　弹出PDE登录界面（图7－19），输入对应账号，密码888，登录进入PDE8.0系统，见图7－20。

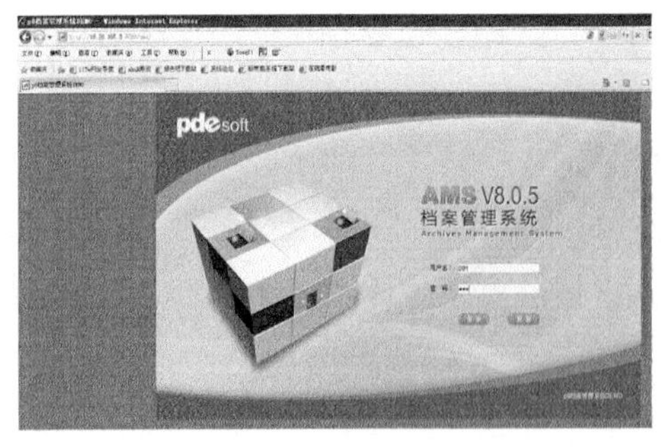

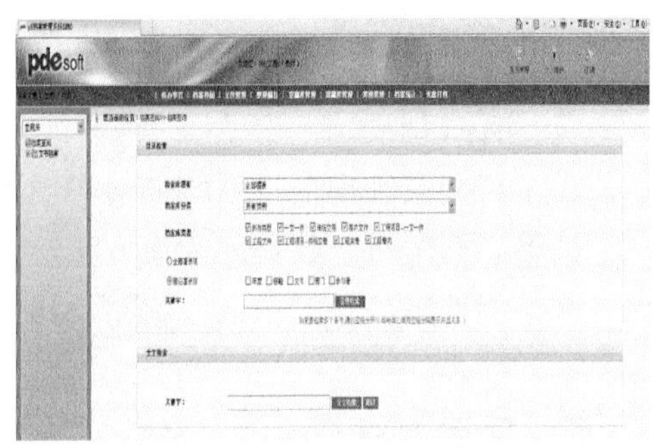

图7－19　PDE登录界面

图7－20　登录后进入系统的界面

（2）文件管理——登记库

各部门将单位在工作及生产活动中产生的、用于相互交往的文件记录进行前期著录、移交、电子文件上传、报表编目、文件组卷等工作，实现文件资料的电子化有序管理的第一步。由兼职档案员负责完成。

①目录数据库内容创建。在实践项目一的系统设置中完成“创建档案库”和用户的角色授权后，可以在文件管理看到对应的档案库，根据档案数据资源类型，比如本例中是文书档案（一文一件），逐条添加文件目录，见图 7－21。

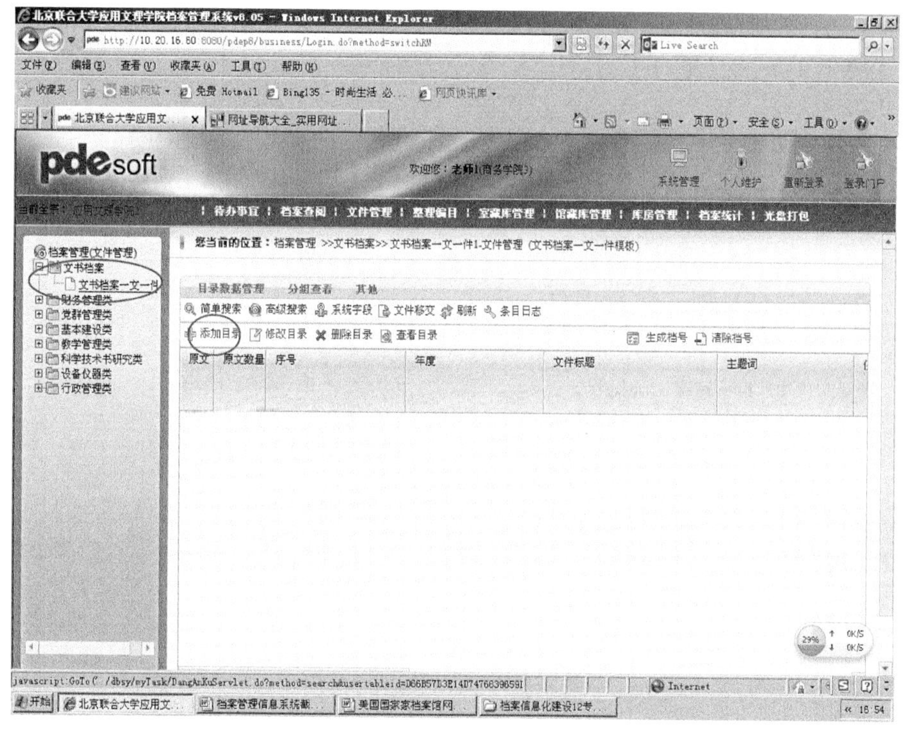

图 7－21　文件管理——登记库的操作界面

②原文挂接。文件按照登记库要求逐条著录，形成目录库后，需要将文件全文（PDF 格式）与对应的目录条款挂接，以便用户能检索到全文。可以单条目添加原文，也可以批量挂接原文。本例以单条目添加原文为例。

打开档案库，选择要添加原文的条目，单击“原文管理”，弹出原文管理窗口，如图7－22所示。单击“添加”按钮，弹出“原文添加”窗口如图7－23所示。单击“上传”按钮，文件就自动上传，上传原文的时间与上传文件大小相关，文件上传时，系统自动分析文件的信息，作为元数据与原文一同保存起来。

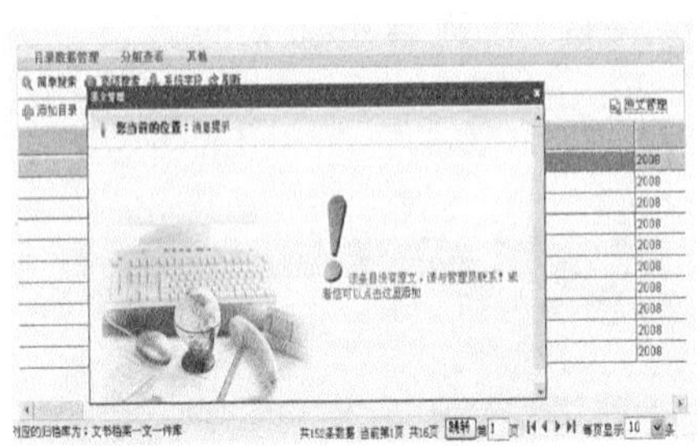

图7－22　原文管理界面

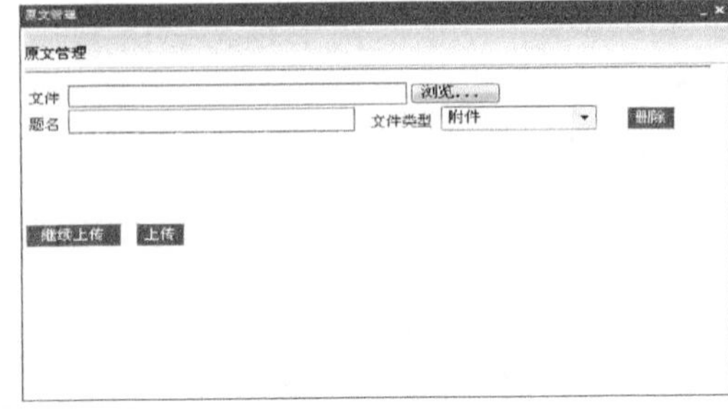

图7－23　原文上传界面

③文件移交，指兼职档案员将文件记录从“文件管理”模块向档案管理员移交档案条目信息到“整理编目”模块。这是将办理完毕的文件经过系统化的整理、分类，作为档案保存起来的第一个重要关口。

点击“文件移交”，见图7－24，填写文件移交申请单并提交，见图7－25、图7－26。

图7－24　文件移交界面

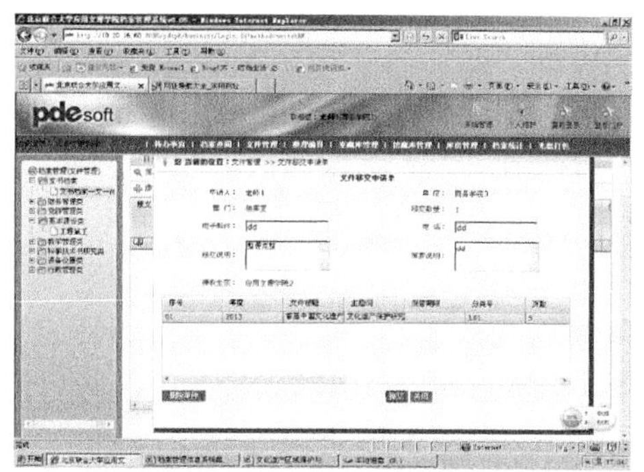

图 7－25　文件移交申请单填写界面

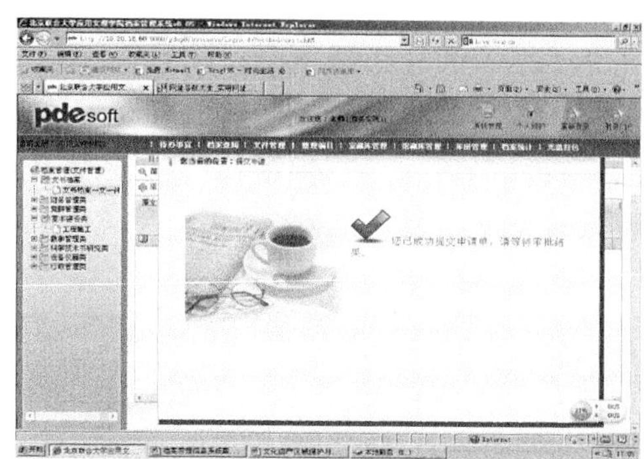

图 7－26　文件移交申请等待审批界面

④文件移交申请审批。具有档案管理员身份的用户（非文件移交申请者本人）登录系统，通过点击“代办事宜”，可以看到“审批事项”下面的“文件移交申请”，根据情况可以对刚才的移交申请进行审批是否通过，见图 7－27。

图 7－27　文件移交申请审批情况查看界面

（3）“整理编目”——预归档库

“整理编目”模块类似预归档库。档案管理人员在此环节对移交进来的文件可以鉴定、审核，也可以修改，完成著录、电子文件上传、档案接收、报表编目、文件组卷、档号生成、归档等工作。

档案管理人员可以在所负责的全宗，点击“整理编目”，可以看到获得批准的文件已经进入“整理编目”库，点击“生成档号”，系统自动按照档号形成规则形成档案，见图 7－28。

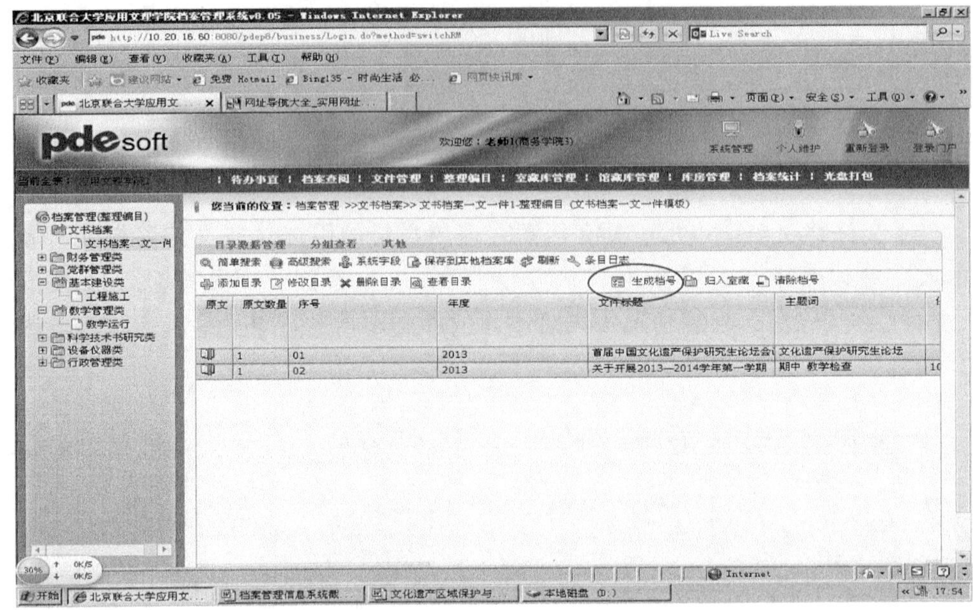

图 7－28　选定的文件移交完成后“整理编目”对应内容

（4）归入室藏——档案库

经过档案整理，条目整理成有组织的档案，可以转入室藏库中存储，日后加以利用。

选择已生成档号的预归档条目，点击“归入室藏”按钮，所选择的档案信息从“整理编目”环节的预归档库归档到对应的“室藏库管理”环节的归档档案库中。以后在预归档库将不再看到这些条目，只能在归档库中查看。

本例中，点击“教学管理类”下面的“教学运行”数据库，选中两条目录，点击“归入室藏”，见图 7－29。

（5）鉴定

进入“室藏库管理”，点击“教学管理类”下面的“教学运行”数据库，依

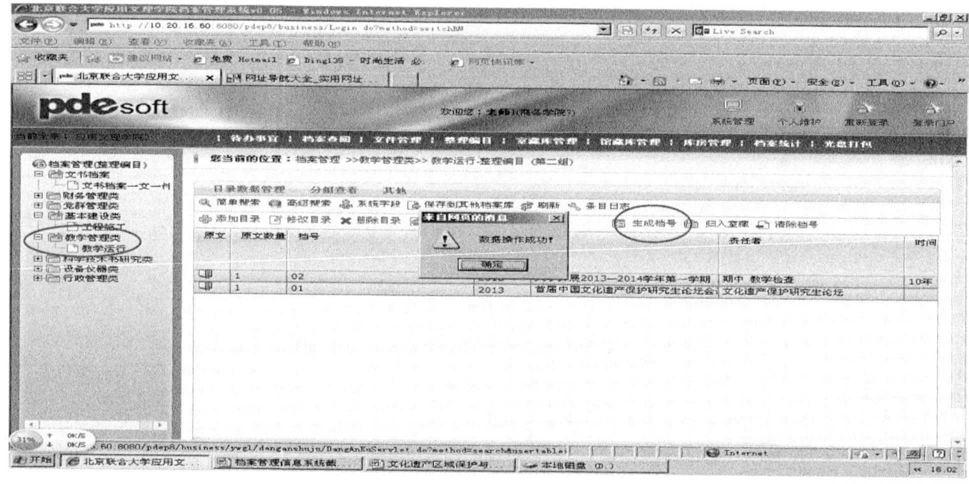

图 7－29　“归入室藏”操作界面

次选中某条数据，可以根据实际情况选择进行开放、受控或者濒危鉴定等操作，见图 7－30。

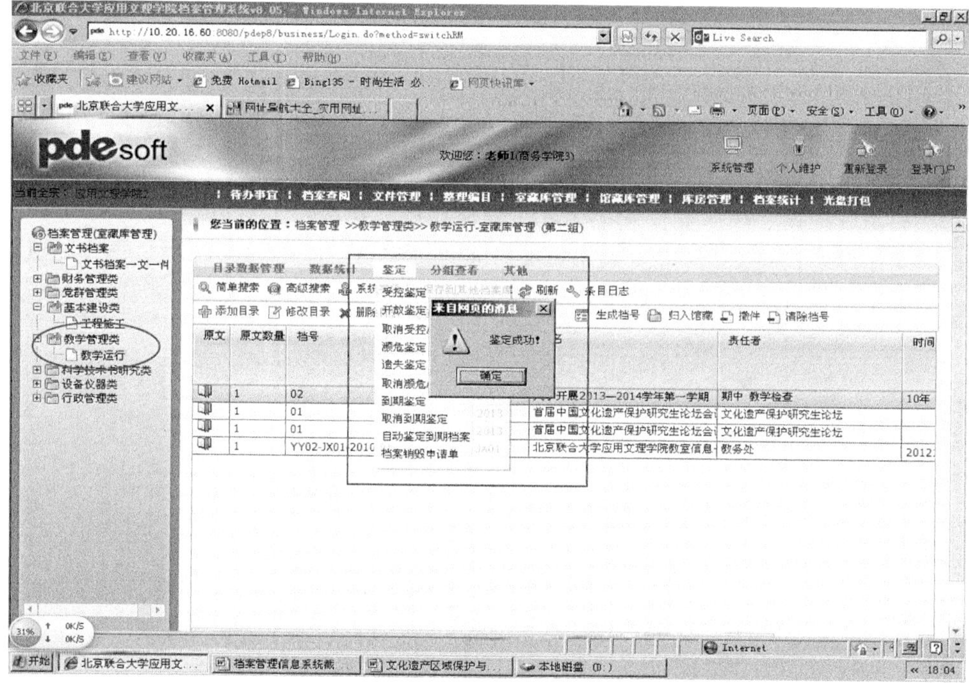

图 7－30　档案鉴定操作界面

见图 7－31，点击“系统字段”，根据鉴定类型打“√”，确定之后，退出，回到原来数据界面，拖动鼠标就可看到相应鉴定的结果。

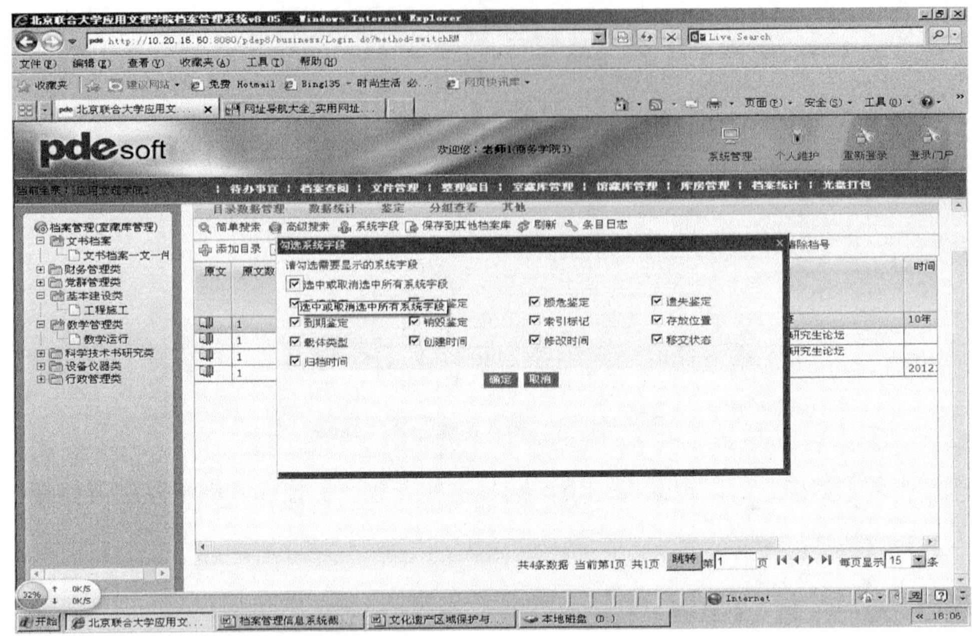

图 7－31　档案鉴定选择界面

（6）档案保管

档案保管指档案保管库房温湿度和库房安全性指标的登记，包括：温湿度登记、温湿度统计、库房安全登记、库房安全统计、档案销毁清单。

温湿度登记见图 7－32，温湿度统计见图 7－33，库房安全登记见图 7－34，库房安全统计见图 7－35，档案销毁清单见图 7－36。

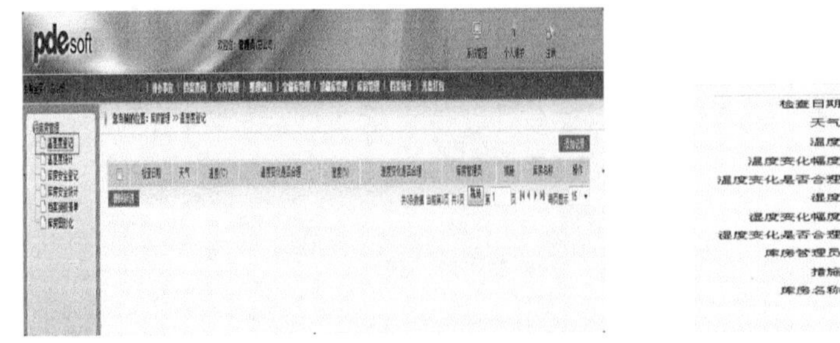
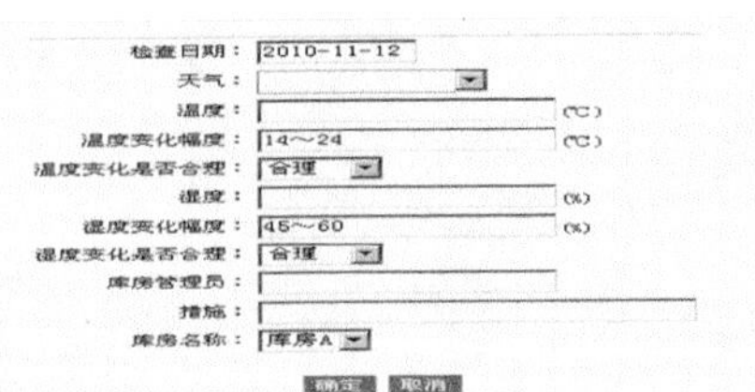

图 7－32　温湿度登记界面

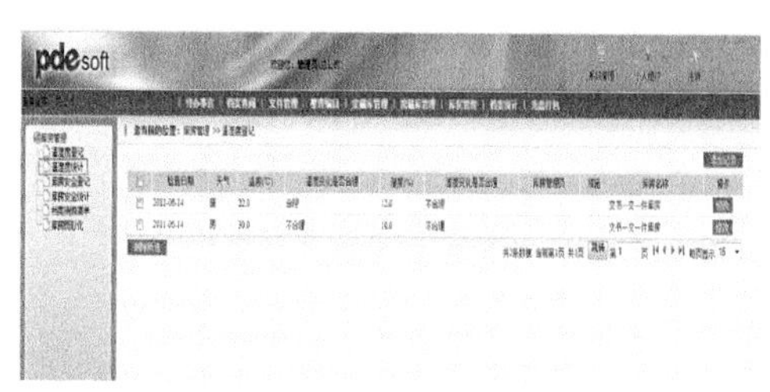

温 湿 度 统 计

月份	温度合理天数	温度不合理天数	湿度合理天数	湿度不合理天数
2018年01月	0	0	0	0
2018年02月	0	0	0	0
2018年03月	0	0	0	0
2018年04月	1	0	1	0
2018年05月	0	0	0	0
2018年06月	0	0	0	0
2018年07月	0	0	0	0
2018年08月	0	0	0	0
2018年09月	0	0	0	0
2018年10月	0	0	0	0
2018年11月	0	0	0	0
2018年12月	0	0	0	0
合计	1	0	1	0

图 7－33　温湿度统计界面

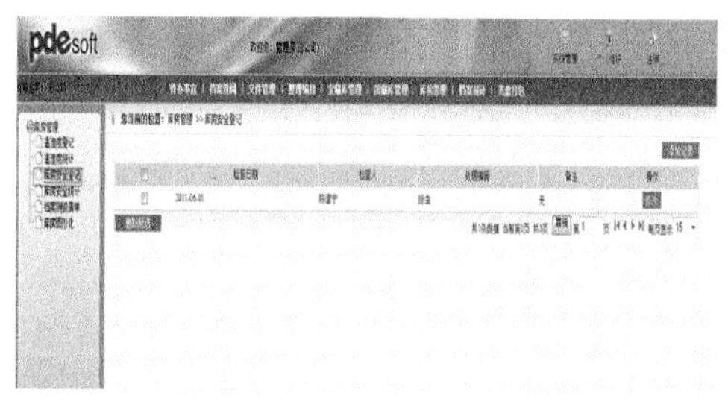

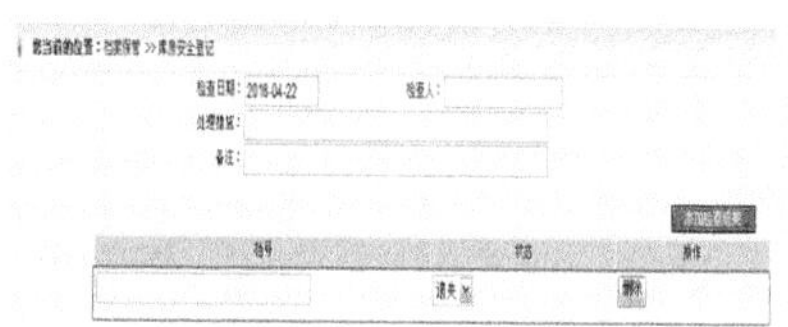

图 7－34　库房安全登记界面

库 房 安 全 统 计

月份	遗失	错位	褪变	脆黄	破损	虫蛀	霉变	其它	合计
2018年01月	0	0	0	0	0	0	0	0	0
2018年02月	0	0	0	0	0	0	0	0	0
2018年03月	0	0	0	0	0	0	0	0	0
2018年04月	0	0	0	0	0	0	1	0	1
2018年05月	0	0	0	0	0	0	0	0	0
2018年06月	0	0	0	0	0	0	0	0	0
2018年07月	0	0	0	0	0	0	0	0	0
2018年08月	0	0	0	0	0	0	0	0	0
2018年09月	0	0	0	0	0	0	0	0	0
2018年10月	0	0	0	0	0	0	0	0	0
2018年11月	0	0	0	0	0	0	0	0	0
2018年12月	0	0	0	0	0	0	0	0	0
合计	0	0	0	0	0	0	1	0	1

图 7－35　库房安全统计界面

选择图 7－36 中“销毁状态”可得到待销毁、销毁档案的清单。

（7）档案查阅

档案查阅方式包括全文检索、目录检索和档案库内数据浏览。

电子借阅是提供给档案利用人员使用，针对做了权限限制的电子资料，申请查看、下载、打印操作权限的途径。申请人提交申请单到审批人处，审批时，审批人对所借阅的资料进行查看、下载、打印三块权限的赋权，限制可用的时间

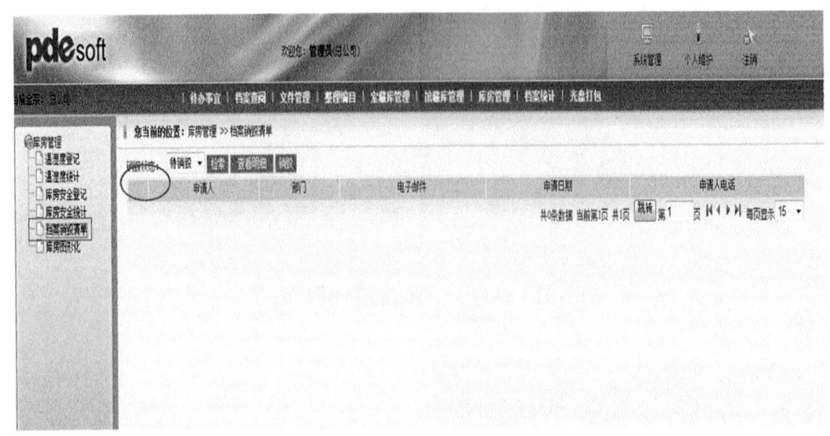

图 7－36　档案销毁清单

段，审批通过以后，在一个时间段内，申请人可以获取到审批通过的各项权限。

为了浏览原文，需要先安装原文浏览软件。点击“个人维护—文件下载—原文浏览软件”，点击“下载”并安装。

①全文检索。以档案查阅者（普通用户）的身份登录档案管理系统。在“档案查阅”模块中完成对档案的查阅。

在全文检索（见图 7－37 的方框）输入关键字（多个关键字时，关键字之间以空格隔开），可以启动检索。系统会在后台进行检索，然后返回检索结果，列表显示符合检索条件的电子原文及内容里的关键字。图 7－37 是档案检索界面，图 7－38 是以“报告”为关键字进行的全文检索的效果图。

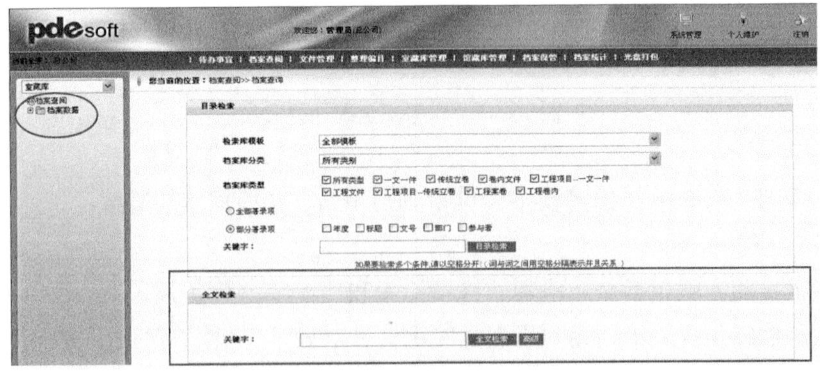

图 7－37　档案查阅界面

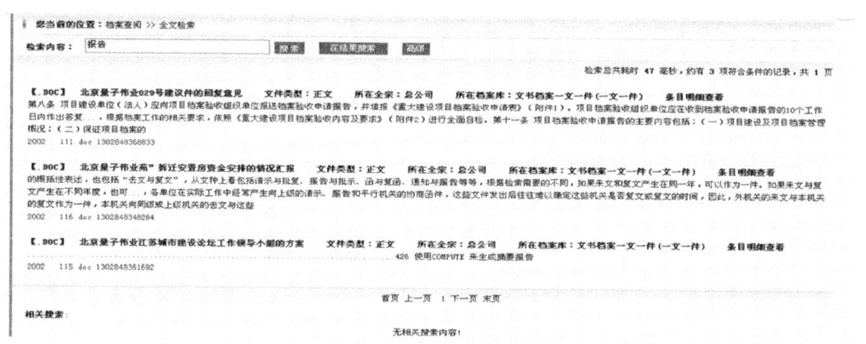

图 7－38　以“报告”为关键字进行的全文检索效果图

若当前用户对检索结果中的内容具有查看、下载或打印完整权限，则可以享受相应的服务；如果没有查看权限，则要通过填写电子借阅申请单来查看原文。点击要查看电子原文的标题，弹出提示，填写申请表，等待审核通过，见图 7－39。

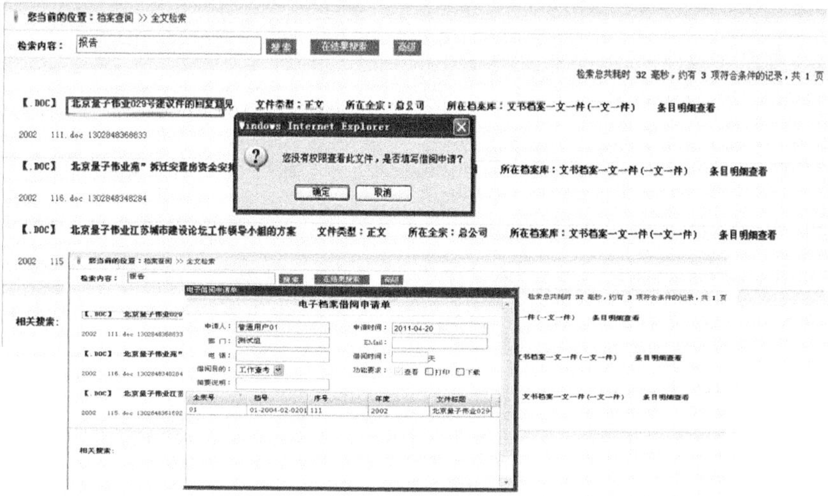

图 7－39　无权限用户查看原文和申请效果图

②目录检索。目录检索是指针对档案员整理录入系统的档案相关著录项信息（如年度、档号、文件标题、保管期限等）进行的检索。相对全文检索而言，此种方法更加快捷和精确，见图 7－40。可勾选档案库类型、著录项进行检索。

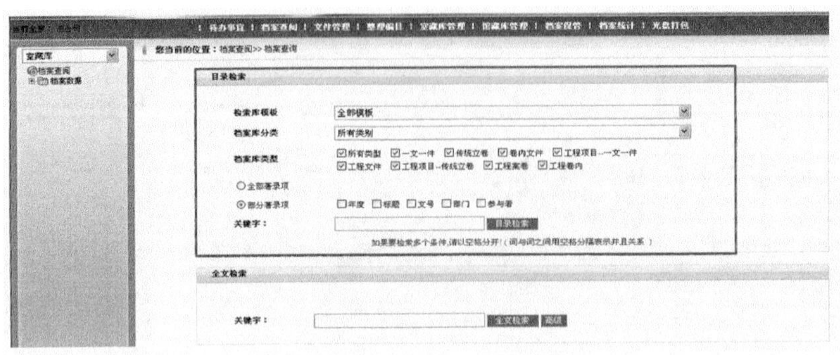

图 7－40　目录检索界面图

如“通知”，点击“目录检索”按钮，返回检索结果页面。其中列出符合检索条件的档案库名、档案库类型和检索结果（符合条件的档案条目数），见图 7－41。

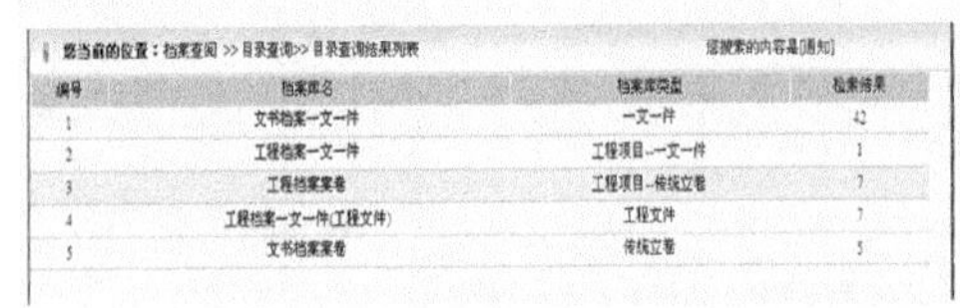

编号	档案库名	档案库类型	检索结果
1	文书档案一文一件	一文一件	42
2	工程档案一文一件	工程项目--一文一件	1
3	工程档案案卷	工程项目--传统立卷	7
4	工程档案一文一件(工程文件)	工程文件	7
5	文书档案案卷	传统立卷	5

图 7－41　目录检索效果图

原文管理

文件标题	文件类型	上传日期	文件大小(K)	操作
102.doc	正文	2011-04-15 13:58:49	95.232	查看 下载

图 7－42　原文查看效果图

点击相应的档案库，可看到满足“通知”检索条件的全部目录，找到需要查看电子文件的目标条目，点击条目前的原文按钮“📘”。若有查看权限，系统弹出条目下挂接的电子原文列表，直接点击原文后的“查看”即可，见图7－42。

关联知识

文件管理：登记库。文件管理是各部门将单位在工作及生产活动中产生的、用于相互交往的文件记录留存下来所处的第一个环节。用于工作的持续进行和事业发展的客观需要，文件是档案的前身，档案是文件的归宿。文件管理环节提供文件信息的著录、移交、电子文件上传、报表编目、文件组卷等功能，实现文件资料的电子化有序管理。

整理编目：预归档库。文件的整理编目是文书或文件工作的最后一个环节，是将办理完毕的文件经过系统化的整理、分类工作作为档案保存起来的第一个重要关口。整理归档环节提供文件信息的著录、电子文件上传、档案接收、报表编目、文件组卷、档号生成、归档等功能，实现文件资料向档案的转化。

室藏库管理：档案库。文件经登记、整理、归档后形成档案入库保管。管理的档案种类可包括：文书档案、科技档案、照片档案、实物档案、声像档案、会计档案等。室藏库管理环节提供各种档案信息的检索、档案编目、档案鉴定等功能，实现档案的统一管理。

馆藏库管理：档案库。馆藏库存放的是从室藏库移交过来的档案。在室藏库中将本全宗或其他全宗室藏库移交过来的档案整理后统一进馆保存。馆藏库管理环节提供各种档案信息的检索、档案编目、档案鉴定等功能，实现全局范围内档案的统一管理。

部室归档业务流程——以“件”为单位：单位各部（室）平时的文件等资料由本部（室）的文员在“文件管理”环节进行收集整理，对档案条目直接进行生成档号等操作，再通过文件移交到“整理编目”环节由档案室的档案员进行整理。

档案室归档业务流程——以“件”为单位：档案室档案员在“整理编目”环节，对部（室）移交的档案进行整理，鉴定，不合格可以退回，合格的归入室藏到“室藏库管理”环节，辅助完成档案的鉴定、装盒、打包工作，以及对归档的档案目录进行维护等。有馆藏的机构，可以移交“馆藏库管理”。

档案的鉴定：一般是指对档案真伪和档案价值的鉴定，其中，档案价值的鉴定是最常见的工作。档案价值鉴定工作是档案馆（室）按照一定的原则、标准和方法，甄别和判定档案的价值，确定档案保管期限，剔除失去保存价值的档案并予以销毁的一项业务工作。本系统介绍的档案鉴定功能包括：受控鉴定、开放鉴定、濒危鉴定、遗失鉴定、到期鉴定、销毁鉴定、部门鉴定。

第八章　档案检索实践

实践项目一：档案著录

1. 项目任务

巩固前期档案整理的成果，提炼具有检索意义的档案信息，形成档案数据库的内容基础。

2. 项目目标

①了解档案著录、条目、档案目录等基本概念。

②通过学习《档案著录规则》（DA/T18），熟悉档案著录项目，理解各著录项目的内涵，掌握其具体的著录要求和著录方法。

③思考各种媒体档案的特殊著录要求（包括照片、录音录像、网络信息元数据等）。

3. 项目素材

《档案著录规则》（DA/T 18）；用于著录的计算机和互联网环境；各种类型的档案文献。

4. 工作规则

（1）档案著录的工作流程

档案著录包括浏览档案文献、外部特征提取、记录信息及形成著录卡片（数据库记录）等内容，如图 8－1 所示。

浏览档案文献。档案著录是对档案的形式特征进行选择和记录的过程，因此，这一阶段对档案文献的浏览一般不必涉及档案文献的详细内容，达到著录项目的要求即可。档案著录的对象包括单个或一组文件（案卷）。单份或一组文件主要浏览文头、文尾，一个或一组案卷主要浏览案卷封面、卷内文件目录、备考表等内容。

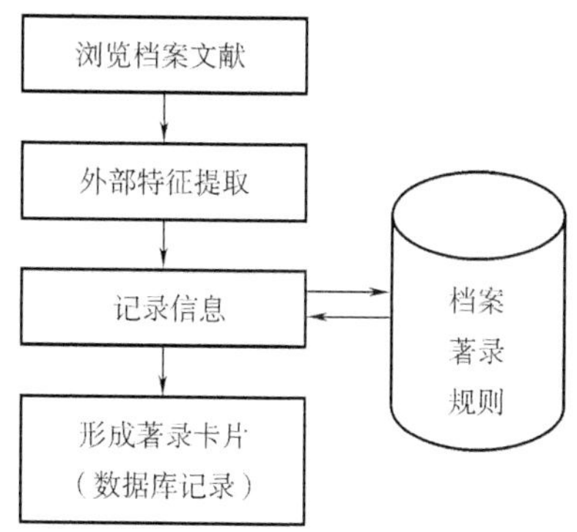

图 8－1　档案著录实验流程

外部特征提取。根据《档案著录规则》的要求，确定需提取的档案外部特征。

记录信息并形成卡片。根据著录格式的要求，使用正确的标识符号，记录所提取的档案外部特征；按照《档案著录规则》（DA/T 18）的要求形成规范的著录卡片，并在计算机环境下形成数据库记录。

（2）规则要求

第一，分组完成。按组开展项目活动，每组 3～5 人，每组确定 1 名组长负责统筹安排项目实施。

第二，著录卡片与数据库记录为两个独立成果。数据库结构设计应充分考虑各类档案文献的特点及利用需求。

5. 参考方案

各类档案文献的著录项目选择标准不尽相同。下面以文书档案为例提供著录卡片编制过程。

例 1：新民主主义时期档案文献著录

档案内容：

档案题名："新民主主义的政治与新民主主义的文化：在陕甘宁边区文化协会第一次代表大会上的讲演"——毛泽东 1940 年 1 月 9 日

档案数量：49 页

档号：1－1－23－1－49　文献分类号：B21＋G1　缩微号：75－12－37

保管期限：永久

主题词：政治 经济 文化 新民主主义 中国革命 三民主义

备注：档案现名：《新民主主义论》；此为影印件，复制于中央档案馆；现保存地点：＊＊＊档案馆（档案馆代号46100）

著录项目分析：

①题名项。著录文献题名中包含两部分内容，其中“：”号之前的部分应视为正题名，“：”号的部分是对正题名所表达文献的发表时间所做的说明，应视为说明题名文字。根据《档案著录规则》（DA/T 18）的要求，正题名在著录时应照原文著录，正题名前无著录符号；说明题名文字原则上也应属于题名范畴的内容，如果在其他著录项里有所反映时，一般不必著录，需要著录时，可在题名后连续著录，其前使用符号“：”，也可在附注项中注明。题名项著录时需注意：题名一般应照录原文，题名中的标点符号、化学符号、阿拉伯数字、外文字母等均需照录，不能省略；正题名有别名者，为了方便利用，除著录正题名外，可将别名在附注项注明。

②责任者项。该档案文献的作者为毛泽东。根据《档案著录规则》（DA/T 18）的要求，个人责任者一般只照原文著录姓名，必要时可著录表示责任者地位、职务、所在单位或身份的名称。责任者只有一个时，照原文著录，其前加“/”号。

③稿本与文种项。稿本是指档案文件的文稿、文本和版本，该档案文献的稿本为影印件。根据《档案著录规则》（DA/T 18）的要求，稿本的著录标识符是“. —”号。

④密级与保管期限项。根据《档案著录规则》（DA/T 18）的要求，公开级文件可不著录。该档案文献可仅著录保管期限。但由于缺少密级项，在著录时保管期限项前面的著录标识符“：”应改为“. —”号。

⑤时间项。1940年1月9日为该档案文献的发表时间，按照《档案著录规则》（DA/T 18）的要求，时间项一律用8位阿拉伯数字表示，第1~4位数表示年，第5~6位数表示月，第7~8位数表示日。该档案文献的时间项应著录为19400109。

⑥载体形态项。载体形态项著录档案载体的物质形态特征，包括载体类型、数量及单位、规格三个小项。以纸张为载体的档案一般不予著录，其他载体类型据实著录。由此，该档案文献仅著录数量单元即可。注意著录前应将其著录标识符由“：”号改为“. —”号。

⑦附注项。附注项是对一份文件或案卷在具体著录过程中其他各著录项目无法包括的，而且又完全有必要加以解释和补充说明的事项。附注项的内容包括两方面：一是各著录项目中需要注明的事项，如该档案文献中“现名《新民主主义论》”，即为题名附注；二是著录项目以外需要注明的事项，如被著录文件的来源为捐赠、购买、交换、复制、寄存等情况应予注明。“此件复制于中央档案馆”即表明了该著录文献的来源。当然，除确系需要外，一般可不著录附注项。

按照《档案著录规则》（DA/T 18）的要求，附注项的内容依各项目的顺序著录，项目以外需解释和补充的列在其后。附注项使用著录标识符是“. —”号。每一条附注均以“. —”号分隔。如每一条附注都分段著录时，可省略该标识符。各项附注中使用的标识符可与前述各著录项目相一致。

⑧档案馆代码。档案馆代码是每个档案馆的唯一编码，用于建立目录中心或对外报道和交流时必须著录。档案馆代码依据《编制全国档案馆名称代码实施细则》所赋予的代码著录。

其他各项根据著录细则的规定据实著录即可。

根据以上分析结果，该档案文献的最终著录结果见图 8－2。

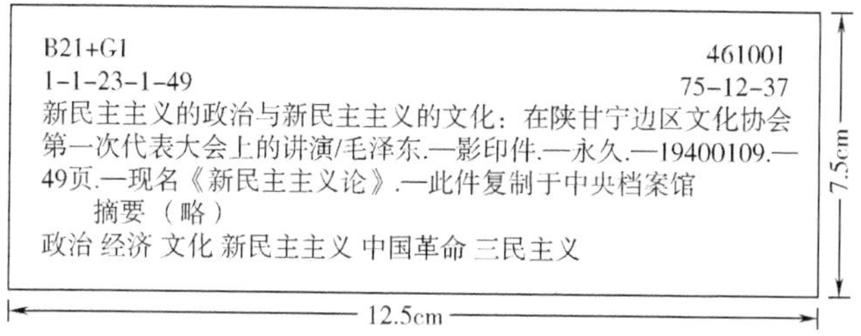

图 8－2　档案著录卡片示例

关联知识

1. 档案文献著录相关基本概念

档案文献著录，简称档案著录，是指在编制档案文献检索工具时，按照一定的方法，对文件或案卷的内容特征和形式特征进行分析、选择和记录的过程。所谓档案的内容特征，是指揭示档案文献主题内容的记录项，如档案文献的分类号、主题词、内容提要等。所谓形式特征，是指在档案正文以外的、不直接揭示档案主题的记录项，如发文机关、形成时间、发文字号、档号、文种、载体、密级等。

（1）档案著录与档案编目

档案著录与档案编目是两个不同的概念。档案编目的外延比档案著录要大，著录是将档案的内容和形式特征按一定的要求与格式记录下来，即编制条目的过程，是编目工作的第一步。编目既包括著录又包括目录组织，编目贯穿于档案工作的几个业务环节：整理工作中的编制卷内目录、案卷封面、案卷目录；鉴定工作中的编制销毁目录；保管工作中的编制存放地点索引；检索工作中的编制各种目录，都属于编目。因此，编目与著录既有密切联系，又各有不同内容和要求，二者不能等同。

（2）档案著录项目

档案著录项目是用于揭示档案内容和形式特征的记录事项。根据《档案著录规则》（DA/T 18）的规定，档案著录项目共分七大项，包括题名与责任者项、稿本与文种项、密级与保管期限项、时间项、载体形态项、附注与提要项、排检与编号项。每大项又分若干个著录单元（小项），其中正题名、责任者、时间、分类号、档号、电子文档号、缩微号、主题词或关键词为主要著录项目，其余为选择著录项目（内容详见表8－1）。

表8－1　著录项目

序号	大项名称	著录单元	主要著录项
1	题名与责任说明项	正题名	*
		并列题名	
		副题名及说明题名文字	
		文件编号	
		责任者	*
		附件	
2	稿本与文种项	稿本	
		文种	
3	密级与保管期限项	密级	
		保管期限	
4	时间项		*

续表

序号	大项名称	著录单元	主要著录项
5	载体形态项	载体类型	
		数量及单位	
		规格	
6	附注与提要项	附注	
		提要	
7	排检与编号项	分类号	*
		档案馆代号	
		档号	*
		电子文档号	*
		缩微号	*
		主题词或关键词	*

（3）著录标识符

著录标识符是为识别各著录项目、单元（小项）及其内容而添加的规定符号。

著录用标识符作为一种人工语言的形式，一是它把复杂的概念转换成简洁、概括的书写称谓形式，指代某一特定的实在内容，便于档案的著录；二是著录用标识符具有固定著录项目排列顺序和准确认识不同著录项目的功能，能提高检索速度；三是便于输入计算机存储，有利于手工检索向机器检索的过渡，为档案管理现代化创造有利条件。

《档案著录规则》（DA/T 18）中规定使用的著录标识符共 13 种（如表 8－2 所示）。

表 8－2　著录项目标识符

符号	著录项目前	著录内容两端	著录内容之间	代替著录内容
. －	稿本与文种项、密级与保管期限项、时间项、载体形态项、附注项			
=	并列题名			

续表

符号	著录项目前	著录内容两端	著录内容之间	代替著录内容
:	副题名及说明题名文字，文件编号、文种、保管期限、数量及单位、规格			
/			第一责任者	
;			多个文件编号、多个责任者	
,			相同职责、身份省略时的责任者或同一责任者的不同职责、身份	
+	附件			
[ ]		自拟著录内容、文件编号中的年度、责任者省略时的“等”字		可与?结合使用
( )		责任者所属机构名称，责任者真实姓名，责任者职责或身份，外国责任者国别及姓名原文，中国责任者时代，历史档案中的朝代纪年、农历、地支代月、韵目代日转换后的公元纪年		
?				不能确定的内容
—			日期起止和档号、电子文档号、缩微号	
…				节略内容

续表

符号	著录项目前	著录内容两端	著录内容之间	代替著录内容
□				每一个残缺文字和未考证出时间的每一数字。未考证出的责任者及难以计数的残缺文字用三个“□”号

（4）档案著录格式

档案著录格式是著录项目在条目中的排列次序和表达方式。根据《档案著录规则》（DA/T 18）的规定，一般使用段落符号式（卡片式）的条目格式。段落符号式是指将著录项目分为若干段落，每个项目及单元之间用符号区分开来。

（5）档案条目

档案著录的结果是形成档案条目。所谓档案条目，是反映一个或一组文件、一个或一组案卷的内容和形式特征的著录项目的组合。手工环境下，档案条目常常表现为一张著录卡片，计算机环境下则表现为数据库表中的一条记录。档案条目是组成档案目录的单元，将许多条目按照一定的体系和方法排列起来，即成为目录。在实际工作中，条目的作用是使利用者了解档案的内容，选择和利用档案。条目记录档案的内容和形式特征，反映出档案的内容、价值和物质形态，表示出一份文件（或案卷）与另一份文件（或案卷）的区别。条目上记载着档号、分类号、表明文件（或案卷）的所属全宗和类别，人们据此来索取并迅速地找到档案。正是由于条目是一份文件或一个案卷的代表，是人们查找档案的依据，因此，条目的质量直接影响目录的质量，同时也是影响检索效果的重要因素，保证条目的质量是提高档案工作水平的重要措施。

著录与条目是两个不同的概念，不能混淆。虽然二者具有共同点，都是指对档案内容和形式特征所做的记录，但著录是指编制条目的过程，条目则是著录的结果，而不是先于著录。

（6）档案目录

档案目录是按照一定的次序编排而成的条目组合，是档案检索和报道的工具。目录在我国有着悠久的历史，它是随着档案、书籍的增多，为便于人们的使用和查找而产生的。因此，档案和书籍的大量存在是目录产生的前提。目录由条目组成，档案目录种类繁多，从著录对象的范围分，以一个全宗和全宗的一部分档案为对象的检索工具，有案卷目录、案卷文件目录、全宗文件目录、重要文件目录、文号目录等；以档案馆（室）全部或部分档案为对象的检索工具，有分类目录、主题目录、人名目录等；以若干档案馆的全部或部分档案为对象的检索工具，有全国性或地方性的综合或专题的联合目录；从形式和载体上分，以纸张为载体的有书本式目录和卡片式目录，以胶片和磁带为载体的有缩微目录、机读目录等。

2. 档案著录的作用

档案著录是组织档案检索系统的基础，也是信息存储过程的重要环节。档案著录在档案工作中的作用主要表现在以下方面。

（1）档案著录是揭示档案文献内容信息的有效方法

根据《档案著录规则》（DA/T 18）的要求，档案文献的著录项目包括了20余个记录项，将档案文献的检索信息浓缩于方寸之间。

（2）档案著录是建立目录和数据库的基础

档案目录是按照一定的次序编排而成的条目组合，是档案检索和报道的工具。可见，档案目录的形成包括两个步骤，一是形成条目，二是对条目的组织。因此，不管是手工环境下的目录体系，还是计算机环境下的数据库系统的建立，都必须以档案条目的编制为基础。

（3）档案著录是影响检索效果的重要因素

评价检索效果的两个基本指标是查全率和查准率，而要获得较高的查全率和查准率依赖于准确的检索标识。没有准确的检索标识很难取得理想的检索效果。档案著录工作就是赋予检索标识的关键步骤，如果档案著录项目不齐全、内容不准确，档案标引给出的档案标识与档案文献主题不相符或发生组配错误等，都会降低档案检索系统的储存质量，从而在查找过程中发生漏检和误检，直接影响检索效果。

（4）档案著录是提高档案工作水平的重要措施

档案著录工作的基本要求是准确性和规范化：准确性要求档案人员科学准确地把握著录对象的各方面特征，提高检索系统的数据存储质量；规范化要求全国档案著录工作实现标准化，从而在整体上提升档案基础工作的水平。

3. 档案著录的依据与要求

（1）档案著录的依据

档案著录的依据是《档案著录规则》（DA/T 18）。

1985 年，依据国家标准《文献著录总则》（GB 3792. 1—83）的原则，结合我国档案的特点和档案工作的实际情况，我国制订并颁布了国家标准《档案著录规则》（GB/T 3792. 5—85）作为全国档案著录的规范性依据。经过十几年的推广实施，全国档案著录的标准化程度有了很大的提高，在总结已有经验的基础上，参照《档案著录国际通用标准》［ISAD（G）—1993］，国家档案局又对《档案著录规则》加以修订，于 1999 年以行业标准发布新版的《档案著录规则》（DA/T 18）。

（2）档案著录的基本要求

档案著录工作的基本要求是准确和规范。

准确，指著录结果全面、客观、准确地揭示档案的内容特征和形式特征。为此，应坚持以被著录的档案文献作为著录信息的主要来源，对每一个著录对象的各方面特征进行科学的分析、合理的选择和正确的记录。对不清楚、不确切的信息应在考证后再做记录，切忌主观推测和不加分析、选择地照抄照录。做到所有应该著录的项目无遗漏、无差错，避免出现错误的、含混不清的信息。

规范，指推行标准化著录，按照统一规定的著录项目、著录格式、标识符号、著录项目细则进行著录。推行著录标准化，有助于保证著录条目的质量，使之达到项目完备、有效信息含量高，为建立具有合理的检索途径和检索深度的高质高效的档案检索系统奠定基础；有助于手工检索向自动化检索的过渡，使著录项目同时适用于组织手工目录和建立计算机数据库；有助于不同档案馆、室之间档案信息的交流；有助于建立跨机关、跨地区的档案信息检索系统，实现档案信息资源的共享。

实践项目二：档案主题分析

1. 项目任务

了解档案文献的主题类型和主题结构，准确把握档案文献主题，提高标引质量。

2. 项目目标

①确定待标引档案文献的主题类型。

②分析档案主题结构，提炼主题概念，确定析出的主题数量与主题因素。

3. 项目素材

用于操作的计算机；待分析的档案材料。

4. 工作规则

（1）档案主题分析的工作流程（见图 8－3）

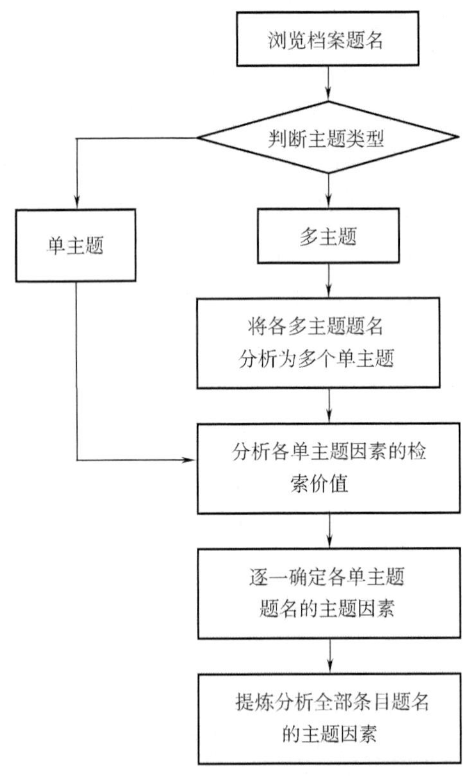

图 8－3　档案主题分析实验流程

（2）规则要求（同本章实践项目一）

5. 参考答案

分析以下五份档案的主题：

例1：

《各级人民政府任免国家机关工作人员办法》

分析：该份档案内容仅论述了一个问题，因此，该份档案为单主题档案。

例2：

《1964年汽车总检和驾驶员审验工作总结》

分析：“汽车总检”和“驾驶员审验”从专业角度看属于公路运输或交通运输问题，但该档案内容并未涉及这些上位问题，而仅从“汽车”和“驾驶员”两个环节做了各自独立的阐述，因此，该档案应视为多主题档案，主题之间是并列关系。

例3：

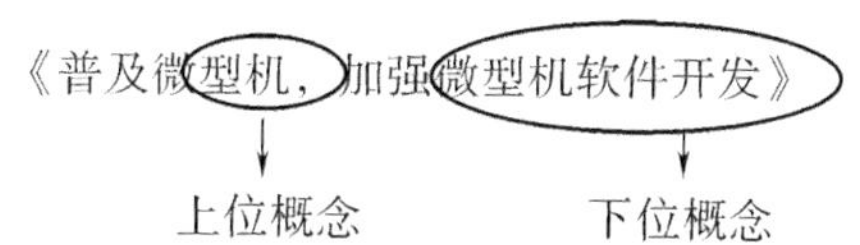

分析：该档案内容同时论述了微型机和微型机的软件开发，显然前者是一个大主题，后者是一个小主题，且前者与后者是包含与被包含的关系，即大主题的外延可以包含小主题。因而，该档案是多主题档案，主题之间是从属关系。

例4：

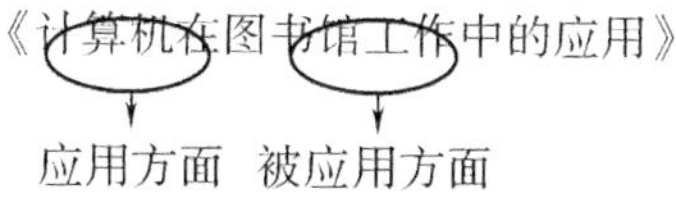

分析：该档案内容涉及计算机和图书馆工作两个主题，且前者应用于后者，因此，该档案的主题为联结主题，体现的是应用关系。

例 5：

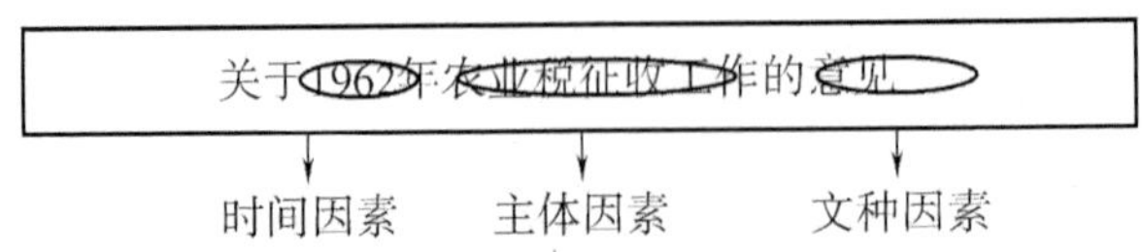

分析：该档案为单主题文献，但涉及多个主题因素。其中："农业税征收"是档案内容中论述的事物或问题的关键性概念，是主体因素；"1962 年"是档案文献内容涉及的时间，是时间因素；"意见"是文件类型。

关联知识

1. 档案主题分析的概念及作用

档案主题分析，就是通过分析档案的内容，具体掌握其记录和反映的对象与问题，从而选择和确定具有检索意义的主题作为标引对象的过程。

档案主题泛指档案具体记述的对象（事物）或问题，检索工作对档案主题的特殊要求是主题必须要具有检索意义，即档案主题应该是档案中论述的具有实际意义，且全面、准确表达的对象或问题主题。这样的主题才具有实际检索意义。

档案主题分析在档案著录标引过程中发挥着决定性的作用。首先，它是档案标引的前提，缺少了主题分析环节，无法了解档案的中心内容和其他标引的对象，就不能正确的赋予档案检索标识，检索条目就无法最终形成；其次，它是标引质量的保障。

2. 档案主题的类型

认识档案主题类型有助于正确确定检索标识。根据不同的划分标准，档案主题可以分为各种不同类型：

（1）依主题数量划分

①单主题，即档案内容仅反映一个对象或一个问题，如《关于淮河流域水污染防治》。

②多主题，即档案内容包括两个以上对象或问题，如《图书馆和档案馆建设》。

（2）依主题所含概念的数量划分

①单元主题。单元主题是指由一个基本概念构成的主题类型。如《关于工资

问题的若干规定》，档案中仅含有“工资”一个概念。

②复合主题。复合主题是指由两个或多个基本概念结合构成的主题类型。复合主题的基本概念可由多种关系构成，包括：事物与事物之间的关系、事物与方面之间的关系、事物与部分概念之间的关系等。

③联结主题。联结主题，也称相关关系主题，指同时涉及两个主题对象之间联系的一种主题类型。在这类主题中，不同主题对象之间的关系比较松散，不像一般复合主题那样可以融合成一个整体，而是形成一定的关系类型，是一种介乎单主题与多主题之间的主题类型。常见的关系包括应用关系、比较关系、影响关系、因果关系等。

对于联结主题，不仅要分析其主题构成，还应该分析其关系类型，以便根据不同关系类型的特点加以揭示。

（3）依主题的重要程度划分

①主要主题。主要主题也称为中心主题，是形成者着力强调的主题，反映其形成该档案的目的。一份档案一般至少包含一个主要主题，有时也可以有两个或多个主要主题。

②次要主题。次要主题是形成者论述主要主题时涉及的辅助内容的主题。对于次要主题，应根据检索系统的要求及其本身的情报价值，决定是否将其析出。

（4）依利用者（本单位的）的职能划分

①专业主题。专业主题指针对特定专业而言，属于本领域范围内的主题。它可以是主要主题，也可以是次要主题。在专业检索系统中，对专业主题的揭示应力求全面、专指。

②相关主题。相关主题指与本领域有关但不属于本专业范围的主题。在专业检索系统中，并不要求对此类主题分析得像专业那样全面、专指，只有在其对该专业的研究有联系、有启发、有一定使用价值时才酌情析出。

（5）依主题的清晰程度划分

①显性主题。显性主题是指档案文献正面阐述、表达的主题。对显性主题的分析比较容易，可以根据文献的论述直接加以提取。

②隐性主题。隐性主题是指档案文献中没有直接表述，需要付出更多的智力劳动才能分析出来的非常有意义的主题。隐性主题容易漏标，对这类主题的分析，一般应在深入了解文献内容及其与有关领域主题内容之间关系的基础上进行。这类情况在主题标引，特别是深度标引时出现比较多。

以上对于主题类型的划分，是根据档案标引的需要，从不同角度进行的，目的是便于根据各种主题类型的特点，从不同角度加以识别和提炼。一篇文献的主题可以同时分属于不同类型，在进行主题分析时，应根据其特点，进一步分析、提炼和取舍。

3. 档案的主题结构

档案的主题结构是指档案文献主题的各个主题因素以及它们之间的相互关系。分析主题结构的目的是，在分析主题类型的基础上，进一步对档案文献中复合主题的成分进行分析，以便查明主题构成因素及其相互关系，对主题概念进行提炼。

（1）档案主题因素的构成

文献主题结构有其自身的层次和规律性。中华人民共和国档案行业标准《档案主题标引规则》（DA/T 19—1999）中，根据档案文献的特点，将档案文献的主题因素明确为以下五种：

①主体因素。主体因素是档案内容中论述的事物或问题的关键性概念，一般作为该文件或案卷的检索入口。如《中国八十年代农田水利规程手册》中，“农田水利”就是主体因素。

②通用因素。通用因素是文件主体因素中没有独立检索意义的一般概念。它的内涵浅、外延广，不能单独作为检索标识检索文件，必须和主体因素组配才有检索意义。如上例中的“规程”。

③位置因素。位置因素是在事物发生存在的特定空间方面对主体因素的限定成分。所谓特定空间，即是指文件内容涉及的空间范围，包括地区、机关等，而不是指文件的机关团体责任者（作者）和其所在地域。如上例中的“中国”。

④时间因素。时间因素是从事物发生和存在的特定时间方面对主体因素的限定成分。所谓特定时间，是指档案内容涉及的时间，而不是指文件制发的时间。如上例中的“八十年代”。

⑤文种因素。文种因素是反映文件性质、文种等形式特征的概念，对主体因素也有限制和细分的作用。如上例中的“手册”。

（2）档案主题因素的作用

档案主题因素是认识档案主题结构的一把钥匙。主题因素与其他限制因素能够帮助我们正确区分主题各个组成部分及其相互关系，便于精选或确定档案的标引对象，而且提供了检索标识的排序依据，从而有效保证档案的标引质量。

4. 档案主题分析的策略与方法

（1）主题分析策略

①宏观主题分析。宏观主题分析，是将一套或一份档案的内容为一个单位，整体地进行主题分析。这种主题分析也可称为“题名级主题分析”，它往往是依据题名进行主题分析，或者围绕题名进行主题分析，即当题名不能清晰、完整地概括档案整体内容时，主题分析就像是通过了解文献内容而明确和充实题名。

②微观主题分析。微观主题分析，是以档案的部分内容，如一套档案中的卷、件，一份档案的章、节为一个内容单元进行主题分析。它也可称为“文内单元级主题分析”。只要进行微观分析，任何档案都有可能分析出多个主题。

③概括式主题分析。概括式主题分析，是用比较简单的概念粗略地概括内容单元，如仅指出内容单元所论及的事物，而不指出事物的方面。因而，它所析出的主题因素相对较少。

④描述式主题分析。描述式主题分析，是用比较复杂的概念细致地概括内容单元，它往往用较多的概念因素描述内容单元论及事物的具体方面、特征。因而，它所析出的主题因素相对较多。

不同主题分析策略的分析结果，不仅表现为析出主题因素的多少，有时将导致析出主题的多少。例如：一书内容涉及“拖拉机的设计、驾驶、维修”，如果做概括式分析，只分析出“拖拉机”一个单因素主题；如果做描述式分析，可分析出“拖拉机设计”“拖拉机驾驶”“拖拉机维修”三个双因素主题。因此，概括式分析与宏观分析、描述式分析与微观分析有一定的对应关系，但是，它们又不完全等同。

（2）主题分析的方法

根据主题类型和主题因素提炼与分析主题，是主题分析的基本方法。在档案检索工作的实践中，人们以此为基础创造了各种具体分析方法。

①常规分析法，又称主题模式分析法，即遵循上述主题因素或特定的主题因素，提炼和分析主题概念的方法。采用这种方法，能够顺利地显示档案的主体因素或中心内容，并依照主题因素之间的关系构成完整的主题概念。常规分析法既适用于综合性单位或检索系统，也可用于专业性的检索系统。

②列表分析法，将特定范畴档案的主题可能涉及的各种概念因素归纳成表，依照表中所列的概念进行主题分析，将找出的相关档案土题概念填入表中，形成完整的土题概念。

③提纲分析法，即按照预先拟定的主题分析提纲分析档案主题的方法。所谓

主题分析提纲，由主题分析时应该注意的问题，或者应该从哪些角度进行分析的一系列提问或要点构成。

5. 档案主题分析的步骤及要求

（1）主题分析的步骤

①从分析档案题名入手。题名是作者为概括、表征档案内容而赋予档案的名称，是档案内容最直接、简明的表达方式。随着文件规范化程度的不断提高，大多数档案的题名（特别是20世纪八九十年代实行一文一事以后）都能够准确地反映档案的整体或基本内容。尤其是行政文书档案和科技档案的题名，与其内容拥有较高的相符度。这意味着，只要对档案题名进行结构（主题因素）分析，就能够较准确的概括档案的主题。当然，只有以规范的档案题名为前提，这种方法才能奏效。

②以内容提要和结论为分析重点。当档案题名不能满足主题分析的要求时，就要通过浏览档案原文的方式加以解决。所谓的浏览原文并不是通读档案全文，考虑到检索工作的效率，浏览必须突出重点，那就是主要阅读档案原文的内容提要和结论部分。

内容提要包括档案的摘要、前言等，是对档案内容的简要陈述。由于它们是原文内容的浓缩，而且大部分内容提要都是档案作者自己概括的，能够准确地揭示原文的整体内容或主要内容，而且也可以较全面地反映原文的次要或其他方面的内容。依据规范的摘要，就能够准确、充分地了解档案的整体内容，以便正确选择其重要的局部内容。

由于摘要或内容提要的质量参差不齐，特别是对档案的主题的揭示与概括的程度深浅不一，甚至有的档案没有摘要一类的内容，这就要浏览档案原文的重点段落——结论。结论是档案形成的目的，一般都是针对档案的基本主题或主要内容进行综述，因此，应该通过结论部分的内容，顺利地找出档案的主要议题，包括某些次要的主题。如果对档案主题的网罗度要求不高或者对档案局部主题要求不高的话，重点地浏览档案的内容，就可以完成选择与确定档案主题的任务。

③以档案纲目为补充。纲目是指档案目录或原文的各级标题，它们集体构成了完整的档案内容框架。纲目不仅是档案原文的缩影，而且反映了作者对档案内容的认识和组织。浏览档案的纲目一方面能够总揽档案内容，保证主题分析得完整、准确。另一方面也可以沿着作者的思路，根据作者编拟的标题及其层次，确切地认识档案次要主题的地位，有重点地进行微观主题的分析，为档案整体和局

部主题分析提供全面、专指的主题概念或概念因素，有效提升主题分析的深度。

④以查重方式保持主题分析的一致性。保持主题分析的一致性，指在特定范围内分析出的同类档案主题的表达方式应相对一致。保持一致性的目的，是使主题分析、主题的表达与利用者的认知程度达到相对的稳定，这是控制主题分析质量的一种重要、有效的手段。

（2）档案主题分析的要求

①全面地提炼主题，即要求全面地揭示档案原文中具有检索意义的主题，不遗漏具有实用价值的主题概念，防止因主题分析不充分造成的漏标、漏检现象。

②准确地概括主题，即要求主题分析所揭示的档案主题与它所反映的内容、范围相符，避免出现错标现象。特别要注意使用准确的概念概括相应的主题内容，使分析出的主题概念与它所表现的内容相契合。

③客观地表现主题，即要求揭示或表现的档案主题概念应该符合利用者的客观需要，以保证其检索意义，切实实现档案检索的价值。符合利用者的检索需求必须坚持以利用者的检索需求为导向。

实践项目三：档案分类标引

1. 项目任务

依据《中国档案分类法》，揭示档案内容的类别特征，为编制档案分类检索工具提供基础。

2. 项目目标

学习《档案分类标引规则》（GB/T 15418），熟悉《中国档案分类法》的原理及结构，掌握档案分类标引的基本方法，掌握复分仿分方法。

3. 项目素材

用于操作的计算机；《中国档案分类法》（第二版）；《档案分类标引规则》（GB/T 15418）；待标引的各类档案文献。

4. 工作规则

（1）档案标引的工作流程

档案标引包括浏览档案文献（同实践项目一）、档案主题分析（同实践项目二)、辨析类目、标引分类号（包括复分和仿分）和审核（见图8－4）。

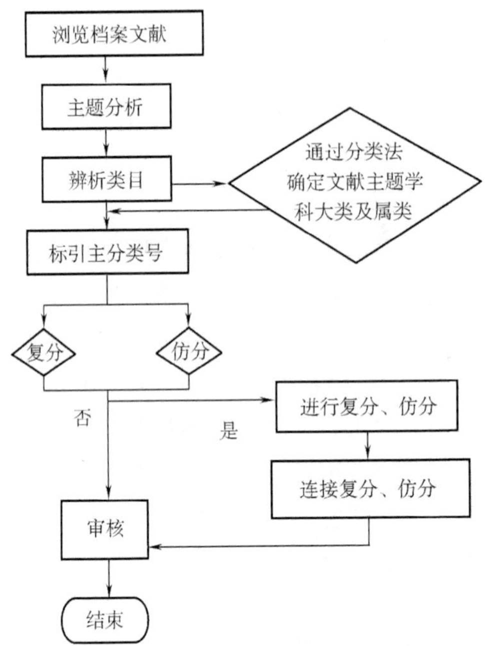

图8－4　档案文献分类标引流程图

①辨析类目，将文献主题归入分类体系中相应的类目。

②标引分类号，是指用《中国档案分类法》（以下简称《中档法》）中的类号来表达档案主题概念，也就是将判定的类别赋予分类标识的过程。

③审核。在标引工作结束以前，应当对每个文献的标引结果进行审核，以保证标引质量。

（2）规则要求（同本章实践项目一）

5. 参考方案

不同主题类型的档案有不同的标引规则和方法。下面从单主题和多主题角度各举一例说明档案标引过程。

例6：对“有关＊＊＊茶叶种植情况的调查”一文的标引。

第一步：确定档案文献主题。

由主题分析得知，此档案文献的主题是“茶叶种植”，为单主题文献。根据分类标引规则的规定：单主题文件，一般依主题主体因素所属的类目标引；若是从一个方面对主题进行论述，就依这方面所属类目标引。

第二步：查阅《中档法》，寻找主题所属类目。经查，《中档法》中有关茶叶种植的相关类目内容如下：

MA213 农作物栽培

MA213251　茶

第三步：复分。根据文件题名，该文为调查成果，属特殊文种，因此应将其作为复分特征进行标识。经查，《中档法》中有关调查的类目设置在综合复分表中，内容如下：

—5　调研

—51　调查研究

第四步：标引结果。将主分类号与复分号连接得到以下标引结果：

MA213251－51

例7：“关于职业技术教育与中专教育”一文的标引。

第一步：确定档案文献主题。

关于职业技术教育与中专教育

由主题分析得知，此档案文献的主题有两个，即“职业技术教育”与“中专教育”，为多主题文献。

第二步：查阅《中档法》，寻找主题所属类目。经查，《中档法》中有关“职业技术教育”的相关类目内容如下：

GE4　职业技术教育

高等职业技术教育入 GE5

仿 GE5 专类复分表分

41　技术学校

42　职业学校

职业班入此

43　中等专业技术学校

中专班入此

由此可见，“职业技术教育”与“中专教育”是从属关系主题。根据分类标引规则的规定：文件、案卷论述的几个主题之间是从属关系，一般依它们的上位类目做整体标引。若较小主题具有检索价值，也可依小主题的所属类目做互见标引。

第三步：标引结果，得到以下标引结果：

GE4

关联知识

1. 档案分类标引的概念

档案分类标引是分类检索语言在档案检索实践中的具体应用。档案分类标引，又称为归类，它是指将档案主题的自然语言转换成档案分类检索语言的过程，也就是对档案进行主题分析的结果赋予分类号标识的过程。将档案条目按所赋予的分类号排列起来，就形成了一个与分类体系相同的逻辑系统，从而达到系统反映档案内容，便于检索、利用的目标。

分类标引是档案文献标引中使用分类语言标识档案文献主题内容的过程。分类标引的结果是揭示馆藏、查询检索、保管统计等档案工作环节的基础，是打开档案知识宝库的一把金钥匙。

2. 分类标引的工作内容

档案分类标引是获得检索标识的基本手段，同时是一种比较复杂的智力劳动过程。为保证标引工作的质量，必须完成以下工作内容。

（1）选择标引类表，确定使用本

《中档法》是档案文献分类标引中被普遍使用的标引工具，但其作为通用分类法不适宜直接用来进行分类标引，各单位应根据自身档案文献的实际情况，编制使用本。

所谓分类法的使用本，是指在允许的范围内，对所用的通用分类法做适当的调整、补充、说明后，确定下来作为分类标引最后依据的本子。确定使用本主要包括两方面的原因：一是通用的档案文献分类法，其适用范围是各种类型的档案馆及其馆藏，与特定单位的使用需求并不完全一致；二是分类法，尤其是等级列举式分类法，对科学技术和文献主题发展的反映总是滞后的，不可能频繁地修订以及时适应新的变化、满足新的要求。

（2）主题分析

分类标引中，文献主题分析的特点主要表现在三个方面：一是分类标引的主要分析倾向于宏观分析或概括的主题分析。二是主题分析的依据相对较为明确和具体。因为决定主题因素的取舍并将主题因素按一定次序组合为主题概念的依据，是标引所用分类语言中相应类目所采用的分类标准及其引用次序。三是对析出的主题概念进行分析的重点是弄清并确定它的学科属性。

（3）辨析类别

档案分类标引的基本要求是将文献主题归入分类体系中相应的类目，而归类的前提是准确了解类目的含义和范围。辨析类目的方法主要包括以下几种。

①大类结构解析判定法，即先分析大类内的组成部分及其之间的区别，再弄清每个部分的层次及层次间关系，然后比较不同部分相似或相关类目的差异。

②类目含义限定判定法。体系分类法的类名往往不能完整地表达类目的含义，类目的实际含义受到许多其他因素的制约，因而应采用相关因素限定的方法来辨识类目的实际含义，例如：通过上位类来确定下位类目的含义；通过下位类来限定上位类，从而明确上位类的含义；通过类目注释进一步辨明类目的含义以及通过相关类（包括同位类）来限定类目的含义。

（4）标引分类号

标引分类号，是指用《中档法》中的类号来表达档案主题概念，也就是将判定的类别赋予分类标识的过程。标引分类号，应根据文件、案卷内容的属性、主题多寡、起草意图、利用对象、检索需求等特点，采用恰当的方式和方法，准确、一致、适度地标引出来。遇有难以分类的新事物、新主题的档案材料，分类表上无确切类日可归时，各档案馆（室）可增设新类目予以分类标引，同时上报《中档法》编委会确认。今后若遇到同类主题的文件、案卷亦照此办理，确保一致性。

（5）标引结果的审核

对于分类标引结果的审核需注意以下方面：主题概念提炼是否准确、恰当；辨类是否准确，同类档案是否归类一致；标引的类号是否充分、完整、准确，书写是否正确无误。

3. 分类标引规则

为正确使用档案分类法，保证分类标引的准确性和一致性，提高分类标引的质量，分类标引人员都必须共同遵守分类标引规则。

（1）档案分类标引的基本规则

①档案分类标引以国家机构、社会组织从事社会实践活动的职能分工为基础，结合档案记述和反映的事物属性关系，并兼顾档案的其他特征。分类标引

时，应对档案文件进行周密的主题分析，把握所论述的对象，准确地给予分类标识。

②档案分类标引应依据《中档法》及其使用指南。

③档案分类标引时，要正确地理解类目含义和范围，避免脱离类目之间的联系和类目注释的限定片面地理解类目含义。

④档案分类标引应充分考虑实际的检索需求和检索方式，根据档案的具体内容和用途，选定适当的标引深度。凡一份文件或案卷涉及两个或两个以上主题者，除按第一主题或最重要的主题标出确切的分类号外，必要时可对其他主题附加相应的分类号。

⑤档案分类标引必须按专指性的要求，分入恰当的类目，切不可分入较宽的上位类或较窄的下位类。当分类表中无恰当的类目时，可分入范围较大的类目（上位类）或与档案内容密切相关的类目。

⑥档案分类标引应保持一致性。各种文本、载体类型的同一主题档案所标引的分类号均应一致。遇有某些难以分类和分类表上无恰当类目可归的档案，无论归入上位类或归入与其密切相关的类目，以及增设类目，都应做出记录，以后遇有类似情况，均按此处理。

（2）各种类型档案分类标引规则

①档案分类表的选用。清代档案使用《清代档案分类表》进行分类标引，该表的一级类目适用于清代以前各历史时期档案的分类标引。民国档案使用《民国档案分类表》进行分类标引。革命历史档案使用《新民主主义革命档案分类表》进行分类标引。

中华人民共和国时期的档案使用《中档法》进行分类标引。国家综合档案馆、党政机关档案室所藏的中华人民共和国成立之后的使用《中档法》进行分类标引；其他各类档案馆（室），在使用《中档法》进行分类标引时，本专业的档案可使用行业分类表进行分类标引。

②档案分类标引级次，一般以文件级、案卷级为单元进行分类标引。若遇档案内容联系紧密或记述同一事物的几份文件或几个案卷情况，也可以作为一个单元进行分类标引。

（3）单主题档案的分类标引规则

①单主题文件或案卷，一般依主题主体因素所属的类目标引。若是从一个方面对主题进行论述，就依这方面所属类目标引；若是从多方面对主题论述，一般只依主题所属类目做整体标引。

②文件或案卷论述的主题内容互相交叉时应依据《中档法》关于集中与分散的有关规定进行标引。

③文件或案卷论述的主题涉及国家、地区、民族、时代等因素时，若《中档法》中注明需要复分应标出复分号，否则可以省略。

（4）多主题档案分类标引规则

①文件、案卷论述的是两个以上的主题，标引时应充分考虑利用者的检索需要、参考价值大小以及各主题间的逻辑关系，加以综合分析，再确定给予一个或几个分类号。

②文件、案卷论述的几个主题之间是并列关系，参考价值大，除对第一主题按其属性给予分类号外，第二、第三主题也应按其属性给予分类号，以便充分揭示主题，为利用者提供更多的检索途径。

③文件、案卷论述的几个主题之间是从属关系，即上下位关系或整体与部分关系，一般依它们的上位类目做整体标引，若较小主题具有检索价值，也可依小主题的所属类目做互见标引。

④文件、案卷论述的几个主题之间是因果或影响关系，一般依结果或受影响的主题所属类目标引。对于互为因果的、互相影响的主题做全面标引。

⑤文件、案卷论述的几个主题之间，一个主题应用于多个主题，一般依被应用主题所属类目标引。必要时可以对其他主题附加相应的分类号。

实践项目四：档案主题标引

1. 项目任务

依据《中国档案主题词表》，揭示档案内容的主题特征，为编制档案主题检索工具提供基础。

2. 项目目标

学习《档案主题标引规则》（DA/T 19—1999），熟悉《中国档案主题词表》的原理及结构，掌握从《中档表》查表选词的途径与具体方法，掌握选词原则，掌握档案主题标引的基本方法。

3. 项目素材

用于操作的计算机；《中国档案主题词表》（以下简称《中词表》）；《档案主

题标引规则》（DA/T 19—1999）；待标引的各类档案文献。

4. 工作规则

（1）档案主题标引的工作流程

档案主题标引包括浏览档案文献（同本章实践项目一）、档案主题分析（同本章实践项目二）、查询主题词表、标引主题词，具体标引过程如图 8－5 所示。

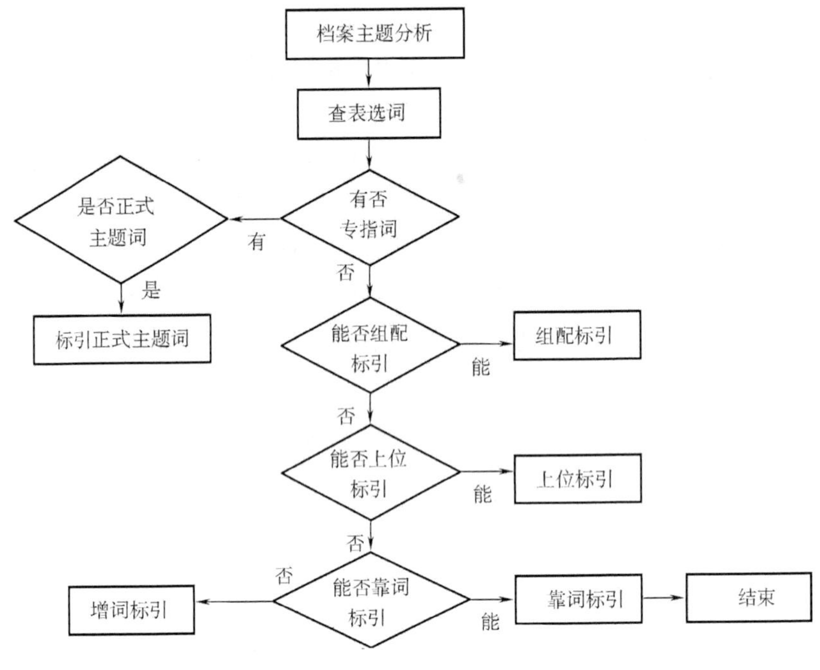

图 8－5　主题标引流程

（2）规则要求（同本章实践项目一）

5. 参考方案

《中词表》提供了三种不同的查表选词途径，以下从“范畴索引”角度举例说明查表选词标引过程。

例 8：《关于将长江水引向黄河的建议》一文的标引。

第一步：确定文献主题。

经分析，本文献为单主题档案，主题概念为引水，属于水利范畴。

第二步：查《范畴类目索引》。

从《范畴类目索引》中查出“水利”类范畴类号为“MD”。依“MD 水利”类向下浏览，看到“南水北调”一词，如果与“黄河”“长江”等地理名词组配表达该文献主题概念十分贴切。

第三步：标引结果。

该档案文献主题标引结果为：南水北调 黄河 长江。

主题标引提倡应用组配方法，以下从概念交叉组配的角度举例说明档案主题标引过程。

例 9：《关于组建钢铁联合企业的通知》一文的标引。

概念交叉组配即同级词组配，指用两个或两个以上具有概念交叉关系的同级主题词组配表达其相应的下位概念。本例中，“钢铁联合企业”是一个专指概念，是由“钢铁企业”和“联合企业”两个具有交叉关系的主题词组配而来（如图 8－6 所示）。

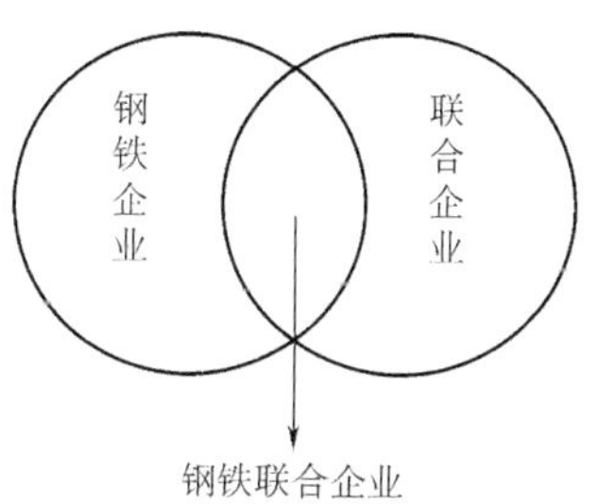

图 8－6 概念交叉组配

关联知识

1. 档案主题标引的概念

档案主题标引是主题检索语言在档案检索实践中的具体应用。档案主题标引是对档案给予主题词标识的过程。

在档案工作中，主题标引与分类标引都是基于档案内容相应检索标识的过程，但由于两者使用的检索语言不同，档案分类标引和主题标引之间既有相同点，又有不同之处。

（1）主题标引与分类标引的相同点

分类标引和主题标引的相同点，是由二者都是从主题内容角度进行组织和揭示的特点决定的。主要表现在以下几个方面。

①标引的对象相同。无论分类标引还是主题标引，都是以档案文献的内容特征为揭示和转换对象，都是以档案文献的题名、提要等说明文字及正文等为标引依据。

②标引的数据来源相同。无论分类标引还是主题标引，都是以档案文献的题名、文摘、简介、前言、档案文头文尾所载基本信息及正文为标引的数据。

③标引的过程相同。无论分类标引还是主题标引，一般都需要首先进行主题分析，在弄清主题内容的基础上进行标识的转换和确定，并必须遵循一定的标引程序。

④处理方法基本相同。无论是分类标引还是主题标引，通常都以一定的主题类型和结构模式作为主题分析的依据；都要根据档案文献的类型特点，确定对应的标引方式或揭示方法等。

（2）主题标引和分类标引的不同点

分类标引和主题标引的不同，则是由两者不同组织方式的差异决定的。在分类标引采用《中档法》、主题标引采用《中词表》的情况下，分类标引和主题标引主要存在着下列差异：

①主题分析的着眼点不同。档案文献的分类标引是着眼于档案内容的职能分工或事物性质进行标引，每份档案文献归入所反映的社会职能分工或事物性质的类目。主题标引则不必考虑档案文献内容所针对的社会职能分工，而直接针对档案文献所论及或涉及的事物进行标引。

②标识的转换途径和方式不同。分类标引以《中档法》为工具，通过分类体系的结构层层查找，《中档法》为等级列举式类表，类目列举详尽，可以直接从类表中查找相对应的类目进行标引，转换明确、直观；主题标引则以《中词表》为工具，以主表的字顺系统为主要途径，直接从语词出发进行查找。由于主题词法为后组式检索语言，词表中只列出供标引使用的基本概念，必须根据收词情况对待标引的主题概念进行分解转换，有时需反复查找，难度较大。

③标识的成分和构成特点不同。分类标引的标识结果是分类号，由于《中档法》采用整组号码，配号次序由分类法预先规定，形式固定；主题标引的结果是主题词，由于主题词法采用后组形式，在进行语言转换时，需根据主题概念之间的关系确定主题词的组配方式。

④揭示的特点不同。分类标引所依据的《中档法》按社会职能分工展开，子目的列举受到先组式体系的束缚，对档案文献主题对象的揭示比较概括；主题标引通过组配方式揭示主题，对内容的揭示较为专指。

2. 档案主题标引的基本方式

标引方式是根据文献特点和使用需要确定的标引和揭示文献主题的形式。无论是分类标引还是主题标引，都存在不同的标引方式。但由于主题标引在标引方式选择上的问题更为突出，因此，将其放在此处做详细介绍。档案主题标引方式通常分为以下几种。

①根据使用标识的受控程度不同，标引可分为受控标引、自由标引和混合标引。

②根据标识结果的数量不同，标引可分为深度标引和浅度标引。

③根据标引对象的不同，标引可分为综合标引和分散标引。

④从内容单元的选择方式出发，标引可分为全面标引和重点标引。

⑤从对主题文献揭示程度出发，标引可分为概括标引和分析标引。

标引方式通常应结合检索系统的设备条件、档案文献特点、馆（室）藏范围、用户需求、标引种类等多种因素加以考虑，通常在建立检索系统的时候就应明确规定标引方式。

3. 《中词表》查表选词的途径及标引规则

（1）查表选词途径

运用《中词表》查选标引用的主题词，可以通过三种途径实现，其中两种可通过主表实现，另一种可通过附表实现。

①运用《主表拼音音节索引》查找，这是从主表查词的一种方式。《中词表》的款目词是按照汉语拼音的音序排列的，因此，按音节查找的前提是掌握正确的汉语拼音。另外，由于拼音音节标识于主表每页页眉的边侧，查找起来非常便捷。

②运用《词目首字笔画检字表》查找，这也是从主表查词的一种方式。笔画检字是我国传统的查字方法，容易掌握。具体查法是：按笔画从少到多去查。在同笔画的字中，要看该字首笔如何写，依：一（横）、丨（竖）、丿（撇）、丶（点）、フ（折）的笔形顺序去查。查到首字后，再依字右的页码查主表正文，看以该字起首的词目有无待转换概念的主题词。

③运用“范畴索引”查找，这是从附表查词的一种方式。《中词表》的范畴类目是参照《中档法》设置的，在查选标引词时，首先要分析该概念词的性质，看它属什么类？然后到《范畴类目索引》中去查该类所在页码，再到有关页数中查找与分析概念相一致的主题词。

利用《范畴类目索引》查选主题词的优势：一是同类性质的主题词相对集中在一起，在同一类内同一个字头的主题词也集中在一起，这就便于按类查找，也便于按主题词的首字查找标引词。二是分类在文件、档案管理中是常有的，无论文书、档案工作者或是利用者，都有按类检索的习惯。凡是主题概念明确的词，就能较快地从《范畴类目索引》中查到，这对不熟悉拼音的人更为方便。

（2）主题标引规则

主题标引过程主要是通过查表选词来完成的，在查表选词标引的过程中应遵循以下基本原则。

①在主题分析中选出的主题概念，应转化成档案主题词表中的正式主题词进行标引。主题词的书写形式应与《中词表》中的词形相一致。非正式主题词不能作为标引词使用。

②标引词应选用《中词表》中与档案主题概念直接相对应的、最专指的主题词。

③当词表中没有与档案主题概念直接相对应的专指主题词时，应选用两个或两个以上的主题词进行组配标引。

④当某一主题概念在词表中查不到专指的主题词，也无法通过组配标引来表达该主题概念时，可以采用靠词标引。

⑤关键词标引又称增词标引。关键词是主题词表以外的、未经规范化处理的自然语言词。使用关键词标引应严格控制。

⑥一个标引对象，标引用词一般 2～10 个。

4. 质量审校

为提高主题标引工作的质量，对标引结果应做好审核校对工作。主题标引审核校对工作中主要是检查标引的主题词是否专指、客观，检查以下方面：主题概念提炼是否准确；转换成的标引词是否是词表中的正式主题词；是否符合组配规则；是否存在过度标引或标引不足；对同类型主题所施用的标引词前后是否一致。

实践项目五：编制档案检索工具

1. 项目任务

了解常用档案检索工具的种类及功能特点，培养编制结构完整的档案检索工具、制订有针对性的档案检索工具体系建设方案的能力。

2. 项目目标

①在前期实践成果的基础上，编制各类索引、目录、指南等检索工具。

②结合实际调研，进行检索体系评价，并尝试制订有针对性的档案检索工具体系建设方案。

3. 项目素材

用于操作的计算机；前期制作完成的档案卡片、数据库记录；全宗指南编制规范 DA/T 14—2012；档案馆指南编制规范 DA/T 3—1992。

4. 工作规则

（1）编制档案检索工具任务流程（见图 8－7）

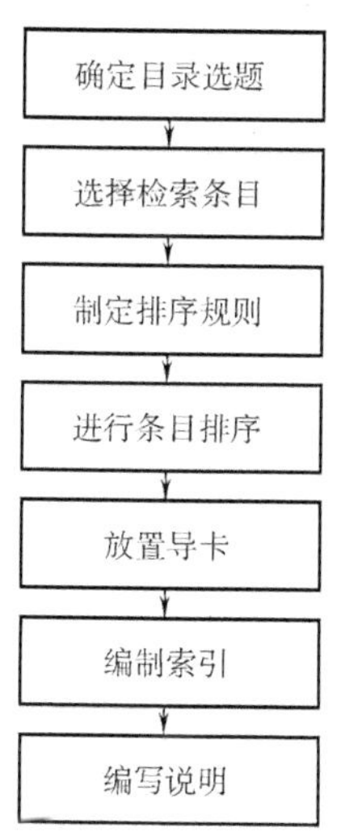

图 8－7　编制检索工具任务流程

（2）规则要求（同本章实践项目一）

5. 参考方案

由于各种档案检索工具的功能不同，其编制要求及方法也不相同。以下以专题档案检索工具的编制为例加以说明。

（1）专题目录的编制

①选题。选题是专题目录编制是否成功的关键。选题好，专题目录的使用率就高。反之则可能少人问津，浪费了人力、物力和财力。一般而言，专题目录的选题应遵循以下原则。

第一，应选择社会发展、社会生活中的重大事件，以及与科学研究中的重大课题有关的专题，这类题目具有较强的生命力。

第二，应选择反映馆藏特色并具有研究价值的专题，特色档案一般具有较高的利用价值，往往也是利用者的需求重点。

第三，不能选择与分类类目平行重复的问题。凡已作为分类类目或主题词列出的没有必要再编制相同问题的专题类目。

②选材。专题目录可以根据需要，进行跨全宗（部门）选材。由于专题目录的范围可能涉及馆（室）藏全部档案，所以在编制的时候，首先要依据各种目录和参考资料列出需要挑选材料的范围，按全宗（部门）、类目列出名单。然后根据这一名单逐一查阅文件，筛选材料。选择的次序是先从材料最多的全宗（部门）入手，再过渡到比较分散的全宗（部门）或类目。选材可分粗选和精选两个步骤。粗选的范围应尽量广泛一些，避免遗漏，而后在此基础上精选，通过对有关材料的分析、对比，找出最合适的专题材料。

③制作条目。一个专题目录中，条目著录可以单份文件为单位，也可以多份文件或一个案卷为单位，三种著录级别常常可交叉使用，主要视档案内容而定，内容相同或相近的可合并为一个条目。条目中著录项目的设置依需要而定，可繁可简，以包含足够的检索标识、便于检索为原则。

④排序。由于专题目录的外延较为宽泛，因此，专题目录排列时一般都进行必要的分类，分类时可采用问题、时间、地区等标准。在确定适宜的分类标准时，应视专题的特点及档案的内容而定，并以进一步深化主题为原则。

表 8－3 为科研项目档案的专题目录：

表8-3　＊＊＊项目成果专题目录

一级类目	二级类目	课题名称
材料科学	低成本太阳能电池关键材料	＊＊＊课题、＊＊＊课题、＊＊＊课题……
	节能建筑关键材料	＊＊＊课题、＊＊＊课题、＊＊＊课题……
	磁光电子信息用功能材料	＊＊＊课题、＊＊＊课题、＊＊＊课题……
	仿生型生物医学工程材料	＊＊＊课题、＊＊＊课题、＊＊＊课题……
	纳米表面工程材料	＊＊＊课题、＊＊＊课题、＊＊＊课题……
信息科学	……	……
生物科学	……	……
……	……	……

（2）专题索引

专题索引是一种揭示档案中涉及的特定人物、特定事物、特定文件，并指明其出处的检索工具，其信息构成简单，非常适合于快速查询档案信息。常用的档案索引有：文（档）号索引、人名索引、地名索引、重要文件索引等。

表8-4为编制的档号索引：

表8-4　表格式索引示例（智能建筑——火灾报警及消防联动系统档案索引）

序号	科技档案名称	档号
217	＊＊＊商业大厦	I2-2008-211
218	＊＊＊图书馆二期工程	I4-2017-012
219	＊＊音乐厅	I4-2017-214
230	＊＊＊小区	I1-2015-123
231	＊＊体育馆	I5-2018-6521

（3）专题指南

专题指南又称专题介绍，是围绕一定的主题内容，以文章叙述的形式揭示和介绍某类档案内容、成分的一种工具书，适合于集中介绍性质相同或相近、关联度比较高档案的情况，便于利用者集中查询有关信息。

编写专题指南可以在专题目录的基础上进行，这样既便于编写，又便于利用者将两者结合起来查阅。下例为上海市档案馆黄浦江档案专题介绍：

【历史背景】黄浦江与苏州河（吴淞江）是上海境内的两条主要河流。宋代以前，吴淞江系上海的主要水上通道，后因江水流势减弱，下游不断淤塞，来航的船舶由原来停靠青龙镇港，改走吴淞江南岸的支流——“上海浦”（后并入黄浦江），寄碇下锚于今十六铺附近的江岸，这一带因此渐渐形成聚落。到1405年，明朝重新治理上海水系，形成了以黄浦江为主、吴淞江为辅的新上海水系。以后，黄浦江经过多次疏浚，形成了良好的航道及港区，其沿江地带码头林立，装卸繁忙，商市热闹，成为当时除上海县城之外最为繁华的地带。

1843年11月，上海开埠以后，西方列强建立了租界，在外滩沿江地带建造了大量的银行、洋行、旅馆等，并在杨树浦沿江地区开设了大量的工厂，同时还在并不属于租界的浦东沿江地区建造了大量的仓库、堆栈和码头。1905年上海成立了“上海浚治黄浦江河道局”，1912年又成立了“开浚黄浦江河道局”，黄浦江经大规模的整治，上海港由此具备了优良港口的条件。

1927年国民政府上海特别市政府成立后，筹划城市建设，于1929年8月成立了市中心区域建设委员会，公布了《建设上海市中心区域计划书》，其主要内容之一便是有关水陆运输建设，即在黄浦江沿岸建设大规模的港口设施，将码头区域移至吴淞，浦东沿江之地扩充为商港，并选择适当地点开凿运河，使黄浦江与吴淞江贯通。在该计划出台之后，上海地方当局还推出《黄浦江虬江码头计划》等一系列专题规划，这一切构成通常所称的“大上海计划”。计划中还提出要在黄浦江造过江大桥或建造江底隧道的方案。因抗日战争的全面爆发，“大上海计划”最终搁浅。

1945年9月，战后的国民政府上海市政府试图重圆大上海建设之梦，推出若干措施，其中之一是筹建越江交通工程，以谋求浦江两岸的平衡发展，并于1946年成立“上海市越江工程委员会”，由该委员会委托中国桥梁工程公司办理越江工程事宜。后者做了广泛的调查，制定详尽的越江工程计划，但因经费匮乏，工程终未实现。

【档案分布】馆藏历史档案中有关黄浦江档案80余卷，照片40张左右。从其来源看，主要涉及以下档案全宗：国民党上海市政府（Q1）……（具体内容略）。

此外，还有零星材料散落在其他档案卷宗中。

【档案介绍】馆藏中文历史档案中有关黄浦江档案的内容大致可以分为安全航行、河道疏浚、交通设施建设、卫生整治、沿岸工商业分布、黄浦江及其周边地区治安等。档案具体内容略。

【检索工具】馆藏黄浦江档案分布在馆藏中文历史档案的各个全宗之中，有关档案均有案卷目录，其中有案卷级目录录入本馆目录数据库，可以提供计算机检索。

关联知识

1. 编制档案检索工具

档案检索工具是对档案条目进行有序排列形成的，具有揭示、报道和特定查找功能的实用工具。它的基本功能是揭示档案内容、集聚相关信息、提供查找途径、扩大档案宣传以及便于馆藏管理。

（1）检索工具的种类

为适应档案管理和利用的多角度需求，可编制多种类型的档案检索工具。从编制体例、检索范围、检索性能等角度，可将档案检索工具划分为以下种类（见图8－8）。

①按编制体例分。

目录。目录将从档案中提取的多种检索信息，按照一定规则制成检索条目，再将它们按既定次序编排组成具有特定功能的检索工具，如分类目录、主题目录、专题目录等。

索引。索引是将档案的某一方面内容或某一外部特征及其出处，按照一定的次序编排起来的检索工具，如人名索引、地名索引、文号索引等。

指南。指南是以文章叙述的方式，介绍档案内容及特点的一种检索工具，如全宗指南、专题指南、档案馆指南。

②按检索范围分。

全宗检索工具。即以一个全宗（或单位）的全部档案为对象编制的检索工具，如全宗案卷目录、全宗案卷文件目录、全宗指南等。

馆藏检索工具。即以一个档案馆的若干全宗的档案为对象编制的检索工具，如馆藏主题目录、分类目录、档案馆指南等。

专题检索工具。即以档案室（馆）中涉及某一特定问题的档案为对象编制检索工具，如绿色奥运档案目录、新能源汽车档案指南、课题负责人索引和地名索引等。

③按检索性能分。

馆藏性检索工具。馆藏性检索工具是反映档案库藏体系的检索工具，如案卷目录、案卷文件目录、全宗目录等。

查检性检索工具。查检性检索工具是反映档案的某一内容和形式特征，提高特定检索途径的检索工具，如分类目录、主题目录、专题目录、人名索引、地名索引、文号索引等。

介绍性检索工具。介绍性检索工具是指以文章叙述的形式介绍和报道档案内容及其有关情况，具有一定检索功能的档案馆指南、全宗指南、专题指南等。

另外，档案检索工具还有其他多种分类方法，如按照载体划分，主要有卡片式检索工具、书本式检索工具、机读式检索工具等。

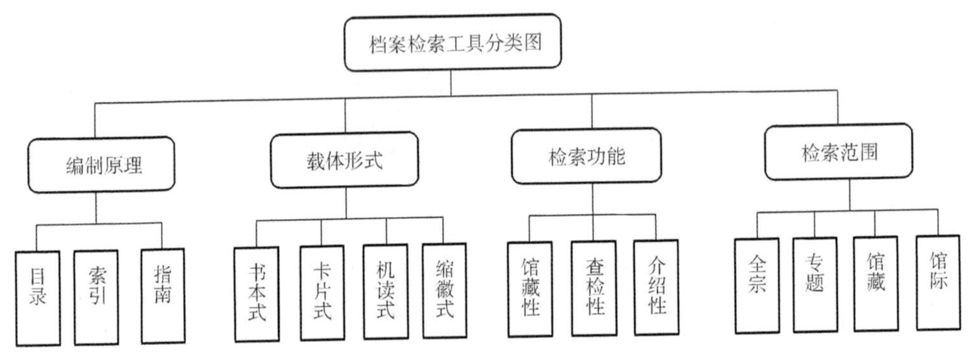

图 8－8　档案检索工具种类示意

（2）常用检索工具的编制流程

①查检性检索工具的编制流程（见图 8－9）。

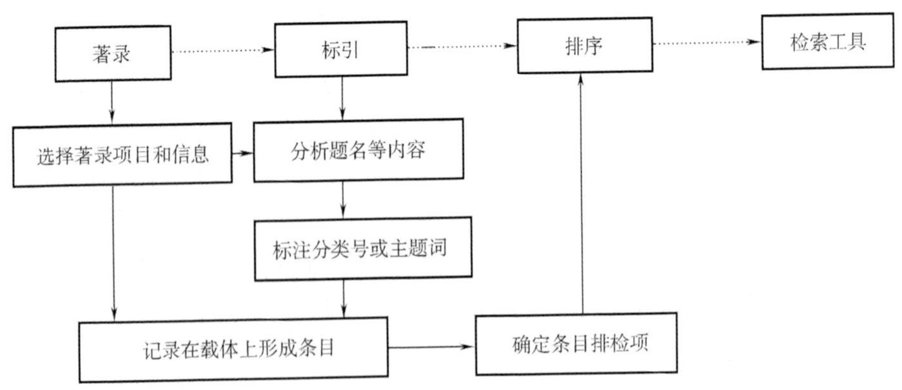

图 8－9　查检性检索工具编制流程示意

②专题指南性检索工具的编制流程（见图 8－10）。

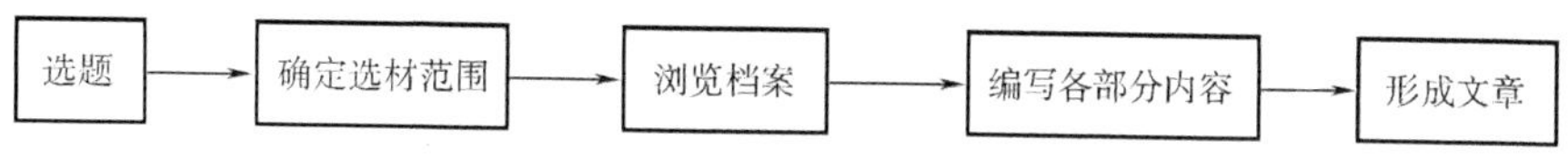

图 8－10　专题指南性检索工具编制流程示意

选题。选题是指根据利用需求，选择和确定检索工具主要揭示的内容主题或中心内容。选题是决定专题检索工具必要性及功能的关键。

选材。选材是指围绕确定的主题，按照选题目标和内容要求，明确查找档案原件、数据库、多媒体文件的范围，全面选择与准确查找各种相关档案的过程。

浏览。浏览档案是指检索工具的编制人员重点阅读相关档案的内容，选取有关档案信息并对它们进行记录和整理的过程。

编写。编写是指检索工具的编制人员对搜集的档案信息进行归纳与概括，按照编写要求和格式编制完成介绍性文章的过程。

2. 常用检索工具的编制方法

（1）目录

①分类目录。分类目录分为卡片式、书本式或数据库等形式，著录方法提倡采用标准方式，即按照《档案著录规则》和《中档法》进行著录和标引。分类目录条目的排序应以《中档法》为准，类目名称及排列顺序应与《中档法》相一致。具体做法是：先按字母顺序排列，同一字母的条目集中排放在一起，然后再逐级按阿拉伯数字的大小排列。在同一类目内条目的排列顺序，可以根据档案以及利用特点采用不同的做法，常见的排列方法有按年度、发文级别、责任者、时间、地区、全宗等。

②主题目录。主题目录分为卡片式和书本式两种。手工检索的主题目录，一般都采用卡片式。在应用计算机编制主题目录时，其输出形式既可采用卡片式，也可采用书本式。编制主题目录的步骤如下。

确定检索深度。检索深度是衡量目录质量的重要指标。检索深度越深，为利用者提供的检索途径就越多。但是，如果检索深度过大，既会影响对档案重要主题内容的揭示，也会增加利用者信息选择的压力，同时造成标引与目录编制工作负担过重。因此，在编制主题目录前需要确定一个恰当的检索深度。一般而言，手检目录控制在 2 个主题词以内，机检目录可选择 5～8 个主题词。本专业和重要档案可以根据实际需要适当调整。

选择标题词。在标引过程中提取的主题词并非都用作标题词，一般应选用具有检索意义的主题词构成标题款目。

标题词是在标引词的基础上根据以下原则选定的：

第一，在档案中表示事物职能和问题并具有独立检索意义的主题词才能选作主标题词并作为主题目录的检索入口。

第二，表示事物的某个方面或表示次要概念的词可选作副标题词。

第三，通用词如“管理”“设计”“工艺”等一般均作副标题词。

第四，表示国家、机构、地区、人名等方面的主题词一般均可作为标题词而成为一个检索途径，如果作为档案所表达的对象事物时，也可选作主标题词。标题款目的结构形式分为单一标题和复合标题两种。单一标题又可称为一级标题，即由一个主题词所构成的标题。复合标题又称多级标题，由主标题词和副标题词构成，符合标题一般不超过三级。

排列。通常情况下，主题目录卡片的排列采用一级标题体系，即按照主标题词的字顺排列，在主标题词相同的卡片中，再按副标题词的字顺排列。

编写主题目录使用说明。主题目录编制完成后，还要为利用者拟写目录的使用说明，以便使利用者了解该主题目录的结构和编制说明，方便利用。使用说明一般包括以下内容：目录所反映馆藏档案文献的时限及范围；主题目录编制原则、结构特点以及与其他目录的关系；目录中标题的排序规则；标题参见系统的形式和用法；检索实例介绍。

主题目录的优越性在计算机检索中可以得到充分的显示，将每份档案的主题词输入计算机后，能够以任何一个词作为检索项，查处有关该主题词的全部档案。

③专题目录。专题目录是针对特定主题，揭示部分档案内容的专指性档案检索工具，适用于揭示和查询档案信息的特定内容、形式及其出处。

编制专题目录首先需要根据档案的价值和利用需求进行选题、选材，按照《档案著录规则》选择和记录信息；标引可以按照《中档法》进行受控标引，也可以根据具体需要自行制定分类标准和标引方法。著录条目编制完成后，要按照既定的顺序进行排列，以便实现预定的检索功能。

（2）索引

①索引的概念。索引是揭示各种文献外部特征或内容特征，指引出处，按一定排检规则组织的检索工具。我国旧称“通检”“备检”，又据英文“Index”音

译为“引得”。索引的特点是适用面广，不但可以将文献整体作为报道和检索单元，更可以将文献中的个别事项和内容特征作为报道和检索单元，其目的不在于给利用者一个完整文献的概念，而在于对利用者起到指引某事项所在位置的作用。大多数索引不能直接查到原始档案文献，而必须通过该档案在检索工具中的序号，在检索工具的正文中找到档案的来源出处，进而找到原始档案。

②索引与目录的区别。索引与目录没有严格的界限，一般来说两者区别主要表现在：

第一，目录条目是对档案的内容和形式特征较为全面、系统的描述，著录项目丰富；索引则是针对某一部分档案的特征著录，例如文件涉及的人名、地名等，著录项目单一，有的只有排检项及其出处（档号）。第二，目录通常表达的是一个完整的文献单位，如一份文件、一个案卷等；索引条目表达的则是一份文献的某一特征、某一组成部分，如某一分类号、某一索引词等。

③索引的种类。索引是集中反映某种档案特征及其出处的检索工具，如类目索引、专题索引、人名索引、地名索引、文（档）号索引、重要文件索引、存址索引等。

（3）指南

指南是以文章叙述的方式，综合介绍和报道档案内容及其有关情况的检索工具，其特点是采用文章叙述式，没有档案的检索标识，不能直接查找特定的档案，为间接性检索工具。介绍性检索工具的主要功能是，全面概括地介绍档案的情况，客观简要地评述档案价值，发挥宣传报道作用，向利用者提供一定的档案线索。介绍性档案检索工具通常包括档案馆指南、全宗指南和专题指南三种类型。

①档案馆指南。这是介绍和报道档案馆基本情况、馆藏档案和有关文献，指导利用者查阅的一种档案检索工具。其主要作用表现在对档案馆情况进行宣传和报道，通过介绍档案馆藏吸引利用者来利用档案，因而起到一定的档案检索作用。

根据档案行业标准《档案馆指南编制规范》（DA/T 3—1992）的规定，一般应该包括的内容有：说明或序言；目录；档案馆概况；馆藏档案情况介绍；馆藏资料情况介绍和附录。

档案馆指南按其揭示馆藏的详细程度，分为简明指南和详细指南，两者内容基本一致，

②全宗指南。介绍和报道立档单位及其形成档案情况的档案检索工具，又称

全宗介绍。依据档案行业标准《全宗指南编制规范》（DA/T 14—94）的规定，全宗指南的内容构成主要包括以下部分：立档单位的历史概况；全宗内档案概况；全宗档案的内容与成分。

③专题指南。这是介绍或报道某一专题档案情况的档案检索工具，又称专题介绍。它是为重点开发的档案馆藏内容，或从利用者角度特别关注的档案内容，而编制的一种参考资料。专题指南的基本结构应该包括：序言、档案内容介绍和附录。

第九章　档案编研实践

实践项目一：编写大事记

1. 项目任务

请按时间顺序编写某个单位在一定时期内较为完整的大事记，要求：内容清晰完整，至少包括封面、序言、目录、正文和附录几个部分；将大事条目按年、月时间顺序排列，时间最好不少于一年，多则不限；正文收集的相关资料和大事条目力求准确、无误，符合大事记的编写要求。

2. 项目目标

①了解大事记的编写方法。

②熟悉大事记的编写内容和编写体例。

③掌握大事记的编写结构和编写要求。

3. 项目素材

联网的计算机设备，软件至少包括 Office 软件、PDF 软件等。参考借阅图书馆中的关于大事记的相关书籍。准备编写某个单位的大事记，还需仔细寻找和查询相关档案资料。

4. 工作规则

（1）分组和选题

每组 3 ~ 5 人，按组开展项目活动。每组确定 1 名组长，由组长负责统筹安排和项目实施。由组长带领组员进行选题、编写、任务分配等工作。每组的选题最好不要重复，即每组编写的大事记标题均有所不同。

（2）提交项目成果

大事记编写完成后，以小组为单位在统一时间提交完整的大事记 Word 文档或 PDF 文档。

（3）汇报和评价项目成果

每组用 5 ~ 10 分钟展示项目成果，展示包括大事记文档（Word 或 PDF）及小组 PPT 汇报（包含任务分配、编写方案、项目收获与不足等）。最后是对整个项目活动进行评价，学生自我评价按 10% 折算、同项目组互相评价按 30% 折算、教师评价按 60% 折算。

5. 参考方案

（1）参考方案一（完全式大事记）

××市房产管理局大事记（2000—2021 年）

主要内容包括：

（1）封面页：主要有题名、单位、时间

题名：××市房产管理局大事记（2000—2021 年）

单位：××市房产管理局综合档案室编

时间：2021 年 12 月

（2）序言（或前言）：包括编写目的、性质、记述范围、编写体例、记述方法、选材范围、资料来源等。（可与编辑说明合并）

（3）目录：按顺序依次列出页码。

（4）正文：包括大事时间和大事条目。

（5）附录：补充的辅助材料。

……

正文部分节选如下：

××市房产管理局大事记

2000 年

1 月，××市房产管理局副局长×××调任市团委副书记。

1 月 22 日，×××同志任拆迁办主任。

2 月 22 日，市政府颁布《××市城镇危险房屋管理实施办法》。

3 月 30 日，×××同志任人事科长。

5 月，办公室主任×××调到市公安局工作。

5 月 17 日，任命×××同志为房地产开发公司经理。

6 月 22 日，×××同志任办公室主任；戚××同志任东古房管所所长；××同志任××房管所副所长。

6 月至 8 月，××市房产管理局领导班子和领导成员开展以“讲学习、讲政治、讲正气”为主要内容的“三讲”教育活动。

9月28日，由××市房产管理局承建的××市新影剧院竣工交付使用。

11月1日起，原××市房产管理局属下企业××房地产开发公司与局脱钩，人、财、物一并移交××市振云资产经营有限公司管理。

12月14日，×××同志任拆迁办主任；××同志任拆迁办副主任；×××同志任人事科主任科员；××同志任办公室副主任；×××同志任综合科副主任科员。

12月18日，设立××市房地产测绘所，为正科级事业单位。

12月20日，局工会选举××同志为工会主席，×××同志为工会委员会委员。××同志评为省“××省第三个五年法制宣传教育先进工作者”。

2001年

1月31日，××市政府颁布《××市房地产抵押管理办法》。

2月8日，××市政府召开全市房地产权属登记发证工作会议，部署加快房地产权属登记发证工作进度。市长×××、副市长×××分别在会上做重要讲话。

2月15日，××市房产管理局举行新办公楼落成暨街牌揭幕典礼。局办公场所由星岩二路95号乔迁到翠石路50号。出席典礼的嘉宾有建设厅副厅长×××，××市副市长×××，以及兄弟市、县房管部门、市直和区直有关单位的领导，共200多人。典礼由×××副局长主持，×××局长致辞，×××市长致贺词，×××副厅长为街牌揭幕。

3月，设局办证大厅，实行“窗口办文”制度。

5月1日，经××市委派办委派×××同志到本局任会计，×××同志到××市委接待处任会计。

7月26日，×××局长出席××省“三五”普法表彰会时，受到中共中央政治局委员、省委书记×××同志的亲切接见。

8月，由××市房产管理局承建的行政公寓竣工交付使用。

8月16日，省人大常委会副主任×××、省人大常委会委员×××在市人大常委会副主任×××、副市长×××的陪同下到局检查指导工作，对局依法行政，规范管理给予充分肯定。

9月，××市房产管理局组成新的领导班子，×××同志任局长，×××、×××同志任副局长，×××同志任调研员，不再担任党组成员。

10月1日，××市区东街口发生火灾，烧毁店铺10间，造成经济损失200

多万元，其中烧毁直管公房5间，面积800多平方米。

10月9日，市府办印发《××市房产管理局职能配置、内设机构和人员编制规定》，局升格为市政府工作部门，正处级，设办公室、人事科、房政科三个行政科室。

10月18日，××市房产管理局与市金鹏发展有限公司达成合作开发××影剧院旧址协议，由局出土地，金鹏公司出建设资金，建设××市场综合楼，合作期限40年。

10—11月，行政科级人员推行竞争上岗，经完成有关程序，×××同志任办公室主任，×××同志任人事科长，×××同志任房政科长，×××同志任房政科主任科员，×××同志任人事科主任科员，×××同志任办公室副主任科员。

12月31日，因机构改革，根据有关规定和本人申请批准，×××、×××、×××同志于12月31日离岗退养，×××同志提前于12月31日退休。

2002年

3月28日，因机构改革，根据有关文件规定和本人申请，经组织批准，×××、×××同志从2002年5月1日起提前退休。

8月29日，×××任房屋安全监理所副所长；××任房地产产权产籍管理所副所长。

11月8日，东兴宝林苑全部移交给××市中国旅行社，所属的一切债权债务一并由××市中国旅行社承担。

12月5日，×××市长在副市长×××、市府秘书长×××的陪同下，到我局检查指导工作，察看了办证大厅和有关科室，充分肯定我局取得的工作成绩，并对做好今后房地产管理工作作了指示。

12月10日，设立××市房地产权属档案室，为正科级事业单位。

……

（2）参考方案二（非完全式大事记）

主要内容节选：

××市××区档案局2021年大事记

一月

1月3日××区档案局实行岗位交流、副科聘任，这是自2019年以来局内科室岗位的第三次交流，此次共7名同志进行了岗位交流。指导科×××、×××同志轮岗至管理科，编研科×××同志轮岗至指导科。×××、×××聘为副科长，聘期一年。

1 月 4 日 管理科接收区委办移交进馆的中共××县委档案 1 036 卷，市委、市政府文件档案 50 卷。管理科对此次移交的档案按照有关规定进行了分类整理、装订成册、上架入库。

1 月 11 日 区档案局向全区各单位档案部门印发了《关于向×××同志学习的通知》。各单位要拟写出学习、宣传的体会、总结报区档案局办公室。

1 月 15 日××区司法局档案目标管理工作晋升市一级。该单位是我区第 19 个机关档案目标管理升市一级的单位。

1 月 17 日××市档案局隆重召开表彰大会，××区档案局管理科科长×××同志荣获第×届“××市十佳档案员”称号。

1 月 20 日 区档案局馆全体同志在人事局干部活动站举办了春节联欢会。

二月

2 月 1 日××省××县档案局局长×××、副局长×××等人来我局馆参观。

2 月 6 日××区档案局召开 11 个大委档案员和主管领导座谈会。11 个大委主管档案工作的领导、档案员和档案局科以上领导 30 余人参加了会议。到会领导和同志们一同回顾了 2020 年档案工作，畅谈了 2021 年工作设想，提出了各自的工作重点，并对工作中出现的新问题、新情况进行了广泛的交流。

2 月 7 日档案局召集×××、×××等 10 名青年同志开会，部署每月法制学习日今年的安排。要求每人讲一次学法心得体会。

2 月 9 日 档案局召开“××××”教育活动动员会，×××局长做动员报告，×××副局长做具体部署，局馆全体人员参加了会议。

2 月 13 日 管理科科长×××被评为 2020 年度机关工委系统优秀共产党员。

是日 区档案局局长×××、指导科科长×××到经管站讲授关于土地承包合同档案的整理办法，培训人数达 30 人。

2 月 14 日 区财政局在财会之家召开 2020 年档案工作总结表彰会，财政局局长×××、区档案局副局长×××和财政局专兼职档案员等 40 人出席了会议。

2 月 15 日××区××镇×××村、×××村档案工件目标管理晋升区先进。

2 月 16 日××区残疾人联合会档案目标管理工作晋升机关市二级。

2 月 20 日 管理科完成了计算机局域联网。

2 月 21 日 为实现计算机检索目录，为利用者提供快捷、高效、优质服务，阅览室配备了一台计算机，输入案卷条目 10 万条并与全局联网。

2 月 27 日 档案馆接待××中学师生 65 人来馆参观。

……

关联知识

1. 大事记的内容和种类

大事记是按照时间顺序记载一定范围内发生的重大事件和重要活动的参考资料。

（1）大事记的内容

大事记主要由大事时间和大事记述两部分组成。大事记应选择影响大、具有历史意义和查找利用价值的事件。例如，机关单位的大事记主要包括：

①重要组织变动情况，如组织的建立、内部机构设置、职权范围的调整、人员编制、主要任务及分工、领导人任免和变动、所在地迁移、名称改变等。

②主要工作活动，包括发出的重要文件、领导的重要批示和口头指示等。

③重要会议情况，包括会议名称、出席人员、主要议题和决议等。

④本单位的重大发明创造、科研成果、重大工程的基本建设等。

⑤单位领导、职工出国访问、进修、考察和接待外国友人的活动。

⑥与有关单位交往活动情况，如经验交流、相互协作、联合办企业等。

⑦上级单位对本单位的重要领导活动情况、重要批示等。

⑧其他需要记载的各种大事、要事。

（2）大事记的种类

根据所记载的对象和内容，大事记大致分为以下几种：

①机关大事记，记载一个机关在一定时期内的重要活动。如《北京＊＊单位大事记》。

②国家或地区大事记，记载全国或一个地区在一定时期内的重大事件。如《广州海珠区改革开放 30 年大事记》。

③专题大事记，记载国家、某一地区、某一机关或某个领域在一定时期内在某一方面的重大事件。如《澳门回归大事记》《中国航天大事记》等。

④个人生平大事记，记载著名人物的生平及重要活动，也称“年谱”。如《＊＊＊生平大事简表》《＊＊＊年谱（1920—1988 年）》等。

大事记的名称较为灵活，除了叫“大事记”外，还可称为“大事年表”“大事纪要”“大事编年”“大事记述”等。

2. 大事记的体例和结构

（1）大事记的体例

大事记一般采用编年体，将大事条目按照时间顺序排列。其编排方式主要有两种：

①编年体编排方式。即完全按照时间顺序记述大事。有的大事记采用先分历史时期，再于每个时期中按年、月、日的顺序排列大事的方法；有的大事记采用直接按照大事发生的年、月、日进行排列的方法。

②分类编年体编排方式。这是先按照事件的性质分类再按时间顺序记述大事。如《＊＊＊地区大事记》可以先按性质将事件分为政治、经济、文化教育等几大类，每类下再按年、月、日排列。

（2）大事记的结构

一个较为完整的大事记结构，主要包括以下几个部分。

①题名，即大事记的标题，包括大事记的对象、内容、时间、名称等要素。如《＊＊省 1949—1963 年行政区划大事记》《＊＊市大事记（1949—1984 年）》。

②编辑说明，是对大事记编写情况的概要说明。内容包括编写大事记的目的和读者对象、指导思想和原则、时间断限、选材标准、材料来源等。

③序言，通常用来介绍大事记记述对象的情况，如介绍有关地区的历史发展、建制变化、有关单位的组织沿革、基本职能、有关专题的基本内容和特色等。序言内容比较精炼，篇幅短小，也可以与编辑说明合并。

④目录，作用是帮助读者查找大事记的条目。大事记的目录应根据编排体例编写；编年体大事记可以按照历史时期或年代列出大事条目所在页次；分类编年体可按所分类目列出大事条目所在页次。

⑤正文，是大事记的主体，要求简明、清晰地反映大事的情况。

⑥按语和注释。按语是简要介绍某一事件或问题历史背景和要点的说明性文字，起总结下文、引导阅读的作用，通常排在每个时期或类目之前。注释是对于一些在大事记中出现的比较陌生的人物、地名、词语等进行解释的文字，有脚注和尾注两种形式，其作用是帮助读者理解文中的含义。

⑦附录，是大事记的辅助材料，通常包括参考书目、大事主题索引、人名索引、地名索引、行政区划图，以及大事记涉及的地区、单位的具有代表性的数据或图表等。附录一般置于正文之后，便于读者查阅。

3. 大事记的选择标准和范围

（1）大事记的选择标准

围绕大事记所要记述的对象突出重点，做到“大事要事必载，小事琐事不取”。

①从影响方面考虑，选取属于全局性、典型性的事件，以及对现实工作和历史发展有重要影响的时间和活动。

②从特色方面考虑，选取能反映对象的性质、任务、主要职能活动等方面特点的事件和活动。

③从背景方面考虑，在大事记涉及的历史时期中，选取能反映党和国家路线、方针、政策，以及本地区、本单位中心工作的事件和活动。

（2）大事记的选择范围

①机关综合性大事记的选择范围：本机关召开的各种重要会议；本机关作出的重要决定、决议、规划、部署以及发布的重要文件；本机关成立、撤销、合并、复议以及内部机构设置、变化情况；本机关隶属关系和职能范围的变化情况；本机关党政领导人的任免、奖惩及其重要活动；本机关发生的重大事件、开展的重大活动、完成的重大任务、取得的重大科研成果；本机关参加上级机关和其他机关召开的重要会议的情况；上级机关对本机关的重要指示、批示、表彰、批评，以及来本机关检查指导工作的情况；本机关向下级机关或基层单位派出调查组、工作组以及检查指导工作的情况；本机关所辖范围内发生的重大灾情和事故；本机关开展的重要外事、外贸活动；本机关所属范围内知名英雄、模范的主要事迹及其活动情况；报刊、电台、电视台关于本机关情况的重要报道；其他重大事件和重要情况。

②企业综合性大事记的选择范围：本企业生产、经营、技术改造、科研成果、重点建设项目的情况；本企业召开的重要会议；本企业制定的重要政策和规章制度以及发布的重要文件；本企业成立、撤销、复建情况；本企业主要领导人任免，内部机构设置及变化情况；重要协议、合同的签订；重要文件以及重大、恶性事故；本企业及职工受奖惩的主要情况；本企业开展的重要文艺、体育、教育活动；本企业开展或参与的重要外事、外贸活动；上级领导机关和业务主管机关报来企业视察、调研的主要情况；其他应予记述的重要事项。

4. 编写大事记的注意事项和编写要求

（1）编写大事记的注意事项

①大事时间的编写。

大事时间必须考证、换算准确，竭力避免错误及含混不清。为保证大事时间的准确、明晰，除要充分占有材料、详加考订外，在将史料中所使用的各种历史上的纪年、纪月、纪日形式换算成公历日期时，一定要避免差错；此外，不能使用那些笼统含糊的时间概念，如“不久前”“最近”等。

大事记时间应该标示具体、尽量写全年、月、日，必要时甚至应该写出时、分、秒。只有在确实无法考证出具体时间的情况下，才可以写最接近的时间。当遇到这种情况时，还应该对大事条目的具体排列做出合理安排，排列原则为：日无考，附于月末，标“是月”；月无考，附于年末，标“是年”。

某些大事持续时间较长，并且在大事记作为一个条目编写时，其时间可以概括书写，也可以标明起止日期，如“×年×月至×年×月”。

大事时间一般以公元纪年为准，否则应注明其他纪年形式。

②大事条目的编写。

编写大事条目一定要做到真实、可靠、准确，不仅内容要确实无误，各种具体史实（如时间、地点、人名、数字）的记述也应竭力避免差错。

编写大事记条目一定要做到观点正确、详述得体。大事记属于撰述型资料，以客观叙述为主，但并不等于单纯的罗列资料，描述现象。

对于客观史实的叙述，可以详尽一些，也可以简略一些，但无论内容详略，文字都应力求简明。

为了使大事记正文眉目清楚，编写大事条目应坚持“一条一事”的原则，即在一个条目中着重记述一件事情，而不能把几件事情“揉”在一起。

对于那些持续时间较长的史实，应该根据其特点，分别采用分条记述的办法，或按照记事本末的体例，合并记述。

编写大事记条目要搞清各种史实之间的内在联系。在编写时，应言简意赅地点明此事与其他某事的关系，尤其是彼此间的因果关系。

（2）大事记的编写要求

①内容要真实。所记述的内容要符合客观实际，不得随意加入编者的主观见解，更不能歪曲事实。

②文字要简明扼要。对于所记载的内容一定要做到“大事突出，要事不漏”。每条大事涉及的时间、地点、人物、数据、发展过程、因果关系等均应揭

示出来。

③时间要准确。按时间顺序逐年逐月逐日记载，有的甚至要确切到时、分、秒。如有的没有时间或者时间不够准确，应尽力进行考证。

④大事记的书写格式。以年度为段落，内容在月日右侧书写。

5. 编写大事记材料的收集和核准

（1）编写大事记材料的收集

以编写机关大事记为例，收集大事材料的重点渠道包括：

①上级领导机关、业务主管机关以及本单位的档案文件，它们记载了重要工作活动、重要事件等情况，具有权威性和准确性，为大事记的主要材料来源。

②上级领导、业务主管机关以及本单位的简报、快报、月报、要闻摘报、动态等资料。这些资料记载了各个方面发生的各种类型的大事、要事、奇事，所述事实准确、清楚，是大事记的重要材料来源。

③报刊、电台、电视等新闻媒介的报道。尤其是当地的新闻媒介，经常宣传、介绍本单位的一些大事、要事等，从中可以获得一些有价值的材料。

④地方史志、年鉴等纪实性资料。地方史志和年鉴通常是由官方组织专业人员编写的历史文献，能够全面系统地记述一个地区各方面的情况，具有权威性，可以作为大事记的一个重要的参考材料来源。

⑤口传史料。有些年代较为久远的大事，未见于正式记载，而在群众中流传。这种口传史料也有一些确属事实，经考证可以收入大事记中。

⑥大事记录。有些单位建立日常的大事记录制度，随时将本单位发生的大事记载下来，形成比较完整的大事记录材料，因此可以成为大事记的材料来源。

（2）大事记材料的核准

大事记作为一种历史资料，应力求内容准确无误。但是，由于所收集的材料来源广泛，其中难免有记述失实的情况。因此，应对收集的材料进行审查、筛选。

①对来自口传史料的材料，应逐条详加考证，确认史实无误后方可使用。

②对报刊、电台、电视等新闻媒介的报道以及史志、年鉴中的记录也要分析。由于报道时间、角度和取材的方法不同，有些材料有可能出现数据或事实不准确的情况，不能盲目采用。

③本单位编发的简报、动态以及各种档案文件中记载的事实一般比较准确，

可信度较高，大部分可以直接采用。

实践项目二：编写组织沿革

1. 项目任务

在学习编写组织沿革内容后，请选择一种合适的编写体例（如采用编年法或阶段法等），完成编写一个单位在某个时期内较为完整的组织沿革。

2. 项目目标

①了解组织沿革的种类、特点和编写方法。

②熟悉组织沿革的编写内容和编写体例。

③掌握组织沿革的编写要求。

3. 项目素材

联网的计算机设备，软件至少包括 Office 软件、PDF 软件等。参考借阅图书馆中的关于组织沿革的相关书籍。准备编写某个单位的组织沿革，还需仔细寻找和查询相关档案资料。

4. 工作规则

（1）分组和选题

每组 3 ~5 人，按组开展项目活动。每组确定 1 名组长，由组长负责统筹安排和项目实施。由组长带领组员进行选题、编写、任务分配等工作。每组的选题最好不要重复，即每组编写的组织沿革标题均有所不同。

（2）提交项目成果

组织沿革编写完成后，以小组为单位在统一时间提交相应的 Word 文档或 PDF 文档。

（3）汇报和评价项目成果

每组用 5 ~10 分钟展示项目成果，展示包括编好的组织沿革文档及小组 PPT 汇报（包含任务分配、编写方案、项目收获与不足等）。最后是对整个项目活动进行评价，学生自我评价按 10% 折算、同项目组互相评价按 30% 折算、教师评价按 60% 折算。

5. 参考方案

（1）参考方案一

×××科技公司组织沿革

2010 年

1 月 18 日，经××市工商管理局批准，×××科技公司正式成立，为股份制有限责任公司。公司地址在××市××区××中心 A 座 10 层。

公司领导：

总经理：×××

副总经理：×××、×××

员工人数：52 人

机构设置：研发部、设计部、运营部、财务部、人事部。

……

2021 年

7 月 8 日，公司迁址到××市××工业开发区××大厦 12 层

公司领导：

总经理：×××

副总经理：×××、×××

员工人数：138 人

机构设置：研发部、设计部、运营部、财务部、人事部、策划部、市场部、客服部。

……

（2）参考方案二

×××电器公司组织沿革（2010. 7—2015. 12）

一、×××电器公司组建时期（2010. 7—2012. 12）

2010 年 7 月 10 日，经××市政府批准，原××电子管厂、××电子设备厂合并组建×××电子设备公司。

公司领导：

总经理：×××

副总经理：×××、×××、×××

员工人数：600 人

机构设置：办公室、人事部、宣传部、培训部、设计部、采购部、生产部、销售部、财务部、后勤部。

……

二、×××电器公司调整时期（2013. 1—2015. 12）

2013 年 1 月 15 日，×××电子设备公司实行股份制，更名为×××电子设备股份有限公司。

公司领导：

总经理：×××

副总经理：×××、×××、×××

员工人数：800 人

机构设置：办公室、公关部、人力资源部、设计部、采购部、生产部、销售部、财务部、后勤部。

……

关联知识

1. 组织沿革的种类和内容

组织沿革是系统记载一个单位、专业系统或地区的体制、组织机构和人员编制等方面变化情况的档案参考资料。组织沿革的种类和内容如下。

（1）组织沿革的种类

①机关组织沿革：主要记载一个单位及其内部机构和人员的演变情况，如《＊＊单位组织沿革》。

②地区组织沿革：主要记载一定行政区域或行政区域内所属党政群各级组织的设置和演变情况，如《＊＊市行政区域历史沿革》。

③专业系统组织沿革：主要记载一定专业系统所属组织的设置和演变情况，如《全国水利水电系统组织机构沿革》。

（2）组织沿革的内容

组织沿革通常由标题、序言（或编辑说明）、正文组成，根据需要可以增加目录和注释。组织沿革正文主要包括以下内容。

①单位、地区或专业系统的历史概况、行政区划、建制变更情况。

②单位的性质、任务、职权范围和隶属关系。

③单位内部组织机构的设置和人员编制的变化情况。

④单位领导人的任免情况。

⑤单位建立、合并、撤销、名称变更、办公地点迁移的原因、时间。

⑥文书工作制度及变化情况、文书处理使用的各种印章戳记及其作用。

2. 组织沿革的特点和体例

（1）组织沿革的特点

①组织沿革着重记述和反映单位自身在组织系统方面的有关情况，对于该单位做了哪些工作、开展了哪些活动、取得了哪些成绩等，不在组织沿革记述范围内。

②组织沿革以系统反映单位自身发展、变化的历史过程为主要目的，而不能片面、孤立、静止地只记一时的情况。

（2）组织沿革的体例

组织沿革的体例主要分为以下三种。

①编年法。这种方法按照年度记述某一单位、地区或专业系统的组织概况。采用编年法编写组织沿革时，先将材料按年度分开，然后每个年度中再分别记述各方面的情况。

编年法的优点是：每个年度的材料集中，自成体系，全年情况显示清楚。其不足是：每个方面的情况分散于各年度之中，纵向脉络被切断；有些多年无变化的情况要按年度反复陈述，内容重复。

②系列法。这种方法以组织机构或者组织建设问题为线条，形成各个系列。在编写时，首先按照系列，然后再按年度顺序，分别记述其演变的始末概况。如果按照组织机构的系列编写组织沿革，则以单位内部机构的实际设置为线条，分别记述各机构的变化情况；如果按照组织建设问题编写组织沿革，则可以分为单位体制、职能和任务、隶属关系、机构与人员编制、干部任免、印信使用等若干方面分别记述其演变情况。

系列法的优点是：能比较系统地揭示单位、地区或专业系统内部组织机构或组织建设各方面情况的发展脉络，便于读者分项目了解单位、地区或专业系统的演变情况。其不足是：不便于显示各个阶段的组织概况，且有些组织的演变情况比较复杂，不适宜采用系列法。

③阶段法。这种方法根据单位、地区或专业系统发展变化的特点，将其划分为若干历史阶段，在每个阶段中再分别记述各方面情况。这种方法在一定程度上吸收了前两种体例的优点，使时间和系列经纬交织，能够比较清晰地反映组织的演变情况，便于读者阅读和理解。采用这种体例时，应注意根据编写对象的发展特点合理地划分阶段。

以上三种组织沿革的编写体例各有其适用情况：对于历史较短、规模较小、内部机构不太稳定的单位，可以考虑采用编年法；对组织机构比较稳定且独立性较强的单位、地区或专业系统，可考虑采用系列法；对已经具有一定发展历史的单位、地区或专业系统，可考虑采用阶段法。

3. 组织沿革的选材和编写要求

（1）组织沿革的选材

组织沿革是对单位、地区或专业系统组织建设和发展情况进行记述的资料，在内容上必须做到全面、准确和严谨，这就需要做好材料的收集和选择工作。

组织沿革使用的材料应主要从档案中收集，其他来源的材料应慎重选用。有关单位、地区或专业系统组织建设方面的档案通常集中在单位的综合部门，如办公厅（室）、组织部门和人事部门，上述部门可以作为收集材料的重点对象，但有时也需要从本单位其他部门或外单位的档案中收集材料作为补充。

某些通过调整而成立的新单位，形成之初的有关文件往往保存于其前身单位中。有些情况本单位没有形成正式记载，可以从其他材料中寻找求证，例如：借助于工资单存根，可以查出某一时期单位及各机构的人数；利用单位或领导人留在文件上的印信、签字，可以查证领导人的情况等。对于记载不准确、证据不足的材料，应认真考证再予收录；经考证也无法证实的情况，应加以说明。

（2）组织沿革编写要求

①真实可靠。所记载的情况与客观事实相一致，要实事求是地记录机关（内设机构）各个时期的名称变化情况，如每位领导人姓名、职务和主管工作。领导人姓名要用常用名，机构名称要用全称，如出现个别机构名称或领导人姓名等考证不准时，要在说明栏里注明。

②材料翔实，内容全面。组织沿革正文中所采用的材料必须经过考证，能够客观、充分地反映历史事实。在正文的编写中，应注意对有关问题记载的完整与准确性，不能遗漏单位、地区或专业系统组织建设中的重要内容和主要事实，也不能出现记述过程的中断现象，情况需要说明清楚，语言要规范，文字要简练。

③结构合理，脉络清楚。组织沿革是对单位、地区或专业系统组织建设情况进行梳理和说明。由于组织建设涉及问题较多，情况变化频繁且较为复杂，在编写过程中，应根据实际状况采用合适的体例和结构清晰地表现各方面情况的演变轨迹。

④表现形式多样。组织沿革在表现形式上有文字叙述式、图表式和文字与图表结合式。通常对单位、地区或专业系统的历史渊源、主要职能、性质、任务等用文字叙述，对机构、人员变化情况可以采用图表，印信可以附上其式样。这样可以使组织沿革简洁精炼、条理清楚、直观易查。

实践项目三：档案专题编研

1. 项目任务

请选择一个编研主题，分组完成一部档案专题编研作品，具体要求如下：

①编研选题：选题要具有一定思想性、文化性。

②文献查找：可以通过档案馆、图书馆、档案信息网、中国知网等多渠道查找相关档案文献，但要注意辨别材料的真伪（尤其是网络文献）。

③文献挑选：选材要有依据（要有参考文献和注释）。

④编辑加工：要求图表标题规范、转录加工的地方要标出。

⑤汇编辅文：要求有完整的封面、序言、编辑说明、目录、插图（说明来源或参考文献）、注释、索引、参考文献、后记。

⑥严格校对：编研作品不得出现错别字，否则按错别字个数酌情扣分。

⑦排版印刷：要求排版清晰、工整，有一定的封面设计，彩色印刷。

2. 项目目标

①了解编研选题的意义。

②重点掌握档案文献编研的步骤和内容。

③熟悉档案文献编辑加工的方法，包括转录加工和点校加工。

④掌握档案文献汇编内辅文的撰写，包括序言、编辑说明、注释、目录、索引等。

⑤能够区分序言和编辑说明的不同，以及目录和索引的不同。

3. 项目素材

联网的计算机设备，软件至少包括 Office 软件、Photoshop 软件、PDF 软件等；参考《档案文献编纂学》的相关书籍，全面了解档案文献编研的步骤和方法等；针对所编写的专题，仔细寻找和查询相关档案文献。

4. 工作规则

（1）分组和选题

每组3～5人，按组开展项目活动。每组确定1名组长，由组长负责统筹安排和项目实施。由组长带领组员进行选题、编写、任务分配等工作。每组的选题最好不要重复。

（2）提交项目成果

档案专题编研成果完成后，以小组为单位在统一时间提交完整的电子版PDF文档（防止格式错乱）及彩色印刷的版本。

（3）汇报和评价项目成果

每组用5～10分钟展示项目成果，包括档案专题编研成果（PDF文档）及小组PPT汇报（包含任务分配、撰写方案、收获与不足等）。最后是对整个项目活动进行评价，学生自我评价按10%折算、同项目组互相评价按30%折算、教师评价按60%折算。

5. 参考方案

以下方案选编自学生的档案编研作品，仅供参考。

北京大栅栏的老字号汇编

主要内容包括：

（1）封面页：主要包括题名、编者、单位等。

（2）序言（或前言）：包括介绍选题意义、相关背景、档案资料价值、对档案史料中的某些观点进行必要的评述等。

（3）编辑说明：介绍档案文献的状况（如收录范围、材料来源、时间段等）、介绍编者的编辑加工情况（如汇编体例、遵循原则、参考资料、主编人员等）。

（4）目录：按章节顺序依次列出标题和页码。

（5）按语：介绍一篇或一组档案文献的编纂公布目的、历史背景、作者情况、档案内容、史料价值等（注：可放在每章前，若与序言或编辑说明有重复之处，可省略）。

（6）正文：按章节顺序依次排列，逻辑清晰，层次分明（正文中含插图）。

（7）注释：在正文以脚注形式加注释，与参考文献区分。

（8）索引：包括人名索引、地名索引、关键词索引等。

（9）参考文献：按国家标准参考文献形式著录。

(10) 后记(跋):后记可说明编研过程、评价内容或一些感想等。

部分内容节选:

序言

北京是世界著名的历史文化古都,大栅栏地处北京中心地段,是南中轴线的一个重要组成部分。大栅栏地区,北起前门西大街,南至珠市口西大街,东起前门、南大街(粮食店街),西至南新华街,总面积1. 26平方公里。因辖区内一条有近600年历史的大栅栏商业街而闻名。

……

北京大栅栏的老字号有同仁堂、张一元、东来顺、六必居、月盛斋等。这些北京老字号历经数百年变迁发展,有着深厚的历史文化底蕴,既是古代北京的宝贵遗产,也是现代北京的特色名牌,是北京历史文化名城的重要标志之一。

……

通过北京大栅栏的老字号汇编,希望能够整合北京老字号的一些档案文献,彰显北京老字号的魅力,促进老字号长盛不衰,持续发展。同时希望北京大栅栏地区的老字号珍爱自身品牌,在保持传统特色的同时,不断发展创新产品,增强市场竞争能力,提升社会经济和文化价值,更好地为海内外宾客服务,为人文北京增光添彩。

……

编辑说明

一、本汇编所选编的北京传统老字号的史料,均摘自北京市档案馆、大栅栏官网、中国知网,以及大栅栏实体店等。相关照片的来源为北京市档案信息网、大栅栏官网及个人拍摄的照片等。

二、为反映北京大栅栏的历史起源及发展现状,本汇编以北京传统老字号为主,分别按吃、行、游、购、娱的几大生活方式为顺序进行排列。

三、本汇编所选材料实行部分全文照录原则。个别档案正文中含有与本汇编主题无关的内容,为防繁杂冗长,对其进行了严格的筛选和删减。

四、编者在汇编正文中,对主要的人名、书名和地名进行了适当的注释。

五、本汇编由北京联合大学应用文理学院档案系2020级2班×××、×××、×××合编,感谢×××和×××老师的帮助和指导。

……

目录

（正文略）

索引

人名索引举例：

老舍（1899—1966），原名舒庆春，另有笔名絜青、鸿来、非我等，字舍予。

北京满族正红旗人。中国现代小说家、著名作家，新中国第一位获得“人民艺术家”称号的作家。代表作有《骆驼祥子》、《四世同堂》、剧本《茶馆》等。

丁德山……………………………………………………………… P27，P29，P32

丁德山：东来顺创始人，回民，河北沧州人。1903 年，他在东安市场里摆摊出售羊肉杂面和荞麦面切糕，以后又增添了贴饼子和粥。由于生意日渐兴隆，便取“来自京东，一切顺利”的意思，正式挂起东来顺粥摊的招牌。

（注释、参考文献略）

后记（节选）

本汇编选取了具有代表性的中国传统历史文化街区——大栅栏的老字号作为汇编的主要对象，以具有知识性、历史性、可读性的语言，对每一个老字号进行清晰介绍，让读者可以通过阅读直观地了解到它们的历史演变。

……

此汇编的编纂让我们对中国传统文化有了更深的认识，对大栅栏老字号的发展有了更进一步的了解。北京老字号是中华悠久历史的一部分，需要我们这些后人保护、记录和传承。随着社会的不断进步与发展，北京老字号将会产生更加深远的影响。

由于编者们的水平有限，汇编中难免会存在疏漏、不妥之处，敬请广大读者谅解。

关联知识

1. 档案编研的主要步骤和内容

（1）选题和拟订编研方案

①编研选题。选题是档案编研工作的基础和起点，是决定编研活动成功与否的关键环节。在选题之前，应全面、系统、深入地调查了解相关档案资料情况，并根据实际工作需要确定可行的题目。选题应具有一定的新意，尽量不要重复别人已经出版的文献。好的编研选题能够引起读者阅读和利用档案文献的兴趣。选题应具有一定的思想性、文化性和学术性，使读者能够从中得到启发和指导。需要注意的是，编研选题不应具有较强的文学色彩，不能太玄虚，题目应该能全面客观地反映汇编内容。

②拟订编研方案。即根据选题制定符合实际条件的、比较严谨规范的工作计

划作为编研工作的依据，以保证编研工作的顺利进行。在档案编研方案制定时，应确定编研成果的主题、类型和体例，明确编研目的和要求，确定选材的范围与重点，说明编研工作的进度安排、人员的组织分工，以及编研工作中的注意事项和质量保证的要求等。

（2）查找选择编研信息

查找选择档案编研信息，即围绕选题，根据编研方案，搜集、挑选所需要的档案资料。搜集档案编研资料，应注意搜集材料的全面性、系统性、真实性和重要性。全面性和系统性就是要充分利用各种检索工具，在查找中扩大信息线索搜集相关材料，并注意各种材料之间的历史联系和相关关系。搜集中还应注意材料的真实性和重要性。真实性就是要注意分析、鉴别信息的内容、来源、形成时间、形成者、保管者、公私属性、密级等因素，去伪存真，保证档案信息的可靠性。重要性就是要选择重点，分轻重缓急，选其精华，提高编研信息的价值，保证编研成果的质量。

（3）编研信息的加工和编排

编研信息的加工和编排，是指对入选的档案信息按确定的体例和结构进行加工与组织，最终形成编研成果的工作。内容包括对档案信息的具体加工和编排等。

①加工。档案编研信息的加工，主要指在分析、研究档案信息的基础上，运用考订、选录、摘要等具体加工方法对档案中的文字、标点、图形等进行规范处理，形成易用、实用、优质的编研成果。档案文献加工一般分为“转录加工”和“点校加工”。转录加工是将档案的原文字如实地转录到其他载体上去的工作。点校加工指将档案原文转录到其他载体上之后，对档案正文进行标点、分段，并勘误、校正原文中讹、夺、衍、倒等文字上的错误。

②修拟标题。选入汇编的档案文献，有些可能缺少标题，或标题不符合汇编要求。为了方便读者检索汇编内收录的文件，编者应根据汇编要求和档案文件各自的特点，修改或重新拟制档案文献的标题。

③编排。由于组成汇编的档案文献是从各处查找和挑选的，时常缺乏次序，零乱失序，很难反映编研题目，因此需要进行编排。档案的编排，就是按照确定的编研体例，从档案文献的总体情况出发，根据题目的整体要求，按一定的编排原则将其分类和排列，使档案文献成为一个有机的整体。

（4）撰写汇编辅文

为方便读者理解和利用汇编内的档案文献，编者应针对编研题目及档案文献所涉及的问题，以及不同读者水平参差等情况，撰写拟制档案文献汇编的各种辅文，包括：评述性材料，如序言、按语、注释等；查考性材料，如编辑说明、年表、插图等；检索性材料，如目录、索引等。

(5）审核与排版印刷

①审核。审核是将已经完成的初稿转化为正规编研成果定稿前的工作，直接影响最终成果的价值和质量。一般分为初审和复审，即按编研方案中的规定和要求审查档案信息加工的规范性和标准性，并对编研底稿进行全面审核。对编研选材不得当、不符合法律要求之处，以及加工编排不规范之处，要及时进行修改。

②排版印刷。最后是编研成果的排版和印刷环节。重视版面设计，注意图文排版格式，防止格式错乱等。排版的每一个细节都要非常注意，调整好字体、字距，该对齐的部分严格对齐，尽量选择高质量的图片等。对排版细节的把握会使编研作品效果更好，达到赏心悦目的效果。确定最终版本后，即可选择合适的方式进行印刷。对符合出版要求的编研作品，可联系出版社进行出版。

2. 档案文献的编辑加工

(1）档案文献加工

①档案文献加工的含义。档案文献加工，指编者根据编研题目的需要，按照一定原则，将档案文献正文中的文字如实地转移到其他载体上去，同时将档案文献正文中一切不符合要求的文字、符号、款式及图形等，进行必要的技术性处理。档案文献加工包括转录加工和点校加工两个部分，通称为档案文献加工，或称为编辑加工。

对于已经选定的档案原件，不能直接编入汇编，更不允许直接送去出版，必须经过打印或手抄等方式，将档案原件的正文一字不差地转录到其他载体上去，再将这些誊印件经过点校加工等一系列编辑工作，排版印刷。

②加工的原则。

第一，存真原则。存真原则是档案文献加工应遵守的首要原则。所谓“存真”，是指经过加工后的档案文献，务必保持和档案原件在文字和内容上的高度一致，即保持档案信息的真实性。

第二，求实原则。即严格遵守实事求是的原则。有的档案原文清晰无误，但观点或内容错误，档案转录时仍然要照转；有的档案原文存在错误，点校加工力求再现档案作者本意，避免抄传和识别字迹的错误。

第三，慎改原则。当怀疑原文有误但没有把握时，或档案中出现可改可不改的文字，则一律不要改动。应尽力保持原字原样，少改为宜。发现某个文字存疑时，不能凭主观更改，正确办法是原文照录，将疑问采用加工符号，如用“?”表示，或在注释中说明，存疑待证。

第四，标注原则。凡经编者加工改动之处，都应以加工符号或文字标示说明，以便读者可以明确区别哪些是档案原文、哪些是编者加工的部分。

（2）转录加工和点校加工

①转录加工。转录加工是将档案的原文字符如实转录到其他载体上去的工作。转录加工需要在忠于档案原文基础上，对某些部分做必要的删节，并重新处理档案文字的行款格式、标记批语等。

转录加工应该符合以下要求：保证历次转录件与被转录件的完全一致；要总结误辨、误认文字的原因及规律，避免辨认错误的发生；转录加工时必须用字规范、书写清晰工整，载体及记录形式在汇编内统一；每次转录加工之后，都必须经过认真的校对。

②点校加工。点校加工是指编者在将档案原文转录到其他载体上之后，对档案正文进行标点、分段，并勘误、校正档案原文中讹、夺、衍、倒等文字上的错讹。校勘，是指在转录和标点过程中，发现档案原件在文字上存在讹、夺、衍、倒等现象，并以一定的方式处理。

校勘的对象及常用校勘符号用法：讹文：错别字。转录时保留讹文，以“< >”将正确的字写在括号内。夺文：掉字。在转录件的原档掉字位置，以“[　]”将正确的字写在括号内。衍文：多字。在转录件上用“[　]”将多余之字括起来。倒文：颠倒。与改正讹文的符号相同，用“< >”恢复正确的字序。残缺之字：需要补字。以相同数量的缺字号“□”补在所缺文字处。疑问字：存疑的文字。在字的后面加（?），以存疑待考。若是人人皆知的错误，又无必要改正，可于错误后括上“（原文如此）”四字。

（3）档案文献的编排

档案文献编排的目的是把汇编的档案文献组成为一个具有某种逻辑联系的有机整体，从而最终固定每份档案文件在汇编中的位置，使汇编内众多的档案文件浑然一体，共同科学地、系统地反映题目的内容。档案文献的编排包括确定汇编的体例、档案文献的分类和排列。

①汇编的体例。汇编体例是对选入汇编的档案文献，根据一定的组织形式分类和排列，这种组织形式就是汇编体例，也称编排体例。每部档案编研作品选择何种编排体例，应根据汇编题目的需要和档案文献的特点来决定。

汇编体例的种类：按照历史事件发展的阶段编排档案文献；按照汇编题目包括的几个基本问题编排档案文献；按照档案文献的作者或通讯者组织档案文献；按照汇编内档案文献的种类编排档案文献；按照汇编题目涉及的不同地区分类编排档案文献；按照档案文献形成的时间顺序依次排列档案文献。

②编排档案文献的原则。最大限度体现档案文献间最主要或最基本的联系。遵守分类的逻辑原则，如同一级各类别应界限明确，不能相互交叉、包括或从属。要体现一定的思想性：应在编排先后顺序上体现编者正确的思想观点。

③档案文献的归类和排列。编者不仅要对档案文献分类合理，而且还要在深入分析档案文献的内容基础上，做出合乎实际的判断，采用适当方法进行处理。在执行时应注意：注意档案文献的内容与所属类别的内在联系。分清档案文献内容的主次，然后进行分类。文件属于全面、综合、概述的，不宜归入汇编的某个具体、局部的类、项，可在各类、项之前设综合性类项以归属之。汇编选录的文件，不适合直接收录的可做附录处理。

档案文献最基本的排列方法是按时间顺序排列，有时也可考虑按重要程度、正反面文件及正、附件等方法排列。有的现行文件汇编中，档案文件的排列顺序是按重要程度（中央、地方、本系统、本单位）从高到低依次排列的，但对同等重要的文件仍按时间顺序排列。因此，按时间顺序排列仍是最基本的排列方法。

3. 档案文献汇编内辅文的撰写

（1）撰写评述性材料（序言、按语、注释）

①序言。序言也称前言、引言、弁言、序等，一般置于书的正文之前。作用是向读者做总评述和总说明，以指导读者阅读汇编。作者自己写的叫“自序”，多说明其内容、写作缘由、经过和特点；别人代写的序叫“代序”，多介绍和评论该书的思想内容和艺术特色。

序言的基本内容如下：交代选题的意义、目的和读者范围；概括介绍背景、人物、历史意义，并解释一些新颖、难懂的汇编题目的含义；对人们不熟知的档案文献作者，在序言中对其身份、经历、社会地位等情况做必要介绍或评述；序言的一个重要任务和内容，是对汇编档案史料价值做总的概括性介绍；对档案史料中反映的某些观点进行必要的评述、补充、修正或说明；介绍重要文献的版本形成、流传情况及各版本的不同价值；许多序言除了介绍上述内容，还较为细致地叙述了编者在汇编时都做了哪些工作。

撰写序言的要求：对一般问题概括性介绍，对重要问题详细论述，充分考虑读者需要；学术价值较高的序言，观点新颖，内容翔实、论述精辟，对读者大有裨益；汇编序言反映的是编者的思想观点，因此要体现出编者的思想性。

②按语。按语又称“按”“编者按”“说明”，作用是向读者介绍一篇或一组档案文献的公布目的、历史背景、作者情况、档案内容、史料价值、档案出处及版本情况等。按语也称“案语”或“编者案”，是编者对一篇文章或一条消息所加的意见、评论等，常放在文章或消息的前面。编者往往在按语中直接表示自己对档案文献的态度，以引导、影响读者的阅读。

按语的内容主要分为以下几种：介绍档案文献的编研目的；介绍档案文献有关的历史背景；介绍档案文献的作者；介绍档案文献的内容梗概；订正某些过时甚至错误的观点；介绍档案文献的史料价值；介绍档案文献的出处；介绍档案文献的版本。

编写按语的基本要求，主要包括：按语要介绍、评述档案文献的主要内容，但不能简单地复述其内容，应抓住实质，重点突出，起到提示的作用。措辞要准确、精炼、开门见山、简短生动。要求编者观点正确，具有相当的学术水平，对题目和档案文献有一定研究。

③注释。档案文献的注释指对档案文献中某些不易被读者理解的概念进行解释，并对编研工作情况予以简要说明。它对于读者正确理解和方便利用档案文献具有重要意义。尤其编纂历史档案，注释更是不可缺少的一项工作。

注释能对档案文献中的生僻字或难懂的内容做出合理的解释。凡档案文献中一切令读者不解或费解的概念和内容，都属于注释的对象。注释的对象主要包括：人物注释，这是最主要的注释对象。史实注释，如对不详的史实加以注释。标题注释，对档案文献标题的注释，也称题解。时间注释，包括档案文献成文时间和内容中涉及的时间。地名注释，如因地名相同误解而需加注释。隐语注释，在私人信件、日记中，常采用极隐晦方式表达，需注释真实情况。

凡档案文献中的词汇、术语、方言、典故、官职、简称等，只要读者可能不理解的，都在注释之列。

（2）撰写查考性材料（编辑说明、插图、年表）

①编辑说明。编辑说明又称编者的话、编辑例言、出版说明和凡例等。它的作用是介绍汇编内档案文献的状况和编者进行编辑加工的情况。编辑说明是为了让读者了解编者如何选材、考订和编排等，读者可以通过编辑说明，了解编研作品的编辑水平和编者的工作质量。

一般来说，编辑说明主要包括以下两方面基本内容：说明汇编内档案文献的状况，包括收录范围、材料来源、时间断限等；取材标准、删节原则等。介绍编者在本汇编所做的工作，包括汇编体例、遵循原则、参考资料、主编及参编人员、对注释及按语等进行说明。

编辑说明的编写要求如下：编辑说明的内容必须准确，所介绍的主要内容、档案文献情况、编辑加工情况等，务必与汇编的实际情况相符，不能有任何出入。说明的加工符号必须与正文一致。编辑说明应简明扼要、条理分明。

需要注意的是，序言与编辑说明有所区别：

首先，二者的作用不同。序言主要起指导阅读、研究和利用档案文献内容作用；编辑说明主要帮助读者查考汇编的编辑加工情况。

其次，二者的内容不同。序言主要阐述汇编题目含义、反映的历史事实、时代背景和作者情况，并评论档案文献的价值；编辑说明侧重介绍编者进行的编辑加工情况，不涉及档案文献的内容，属于说明性文章。

最后，二者的编写要求不同。序言有较强的思想性和学术性，要有编者的观点、结论；编辑说明要求内容准确，与编辑加工的情况一致即可。

二者也有一定的联系，序言和编辑说明目的一致，都是为了便利读者阅读和利用汇编内的档案文献，都是汇编必备的重要组成部分。序言与编辑说明有共性，因此二者可以合写，可以将编辑说明的内容置于序言的内容之后。

②插图。在档案文献汇编中，往往附有各种插图，如汇编内重要文件的复制品，与事件有关的人物、遗址、文物等照片、图片、历史地图、示意图，以及各种形象的统计图表等。汇编中的插图，有的是某次历史事件中形成并流传下来而被采录复制的，有的是根据汇编内容的需要拟制的。

档案文献汇编题材不同，插图选用范围也有差别，在选择插图时应注意：人物文集汇编插图，一般选用反映作者生平活动并有重要历史意义的照片和图片。历史事件汇编插图，一般选用具有重要意义的人物、场面、遗址、手迹等照片。军事题材汇编插图，为加深对档案文献的理解，应选有关的示意图。经济、统计资料插图，选用各种形象的图表。

插图多附于一书的正文之前，也有附于一书之后，或有针对性地插于书内的相应位置。确定插图的位置应以最便利读者理解正文为原则。

③年表。年表是按照时间顺序编排并附以简明扼要的说明以反映一定的对象（如人物、事件、机构等）某些活动的表册。年表是专供查考历史年代和历史事件的工具书。年表把档案文献反映的历史片段放到年表包括的一定的历史过程中

去考察，便于发现历史片段之间的内在联系，把握每一份档案文献对阐明汇编题目的意义和价值。

年表分为大事年表和人物传记年表。

大事年表主要有五种类型：第一，将某件事或某一运动发生发展过程的主要事实按时间顺序排列；第二，将一定时期的官职的变化按时间顺序排列，如《历代职官表》；第三，将一定机构的发展变化过程按时间顺序排列；第四，将某一地区的政治、经济、文化等方面情况按时间顺序排列；第五，将一国断代史、通史中记载的或中外历史上发生的重要历史事件按时间顺序排列，如《中外历史大事年表》等。

人物传记年表（也称年谱），是将一定人物生平的主要事迹（包括时代背景和有关历史事件）按时间顺序排列的表册，如《梁启超年谱》《×××生平年表》。

汇编内附的年表，一般都是由时间和事实两部分组成。

时间：年表时间记载要求准确无误；有些时间无法考证时，应写明大致时间。需注意的是，清代以前多用帝王年号纪年法，如清康熙六十年。

事实：年表内记述的事实要真实准确；选择事实载入年表，应本着“大事突出、要事不漏”原则；年表文字应力求简明；年表的观点要正确。

（3）撰写检索性材料（目录、索引）

①目录。目录是目和录的合称。目指篇名或书名，录是对目的说明和编次。目录，是把多篇文件的名目按照一定次序排列起来，并指明其在书册中的页次，所以目录也叫“目次”。

编制汇编目录，是按汇编的编排体例和档案文献的排列顺序，列出档案文献的标题，并注明所在的准确页码。汇编目录的作用，一是通过目录可以综览汇编档案文献的概况和汇编体例；二是让读者迅速按照目录找到需要的材料。在任何类型的编研作品中，目录都是必不可少的。

汇编目录的种类，分为简要目录和详细目录：简要目录只列出汇编的类目或章节名称，不必列出每份文件的标题；详细目录直接列出汇编内每份档案文献的标题及所在页次的目录。

选择采取哪种目录形式，一般以档案文献的特点和读者查找的方便为准。目录一般置于汇编内的序言、编辑说明、图例之后和正文之前。

②索引。档案汇编的索引，是把档案文献中出现的主题、人名、地名、词语、书名、篇名、事件及其他事物的名称等项，经分析后，摘出名目，注明其出

处或页码，按照一定的方式（按字序或类别）进行编排，成为读者随时检索的工具。读者通过索引，可集中查到某个名词在本汇编中所有的出处。索引并不提供资料的内容，但读者可根据索引的出处及页码去翻阅汇编。索引是读者查询汇编内某一问题的比较系统和全面资料的常用工具。

索引与目录的比较（区别）：

首先，索引与目录相比，索引的查找作用更具体化，针对性更强。读者查阅目录只能看到标题，要了解具体内容还需阅读正文，通过索引可以迅速查到文献正文的具体名目。

其次，索引与目录相比，索引的使用更为灵活，更适合读者需要。目录通常会受到编排体例的限制，索引则不受局限。

最后，利用索引能方便、准确地找到自己想知道的内容。通过目录标题不能将所有相关的人物或事物全部反映出来，需认真阅读全文寻找，而通过索引查找起来更为方便。

索引的结构一般由名目、注释、注码三个部分组成：名目：指列入索引的被检索对象的名称，如人名、地名、术语、概念、书名等。注释，是对列入索引的名目所做的解释语。注码，即依次指出在汇编中出现该名目的全部页码。

索引的内容主要依据汇编的题材、读者的需要和汇编内档案文献的状况来决定。汇编中最常见的索引有：人名索引、书名索引、主题索引和地名索引四种，此外还有关键词索引、成语索引等。

编制索引的要求如下：编制索引时，应把握主要名词和专业术语。索引名称要合理、注解正确、页码无误无漏。要考虑汇编的目的和读者，注意索引内资料的选择范围。要求编者以认真、耐心、细致的态度从事索引编制工作。

参考文献

［1］国家经委，国家建委，国家科委，国家档案局．科学技术档案工作条例．1980.

［2］国家档案局．科学技术档案案卷构成的一般要求 GB/T11822—2008.

［3］北京市建设工程安全质量监督总站，北京市建设监理协会，北京市城建档案馆．建筑工程资料管理规程 J 11581—2010.

［4］建设部．建设工程文件归档整理规范 GB/T 50328—2001.

［5］国家档案局．企业档案工作规范 DA T42—2009.

［6］国家档案局第 10 号令．企业文件材料归档范围和档案保管期限规定．2013.

［7］王健．文书学［M］．第 3 版．北京：中国人民大学出版社，2015.

［8］邓绍兴．档案分类［M］．北京：首都师范大学出版社，1998.

［9］陈琳．档案管理技能训练［M］．北京：机械工业出版社，2014.

［10］张虹，姬瑞环．档案管理基础［M］．北京：中国人民大学出版社，2013.

［11］邓绍兴，等．档案管理学［M］．北京：中国人民大学出版社，2005.

［12］王英玮，陈智为，等．档案管理学［M］．北京：中国人民大学出版社，2015.

［13］王传宇，张斌．科技档案管理学［M］．北京：中国人民大学出版社，2009.

［14］徐平，杨志安．档案学专业实训教程［M］．沈阳：辽宁大学出版社，2009.

［15］陈琳．档案管理技能实训［M］．北京：机械工业出版社，2009.

［16］何屹．档案管理实务［M］．北京：北京大学出版社，2010.

［17］宗培岭．现代企业制度下企业档案工作运行机制研究［M］．北京：中国档案出版社，2006.

［18］增广．企业文件管理实务问答［M］．北京：中国海关出版社，2005.

［19］马素萍．现代企业文件与档案工作实用教程［M］．北京：中国人民

大学出版社，2002.

［20］张斌．新经济时代的企业档案管理［M］．北京：中国档案出版社，2007.

［21］胡鸿杰，吴红．档案职业状况与发展趋势研究［M］．北京：中国言实出版社，2008.

［22］［美］加雷思·琼斯，等．当代管理学［M］．第二版．北京：人民邮电出版社，2003.

［23］［美］罗伯特 K 威索基，等. 有效地项目管理［M］．第二版．北京：电子工业出版社，2002.

［24］孙爱萍．北京档案信息资源管理理论与实践新探［M］．上海：世界图书出版公司，2010.

［25］徐拥军．企业档案知识管理模式［M］．北京：中国档案出版社，2009.

［26］上海市信息化办公室．CIO 教程［M］．上海：上海科学技术出版社，2003.

［27］周宁．信息组织［M］．武汉：武汉大学出版社，2001.

［28］［美］Greg Laugero，等．企业内容服务［M］．北京：清华大学出版社，2003.

［29］马张华．信息组织［M］．第 3 版．北京：清华大学出版社，2008.

［30］司莉．信息组织 I 实验教材［M］．武汉：武汉大学出版社，2008.

［31］曹树金．信息组织的分类法与主题法［M］．北京：北京图书馆出版社，2002.

［32］唐跃进，张美芳．档案保护技术实验教程［M］．北京：中国人民大学出版社，2013.

［33］张美芳，唐跃进．档案保护概论［M］．北京：中国人民大学出版社，2013.

［34］郭莉珠，张美芳，张建华．档案保护技术学教程［M］．北京：中国人民大学出版社，2000.

［35］刘耿生，梁继红．档案文献编纂学［M］．北京：中国人民大学出版社，2007.

［36］张会超．档案开发利用教程［M］．沈阳：辽宁大学出版社，2014.

［37］毛建军．古籍数字化理论与实践［M］．北京：航空工业出版

社，2009.

［38］徐华，张敏，王顺．档案信息化建设实验教程［M］．北京：北京师范大学出版集团，2012.

［39］王英玮．档案价值鉴定基础理论若干关键性问题研究［J］．图书情报工作，2013（05）：13－18.

［40］黄世喆，归吉官．论我国档案收集工作的范围——档案工作系列论文之一［J］．档案管理，2014（03）：19－21.

［41］马振犊．中国第二历史档案馆馆藏档案数字化及其开放利用［J］．档案学研究，2016（05）：86－89.

［42］徐杰，杨永．浅谈明清档案数字化图像加工的若干思考［J］．档案学研究，2016（03）：82－86.

［43］喻春生．对民国档案数字化前整理工作的几点思考［J］．北京档案，2016（01）：18－19.

［44］李红梅，张栋．纸质档案数字化前处理工作探析［J］．档案学研究，2015（04）：105－108.

［45］何亮坤，惠新宇．从档案数字化角度破解数字档案馆建设的困境［J］．北京档案，2015（04）：19－22.

［46］杨中营．《北京市档案数字化副本移交与接收办法》解读［J］．北京档案，2014（11）：8－10.

［47］管静．谈谈档案数字化扫描过程中对档案实体的安全管理［J］．北京档案，2013（05）：28－29.

［48］海淀区档案馆组织照片档案数字化培训（17 则）［J］．北京档案，2012（06）：62.

［49］王璐颖，轲鑫．档案数字化的质量和安全保密控制［J］．档案学研究，2011（04）：68－70.

［50］王学平．浅议我国档案数字化建设实践与发展策略［J］．档案学通讯，2011（06）：54－57.

［51］吕榜珍，郑荃．浅谈云南省少数民族档案数字化后的管理［J］．档案学通讯，2011（04）：70－72.

［52］李鑫，刘峻．建设数字化档案管理系统的实践和体会［J］．北京档案，2011（01）：28－29.

［53］丁子涵．中外音频档案数字化的现状及启示［J］．北京档案，2011

(02): 42 - 44.

[54] 霍妍琳，徐敏．国内外视频档案数字化的技术现状分析 [J]．北京档案，2011 (04): 49 - 50.

[55] 杨中营．《档案数字化规范》地方标准第一至四部分解读 [J]．北京档案，2011 (05): 13 - 15.

[56] 李爱芝．构建最佳档案数字化平台路径的选择 [J]．北京档案，2011 (07): 20 - 21.

[57] 张印，李学广．加快数字化档案利用的实践探索 [J]．北京档案，2011 (09): 36 - 37.

[58] 许昉．高校学籍档案数字化的实践与探索 [J]．北京档案，2011 (10): 42 - 43.

[59] 黄小忠．历史档案数字化过程中的管理系统问题研究 [J]．档案学通讯，2010 (03): 11 - 14.

[60] 吕榜珍，胡莹．云南省少数民族档案的数字化管理策略 [J]．档案学通讯，2010 (02): 45 - 48.

[61] 朱琪．民国档案数字化研究与思考 [J]．北京档案，2010 (02): 26 - 27.

[62] 杨珩，史江．知识管理背景下历史档案数字化策略研究——从历史文献学视角出发 [J]．档案学通讯，2009 (01): 50 - 53.

[63] 王雅戈．民国农业档案数字化整理研究 [J]．档案学通讯，2009 (01): 54 - 56.

[64] 何振，师迅东．条码技术在企业档案数字化工作中的应用 [J]．档案学通讯，2008 (01): 59 - 62.

[65] 王素立．档案信息数字化的边界问题研究 [J]．档案学通讯，2008 (04): 65 - 67.

[66] 傅荣校，翁敏曦．档案数字化扫描与存储格式比较研究 [J]．档案学通讯，2007 (02): 61 - 64.

[67] 王健．关于档案数字化优化模式的探讨——档案数字化对象之优化鉴选 [J]．档案学通讯，2007 (01): 55 - 58.

[68] 刘璐．论档案数字化之前的鉴定 [J]．档案学通讯，2007 (01): 85 - 86.

[69] 吴绪成，宋刚，陈黎，等．档案馆档案数字化前处理工作研究 [J]．

档案学研究，2006（02）：57-60.

［70］金波．论档案信息的数字化建设［J］．档案学通讯，2005（03）：67-70.

［71］安小米．档案数字化建设的国际化经验及其借鉴［J］．档案学通讯，2005（04）：54-57.

［72］陈永生，薛四新．数字化档案信息的安全保障体系研究［J］．档案学通讯，2005（04）：51-54.

［73］国家档案局．纸质档案数字化规范 DA/T 31—2017.